Ingrid Kölle

Neuseeland
Ein Länderporträt

Ingrid Kölle

Neuseeland
Ein Länderporträt

Ch. Links Verlag, Berlin

Die Deutsche Nationalbibliothek verzeichnet
diese Publikation in der Deutschen Nationalbibliografie;
detaillierte bibliografische Daten sind im Internet über
www.dnb.de abrufbar.

1. Auflage, Oktober 2015
© Christoph Links Verlag GmbH
Schönhauser Allee 36, 10435 Berlin, Tel.: (030) 44 02 32-0
www.christoph-links-verlag.de; mail@christoph-links-verlag.de
Umschlagentwurf und Innengestaltung: Stephanie Raubach, Berlin
Karte: Peter Palm, Berlin
Satz: Stephanie Raubach, Ch. Links Verlag, Berlin
Lektorat: Günther Wessel, Berlin
Druck und Bindung: Druckerei F. Pustet, Regensburg

ISBN 978-3-86153-851-6

Inhalt

Vorwort

In den frühen 1980er Jahren kam ich das erste Mal nach Neuseeland. Ich war mit meinem Freund auf Reisen gegangen, um die Welt zu entdecken. Ich träumte von weißen Sandstränden und exotischen Früchten, war gespannt auf das Leben in anderen Ländern. Dort, wo es am schönsten war, wollte ich mich niederlassen. Am Tag nach unserer Ankunft in Auckland wusste ich, dass ich »mein Land« gefunden hatte. Der Jugendherbergsleiter hatte uns zu einem kleinen Ausflug zum Strand von Piha und zur Tölpelbrutkolonie in Muriwai mitgenommen. Die Schönheit dieses Landes berührte mich im tiefsten Inneren. Hier wollte ich leben.

Ich blieb zweieinhalb Jahre. An der Correspondence School in Wellington, einer staatlichen Fernschule für Kinder, die in abgelegenen Gegenden wohnen oder zu Hause unterrichtet werden, und für Erwachsene, die sich weiterbilden möchten, arbeitete ich als Deutschlehrerin. Ich schrieb auch Radiogeschichten für den Unterricht und trat darin als Sprecherin auf. Mit einem befreundeten Journalisten verbreitete ich die Hits der Neuen Deutschen Welle auf Access Radio, einem Community Radiosender, den es heute noch gibt.

In meiner Freizeit bereiste ich die beiden Hauptinseln des Landes, die Nord- und die Südinsel, und entdeckte das Outdoor-Leben. Kiwis, wie sich Neuseeländer selbst gern nennen, gehen *trampen*. Das kann man einfach mit »wandern« übersetzen, aber für den echten Kiwi bedeutet dies, mehrere Tage lang mit Rucksack, Zelt und Verpflegung auf dem Rücken durch die Wildnis oder besser gesagt den *bush* zu stapfen. Menschen begegnet man auf diesen Touren nur ab und zu, dafür stößt man auf Wasserfälle, Regenwälder mit Farnen und moosbewachsenen Bäumen, Gletscher, die fast bis ans Meer reichen, türkis schimmernde Bergseen und Flüsse, aus denen man damals noch ohne Bedenken trinken konnte. Aufpassen muss man bestenfalls auf Weka, Waldhühner, die einem beim Picknick das Essen stibitzen und auch gern alles, was glitzert mitgehen lassen, oder auf Kea, hochintelligente Bergpapageien, die es auf Gummi jeder Art abgesehen haben. Diese neugierigen Vögel schlagen jedoch bevorzugt auf Park- oder Campingplätzen zu. Worauf man, im Gegensatz zum Nachbarn Australien, überhaupt nicht achten muss, sind giftige Schlangen, Spinnen, Skorpione, Tausendfüßler, Ameisen, Schnecken und Fische oder auch Krokodile. In Neuseeland gibt es nur eine einzige giftige, aber ganz seltene Spinnenart. Was für eine Wohltat!

Im Winter ging ich Skilaufen. Auf dem Mount Erewhon bestand der Skilift damals aus einem Zugseil, an dem man sich festklammern musste. Fortgeschrittene Skiläufer durften sich noch ein Stück höher ziehen lassen, um dann als lebende Pistenwalzen zu dienen. Auf frischem Pulverschnee fuhren wir auf und ab, bis der Hang auch für die weniger Geübten präpariert war. Heliskiing hätte nicht schöner sein können.

Weihnachten feierten wir mit einem Picknick am Strand oder mit Grillpartys bei Freunden. Wir schwammen in Flüssen und im Meer – wenn das Wasser nicht zu kalt war. Statt Kneipenleben gab es damals Dinnerpartys und Spieleabende, Kostümfeste und Lagerfeuer.

Ich ging zurück nach Deutschland, um mich als Radiojournalistin ausbilden zu lassen. Oh, wie ich das Licht vermisste, die kräftigen Farben. Deutschland im Januar war grau, bestenfalls pastellfarben. In Neuseeland war alles immer so intensiv gewesen: der Himmel, die Wälder, das Meer. Ja, die idyllische Vorstellung von den vielen weißen Schafen auf saftigen, grünen Weiden stimmte wirklich. Ich vermisste die Offenheit und die Freundlichkeit der Menschen. Das Leben in Neuseeland schien mir so viel unkomplizierter zu sein.

Fünf Jahre lang lebte ich in Deutschland und sehnte mich insgeheim nach Neuseeland. Dann entdeckte ich San Francisco. Ein Freund hatte mich auf eine Reise nach Kalifornien mitgenommen. Wir fuhren den Highway 1 von Los Angeles bis nach San Francisco. Je weiter nördlich wir kamen, desto dramatischer wurde die Umgebung und desto besser gefiel sie mir. »Hier ist es ja wie in Neuseeland«, rief ich voller Freude. Neuseeland war für mich der Maßstab aller Dinge geworden. Die Landschaft von Big Sur nach San Francisco erinnerte mich an die Fahrt von Picton nach Kaikoura auf der Südinsel Neuseelands. Als wir in San Francisco eintrafen, kannte meine Begeisterung keine Grenzen. In meiner Erinnerung sah ich Wellington vor mir: Die gleichen bunt angemalten viktorianischen Holzhäuschen auf steilen grünen Hügeln, das Meer, der Wind und die wunderschöne Natur in unmittelbarer Nähe der City. Natürlich war alles viel größer, aber auch näher an Europa. Ich verbrachte über 13 Jahre als freischaffende Journalistin in der Stadt.

Seit 2003 lebe ich nun wieder in Wellington. Ich bin sogar Staatsbürgerin geworden, allerdings nur unter der Voraussetzung, dass ich auch meinen deutschen Pass behalten durfte. Als ich meiner Schwester einst erzählte, dass ich mich in das Land verliebt hätte, schaute sie mich ganz entgeistert an: »Man verliebt sich in einen Menschen, aber doch nicht in ein Land!« Ich kann nur sagen, dass ich mich hier zu Hause fühle. Es war Liebe auf den ersten Blick, die ein zweites Mal aufflackerte, als mein Lebenspartner und ich nach 20 Jahren eine weitere Reise nach Neuseeland machten. Wir hatten nie daran gedacht, dass wir wieder dorthin ziehen würden. Aber schon nach wenigen Tagen erwachte dieses Gefühl des Zuhauseseins, dieses Gefühl, hierherzugehören. Da wir beide freiberuflich tätig sind, glaubten wir nicht, dass wir ein zweites Mal eine Chance hätten, eine Aufenthaltsgenehmigung zu bekommen. Aber irgendwann setzten wir uns auf dieser Reise ins Internetcafé, riefen die Webseite der Einwanderungsbehörde auf und stellten fest, dass wir unter der Kategorie »Besondere Fähigkeiten« die Voraussetzungen doch erfüllen könnten. Zwei Jahre später reisten wir mit unserer *permanent residence*, der vorläufig auf zwei Jahre begrenzten Aufenthaltsberechtigung im Pass, und mit unserem Kater Max aus San Francisco im Gepäck in Neuseeland ein.

In 20 Jahren hatte sich Aotearoa/Neuseeland stark verändert. Aus dem lieblich verschlafenen Wellington war eine kosmopolitische Hauptstadt geworden: Restaurants für jeden Geldbeutel und jeden Geschmack, jede Menge Cafés, in denen Kaffee ausgeschenkt wird, den Kenner als den besten der Welt bezeichnen. Rotweine aus Otago und Sauvignon Blancs aus Marlborough haben internationale Preise gewonnen und werden in Top-Restaurants weltweit exportiert. Die Wirtschaft boomt und das kleine Land am Ende der Welt hält international mit. Damit einher geht auch ein gewandeltes nationales Selbstverständnis. Der Blick ist nicht mehr wie früher europazentriert. Der pazifische Raum, China, Indonesien, Südostasien sind zu wichtigen Handelspartnern geworden. Ja, es steht sogar zur Debatte, ob man sich von der britischen Krone, dem Mutterland, loslösen soll!

Ich erinnere mich noch sehr gut daran, wie schockiert wir waren, als wir ankamen und die englischsprachige Zeitung nicht verstehen konnten. Die Artikel waren gespickt mit uns unbekannten Worten. »Wir müssen unbedingt so bald wie möglich einen Maori-Sprachkurs mitmachen«, sagten wir damals. Leider haben wir dies bis heute noch nicht geschafft. Die Maori-Begriffe, die im heutigen Neuseeland zum alltäglichen Sprachgebrauch gehören, lernt man relativ rasch. Sich mit den Sitten und Gebräuchen der ersten Siedler des Landes bekannt zu machen, dauert etwas länger. Maori haben in den 1970er und 1980er Jahren eine kulturelle Wiedergeburt erlebt. Ihre Sprache und Kultur war damals nahe daran, auszusterben. Seitdem haben sie sich einen neuen Platz in Alltag und politischem Leben erobert, haben sich Rechte und Ansprüche auf Reparationszahlungen erkämpft. Während in den 1980er Jahren allerdings eine euphoriegeladene Aufbruchstimmung zu verspüren war, haben sich so manche Fronten mittlerweile verhärtet. Trotzdem glaube ich, dass Neuseeland im Allgemeinen stolz auf seine Art des bikulturellen bzw. multikulturellen Zusammenlebens sein kann. (Asiaten machen inzwischen 12 Prozent der Gesamtbevölkerung aus und sind nach den Maori mit 15 Prozent und den europäischen Einwanderern mit 74 Prozent die drittgrößte Bevölkerungsgruppe.)

Weniger erfreulich ist die Verunreinigung der Natur. »100 % pur« heißt der Slogan der Tourismusbehörde, aber jeder umweltbewusste Besucher, der auch nur einige Zeit in Neuseeland verbringt, merkt sehr rasch, dass das nicht ganz stimmt. Sicherlich gibt es hier sehr viel ursprüngliche und auch noch unberührte Natur. Das Land ist so groß wie die ehemalige Bundesrepublik und hat nur 4,5 Millionen Einwohner. Da kann man sich so manche Umweltsünde leisten, ohne dass dies gleich besonders auffällt. In den vergangenen zwei Jahrzehnten hat die Milchwirtschaft einen großen Aufschwung erlebt, während die Anzahl der Schafe in Neuseeland zurückgegangen ist. Damit einher ging leider eine zum Teil starke Verschmutzung von Flüssen und Seen. Die persönliche CO_2-Bilanz eines Neuseeländers ist außerdem fast so hoch wie die eines US-Amerikaners. Der Fuhrpark ist veraltet und hat einen entsprechend hohen Benzinverbrauch, viele Häuser sind schlecht oder überhaupt nicht isoliert, das öffentliche Verkehrsnetz ist minimal ausgebaut, Recycling steckt noch in den Kinderschuhen. Aber ein Umdenken ist bereits im Gange. Neuseeländer lieben ihre Natur. Viele engagieren sich in ihrer Freizeit als Naturschützer, arbeiten an Projekten mit, die die Umwelt sogar wieder in ihren ursprünglichen Zustand – vor der menschlichen Besiedlung – zurückversetzen sollen.

Neben der Landwirtschaft ist der Tourismus der wichtigste Industriezweig. Queenstown, wo das Bungee Jumping erfunden wurde, hat sich zur Welthauptstadt des Abenteuertourismus entwickelt. Peter Jacksons Filmtrilogien »Der Herr der Ringe« und »Der Hobbit« haben der Welt Neuseeland ein ganzes Stück nähergebracht. Auf der Suche nach Mittelerde und den Drehorten pilgern seitdem Fans aus aller Welt in das Land. Überhaupt hat sich die neuseeländische Filmindustrie mit einigen herausragenden Produktionen und der Special-Effects-Schmiede Weta Workshop und Weta Digital international einen Namen machen können. Das Popmusikwunder Lorde und die Gewinnerin des Man-Booker-Preises für Literatur 2013, Eleanor Catton, der Atomphysiker Ernest Rutherford und der Mount-Everest-Bezwinger Edmund Hillary sind weitere Talente von vielen, die dem Land Down Under Ehre gebracht haben.

Lebt man in Neuseeland/Aotearoa auf dem Pulverfass? So kommt es einem manchmal vor. Erdbeben, Vulkanausbrüche und extreme Wetterereignisse sind hier nichts Seltenes. Aber ein echter Kiwi lässt sich nicht so leicht aus der Ruhe bringen und auf keinen Fall unterkriegen. Es sind Pioniergeister, die hier leben. Sie sind bekannt für ihren Einfallsreichtum und ihre Einstellung, irgendwie schon alles auf die Reihe zu bekommen. Aber das sind natürlich alles auch nur Klischees und wie überall gibt es auch hier solche und solche Menschen. Aber liebenswürdig, freundlich, offen und hilfsbereit sind sicherlich die meisten, und ganz besonders Reisenden und Besuchern gegenüber.

In seiner relativ kurzen Geschichte hat Neuseeland mit innovativen und progressiven Ideen schon mehrfach von sich reden gemacht: Hier hatten Frauen 1893 weltweit als Erste das Wahlrecht erhalten. Im Jahre 1987 wurde ein Gesetz verankert, das Neuseeland zur atomwaffenfreien Zone erklärte. Trotz verstärktem Druck der USA hat das Land bis heute daran festgehalten. Unter der Labour-Regierung von Helen Clark wollte es sogar als eines der ersten Länder klimaneutral werden. Dieser Anspruch wurde verspielt, aber wer weiß, was noch alles Großes aus diesem kleinen Land zu erwarten ist.

Meine erste E-Mail-Adresse endete auf paradise.net.nz. Wie

stolz ich damals darauf war. Irgendwann kam es mir zwar etwas kitschig vor, aber gewechselt habe ich trotzdem nur gezwunge-nermaßen. Natürlich habe ich inzwischen eingesehen, dass es das Paradies auf Erden nirgendwo gibt und natürlich habe ich das auch immer schon gewusst. Aber trotz aller negativen Seiten kommt Neuseeland für mich dem Paradies auf Erden am nächs-ten, und für mich ist es ohne Zweifel das schönste Land der Welt. Auch meine Schwester hat inzwischen eingesehen, dass man sich in dieses Land ganz leicht verlieben kann. Nach ihrem ersten Be-such sagte sie voller Überzeugung: »Das ist ein Traum hier. Ich komme auf jeden Fall wieder.«

Das Leben Down Under

Weihnachten im Sommer:
Grillpartys, Strand und Pohutukawa-Baum

»Wahrscheinlich gibt's bei Euch zu Weihnachten wieder Halligalli am Strand«, schrieb unser Freund Roland einmal in einer E-Mail. »Darum beneide ich euch sehr.« Richtig. Weihnachtszeit ist Sommer-, Party- und Urlaubszeit in Neuseeland. Schon im Dezember werden Wohnwagen und Boote aus der Garage geholt und auf Hochglanz gebracht. Nach dem Weihnachtsfest im Kreis der Familie fahren viele zum Zelten oder in die *bach*, die eigene Ferienhütte am Strand. Die Kinder haben Sommerschulferien und die Küstengegenden sind voll mit Urlaubern. In den Städten sind die Straßen wie leergefegt. Viele Betriebe und Restaurants haben geschlossen. Erst Mitte Januar, spätestens mit dem Ende der Schulferien Anfang Februar, ist das Land wieder ganz funktionsfähig.

Spaß und Vergnügen beginnen jedoch schon viel früher. Wenn es in Deutschland adventsmäßig beschaulich wird, fängt in Neuseeland die *silly season* an. Die Terminkalender sind dann gewöhnlich brechend voll. Einen ganzen Monat lang wird Weihnachten gefeiert: mit Freunden und Bekannten, mit Arbeitskollegen und Vereinsmitgliedern – im Restaurant, in der Bar, zu Hause und am Strand. Der Alkohol fließt reichlich, und die Kiwis werden zunehmend ausgelassener und alberner. Sie tragen rote Nikolausmützen auf der Straße und im Büro. In eine Alkoholkontrolle zu geraten ist um diese Zeit ziemlich wahrscheinlich. Polizisten sperren ganze Straßenzüge und lassen ohne Ausnahme jeden pusten.

»Ich glaube, dass man Weihnachten hier nicht ganz ernst nimmt. Es ist überhaupt nicht besinnlich«, sagte die Erzieherin Nicole Plass kurz nachdem sie aus Hamburg nach Neuseeland kam. Auch ihr Mann Stefan fand, dass keine richtige Weihnachtsstimmung aufkommen wollte. Ich hingegen genieße Weihnachten im Sommer und die Grillpartys auf der Terrasse, denke aber auch, dass viele Deutsche so wie Nicole Plass fühlen: »Wir passen uns da nicht an. Santa kommt nach wie vor bei uns abends und dann zelebrieren wir Heiligabend so, wie wir das kennen.« Stefan stimmt zu: »Wir werden mit Freunden feiern, und wir werden vielleicht grillen. Aber es wird trotzdem ein bisschen weihnachtlich wie in Deutschland. Gemischt, von jedem ein bisschen, so stellen wir uns das vor.« Die Traditionen vermischen, das machen viele Einwanderer. Und auch das kann man als typisch bezeichnen, denn immerhin sind rund ein Viertel der Bewohner Neuseelands woanders geboren.

Meine Nachbarin, die deutsche Ärztin Regina Jefferies, denkt zu Weihnachten oft etwas wehmütig an ihre eigene Kindheit zurück. »In Deutschland hat man sich mehr auf Weihnachten vorbereitet. Das war immer etwas Besonderes.« Sie liebte es, vor Weihnachten zu basteln und zu handwerken. Vor allem aber vermisst sie die Weihnachtsmärkte. Tja, die gibt es hier zwar auch, aber sie sind manchmal wirklich bizarr.

In unserem Stadtteil, in Seatoun, findet fast jedes Jahr an einem Samstag Anfang Dezember ein Weihnachtsmarkt statt – außer, er fällt wegen Regen ins Wasser. Als ich das letzte Mal dabei war, vergnügten sich Kinder bei strahlendem Sonnenschein auf einem Karussell, während vor einer Boutique sommerlich gekleidete Models über einen Laufsteg liefen und Sekt tranken. An den Ständen entlang den Straßen boten Händler, Hausfrauen und Kinder Schmuck, Taschen, Sonnenbrillen, Hüte, ausgediente Spielsachen und Pflanzensetzlinge aus dem Garten zum Kauf an. Dazwischen gab es Buden mit Hamburgern, Hot Dogs, Kaffee und Fruchtsäften.

Die Weihnachtsparade wurde von fünf- bis zehnjährigen Engelchen, Elfen, Feuerwehrmännern und Seeräubern angeführt. Auf einem Einrad jonglierte ein junger Mann mit Feuerstäben und Schwertern. Es folgten Festwagen mit asiatischen, weißen und schwarzen Prinzessinnen, ein Schiff mit jungen Piraten und Piratinnen, ein großer Eisbär im Nikolauskostüm, ein weißer Schwan, aus dessen Bauch bunt bemalte Kinder in Clownskostümen winkten. Danach kamen schließlich die Rentiere mit dem Weihnachtsmann, der Bonbons in die Menge warf. Ein Kirchenchor sang zur Melodie von »I'm dreaming of a white Christmas« jedoch passenderweise »I'm dreaming of an Island Christmas« (Ich träume von einer Inselweihnacht).

Das eigentliche Weihnachtsfest wird nach englischer Tradition am 25. Dezember im Kreis der Familie gefeiert, oft werden aber auch Freunde dazu eingeladen. Als wir auf einer unserer ersten Urlaubsreisen über Weihnachten auf der Südinsel unterwegs waren, lud uns unsere Freundin Eileen zum großen Festessen ihrer Familie um die Mittagszeit nach Christchurch ein. Von ihrem Wohnzimmer aus konnte man beobachten, wie die Schiffe in den Hafen von Lyttelton einfuhren. Das Festmahl war üppig und als Büfett arrangiert, von dem sich groß und klein selbst bedienten. Einer Riesenauswahl verschiedener Vorspeisen folgten im Ofen gebackener Schinken, Lammbraten, Brat- und Süßkartoffeln, Kürbis und Bohnengemüse und verschiedene Salate. Zum Nachtisch gab es den typischen Christmas Pudding – ein Rosinengewürzkuchen –, das Nationalgericht Pavlola – eine mit Sahne und Früchten gefüllte Baisertorte, die außen hart und innen weich ist – und kleine Rosinentörtchen. Natürlich fehlten auch die obligatorischen Christmas Crackers nicht, die in Weihnachtspapier gehüllten Knallbonbons, die von zwei Personen auseinandergezogen werden und Partyhüte sowie Zettel mit Witzen oder weisen Sprüchen enthalten. Dann saß jeder mit einer gezackten Krone aus rot, gelb, grün oder blau gefärbtem Krepppapier um den Esstisch.

Am späten Nachmittag verabschiedeten wir uns, um weiter auf die Halbinsel Banks Peninsula zu fahren. Dort liegt Akaroa, ein kleines Nest, das um 1840 von Franzosen gegründet wurde. Die Straßen heißen hier Rue, das Maskottchen der Stadt ist die französische Flagge und alle zwei Jahre wird das französische Erbe mit einem großen Fest gefeiert. Wir hatten keine Unterkunft im Voraus gebucht und die Warnungen unserer Freunde, dass es schwierig werden könnte, am Weihnachtstag eine Übernachtung zu finden, völlig naiv in den Wind geschlagen.

Als wir in Akaroa ankamen, erschien der Ort wie ausgestorben. Wir fuhren die Straßen auf und ab, aber auf den Neonschildern der Motels hieß es überall *no vacancy*. Ich glaube nicht, dass die Häuser damals wirklich alle voll belegt waren, sondern dass natürlich alle Weihnachten feierten und nicht gestört werden wollten. Endlich konnten wir in einem Motel hinter einer Glaswand den Schatten einer Person ausmachen. Wir klingelten und klopften wie besessen. Der Manager schloss die Tür auf und erklärte uns, dass er nur ins Büro gekommen war, um für die Feier ein paar zusätzliche Flaschen Wein aus seinem Vorrat zu holen. Aber dann hatte er doch Mitleid mit uns Ausländern und quartierte uns noch ganz schnell ein. In einem Dairy, einer Art Gemischtwarenladen, die meist von Indern betrieben werden und auch zu Weihnachten geöffnet haben, fanden wir ein paar Kekse und Chips für den Abend.

Das Motel lag an einer Straße direkt gegenüber vom Strand. Als wir am nächsten Morgen die Vorhänge aufmachten – wir sind Langschläfer –, trauten wir unseren Augen nicht: Auf der Straße vor uns stauten sich die Autos und der Strand war überfüllt mit Menschen: Familien mit ihren Kindern, Hunden, Luftmatratzen, Picknickkörben, Federballspielen, Frisbees, Ghettoblastern. »Genau das macht man typischerweise am *Boxing Day*«, klärte man uns später auf. Am verkaufsoffenen zweiten Weihnachtstag geht man entweder shoppen, um Schnäppchen zu ergattern. Die *Boxing Day Sales* sind legendär: Alles, was vor

Weihnachten nicht verkauft wurde, ist stark herabgesetzt. Viele Geschäfte machen an diesem Tag die besten Umsätze des Jahres. Oder man geht an den Strand, erholt sich im kühlen Schatten eines Pohutukawa-Baums.

Pohutukawa-Bäume sind auch als neuseeländische Weihnachtsbäume bekannt. Es sind riesengroße, immergrüne Bäume mit ausladenden Kronen, die um Weihnachten wie riesige Feuerbälle orange bis dunkelrot leuchten. Kinder spielen auf ihren Ästen. Die meisten Kiwis verfallen wie Herb Christophers beim bloßen Gedanken an sie ins Schwärmen. »Pohutukawa verbinde ich mit Weihnachten am Strand, mit neuseeländischen Glockenvögeln, mit Bienen, Sonne, Brandung und Pipis, den kleinen Herzmuscheln. Es ist nicht schon wieder so eine verdammte Kiefer. Es ist eisenhartes Holz. Pohutukawa ist Teil des neuseeländischen Charakters, genau wie der Kiwi.«

Auch mir ist dieser Baum total ans Herz gewachsen. Ganz aufgeregt deuten wir im Dezember in Wellington immer auf die ersten Bäume, die schon rot erblüht sind. Unser Haus liegt auf einem steilen Hang mit Blick auf die Einfahrt zum Hafen und die Bucht von Wellington, mit den dahinterliegenden Bergen. Wir sehen Segelboote, Schiffe und Fähren vorbeifahren und blicken auf die Häuser und Dächer von Seatoun. Um die Weihnachtszeit ist es ein Farbenmeer von blauem Wasser, weißen Schiffen, roten Dächern und roten Baumkronen. Dazu das ständig wechselnde Farbenspiel des Himmels mit seinen weiß- bis schwarzgrauen Wolken und dem Sonnenlicht, das die Wolken am Abend türkis und die Berge ocker, gelb, pink und zinnoberrot aufleuchten lässt. Nicht selten spannt sich auch noch ein Regenbogen über das Wasser. Kurz vor Einbruch der Dämmerung zwitschern die Vögel in den breiten Ästen der Pohutukawa-Bäume lautstark um die Wette. Nach drei, vier Wochen ist die Blütenpracht vorbei. Die feinen Blüten, die wie Bürsten aussehen, aber ganz weich sind, fallen herab und verwandeln die Straßen in einen roten Teppich.

Noch immer sind auf neuseeländischen Weihnachtskarten europäische Motive wie Schneemänner, verschneite Landschaften und Schlitten fahrende Weihnachtsmänner zu sehen. Aber der Pohutukawa-Baum und seine Blüten beginnen mehr und mehr, die Schneemänner zu vertreiben – ein Zeichen, dass das Land wahrzunehmen und zu schätzen beginnt, was sein eigenes Weihnachten ausmacht: Ein großer, knorriger Baum, der zur rechten Zeit im Sommer rot erblüht.

Kia Ora – Guten Tag: Das neuseeländische Englisch

Mit Pohutukawa, dem neuseeländischen Weihnachtsbaum, haben Sie nun auch schon das erste Maori-Wort kennengelernt. Haere mai ki Aotearoa – Willkommen in Neuseeland.

Als wir im Jahr 2003 hier einwanderten, waren wir trotz bester englischer Sprachkenntnisse ziemlich überwältigt von den vielen uns fremden Begriffen, mit denen wir täglich konfrontiert waren und die anscheinend jeder kannte. In der Zeitung standen ohne weitere Erklärung Worte wie *tangata whenua* (die Menschen des Landes, Ureinwohner), *hui* (Sitzung, Versammlung, Konferenz) und *whakapapa* (Herkunft, Genealogie, Stammbaum). Wir lernten erst später, dass wh wie f gesprochen wird und der Begriff *whakapapa* daher bei Fremden nach anfänglichem Unverständnis oft zu großem Gelächter führt.

Kia ora sagten manche zur Begrüßung und am Telefon. Niemand sprach von einem Stamm der Maori, sondern immer nur von *iwi*. Mit *pakeha*, so erkannten wir schnell, sind die Nachfahren der weißen Siedler, das heißt die europäischen Einwanderer gemeint. Der Haka, der traditionelle Tanz der Maori, ist Rugby-Begeisterten in aller Welt ein Begriff. Aber wer kennt schon das *powhiri*, das Willkommensritual der Maori, das inzwischen auch bei allen offiziellen politischen Veranstaltungen Teil des Protokolls geworden ist. Das *tangi*, Trauerfeiern für die Toten, bei denen sich die Hinterbliebenen drei Tage lang von ihren Verstorbenen verabschieden, wird inzwischen als richtungsweisend für eine humanere Umgangsweise mit dem Tod angesehen. Auch Neuseeländer, die nicht Teil einer Maori-Großfamilie sind, bezeichnen ihre Verwandtschaft gern als *whanau*. Wenn anstelle eines Eintrittspreises an der Tür ein Schälchen mit der Aufschrift *koha* steht, dann wird um eine freiwillige Geldspende gebeten. Und Aotearoa bedeutet wortwörtlich »das Land der langen weißen Wolke« und steht für Neuseeland.

Die unbekannten Worte wurden relativ rasch und ohne große Anstrengung auch Teil unseres Wortschatzes. Te Reo Maori, die Sprache der Maori, ist seit 1987 neben Englisch und der neuseeländischen Gebärdensprache offizielle Amtssprache geworden. Seitdem werden Dienststellen der Regierung, Behörden, Bibliotheken und Postämter zweisprachig ausgewiesen. Auch viele Ortsnamen gehen auf Maori zurück. Die Morgensendung im öffentlich-rechtlichen Rundfunksender, Radio New Zealand National, wird auf Englisch und auf Maori angekündigt. Maori haben ihren eigenen Fernsehsender mit hohen Einschaltquoten. In den Schulen wird Te Reo Maori als Fremdsprache gelehrt. Aber es gibt auch Maori-Immersionsschulen, in denen ausschließlich Maori gesprochen wird.

Deutschen fällt die Aussprache von Maori wesentlich leichter als englischen Muttersprachlern, denn mit wenigen Ausnahmen werden die Vokale (a, e, i, o, u) und Konsonanten ähnlich gesprochen wie im Deutschen. Die Betonung liegt meist auf der ersten Silbe, wh wird, wie schon erwähnt, wie f gesprochen, au ähnlich wie ou und das R wird gerollt.

Gewöhnungsbedürftig sind allerdings nicht nur die Maori-Worte, sondern auch das Englisch der Neuseeländer. Als ich von San Francisco aus bei der Immigrationsbehörde in Wellington anrief, um mich nach den Quarantänebestimmungen für meinen Kater zu erkundigen, wollte mich die Dame in der Leitung unbedingt zu einer Stelle für die Einführung von Autos vermitteln. »It's about your car«, sagte sie immer wieder. »Nein, es geht nicht um mein Auto, sondern um meine Katze«, versuchte ich ihr verzweifelt zu erklären. Es war mir ein Rätsel, wie man *car* und *cat* nicht auseinanderhalten konnte. Irgendwann fiel mir dann gerade rechtzeitig doch noch ein, was ich schon einmal über die Besonderheiten der Aussprache des neuseeländischen Englisch gehört hatte. Ich sprach daraufhin *cat* (»kät«) nicht so aus, wie ich es im britischen oder amerikanischen Englisch gelernt hatte, sondern wie met (»ket«). Es funktionierte. »Oh, you mean your cat« (»ket«), wiederholte die freundliche Dame und stellte mich durch. Man geht hier auch nicht kurz und bündig ins Bett (bed), sondern ganz lang gezogen ins »behd«, ähnlich dem deutschen Gemüsebeet. Das i wie in *fish and chips* wird zum u, also *fush and chups*, das kurze e in *pen* wird zum i wie in *pin*. Eine ganz besondere Eigenart des neuseeländischen Englisch ist auch, dass die Stimme am Satzende melodiös nach oben geht, sodass praktisch jede Aussage zu einer Art Frage wird.

Aufgrund der Kolonialisierung durch die Briten und die langjährige Anbindung an die Krone sind viele Worte und auch die Schreibweise des neuseeländischen Englisch dem Britischen ähnlicher als dem Amerikanischen. Aber es gibt auch eine Vielzahl ganz spezieller neuseeländischer Wörter, Redewendungen und Eigenheiten. Kiwis neigen dazu, Worte abzukürzen oder zu verniedlichen. So wird aus dem Parkplatz, dem *parking place*, einfach *park* und ist damit nicht mehr vom tatsächlichen Park zu unterscheiden. Das *barbecue*, die Grillparty bzw. der Grill, wird zum *barbie*, der kindergarten zum *kindy* und die Wärmflasche, die *hot water bottle*, zum *hottie*, das Frühstück, *breakfast*, zum *brekkie*. Ein einfaches *as* nach einem Adjektiv drückt oft eine Steigerungsform aus: »I'm stoked as« heißt daher: »Ich bin hellauf begeistert«, »I'm angry as« - »Ich bin extrem verärgert« und »My fridge is empty as« natürlich »Mein Kühlschrank ist völlig leer« usw. Das sehr gebräuchliche *sweet as* steht dagegen für cool, geil, super. Mein amerikanischer Freund Gary erzählt gern davon, wie er sich anfangs immer wieder wunderte, wenn die Neuseeländer *sweet as* (»ähs«) sagten. Als Amerikaner hörte er *sweet ass*, das süße Hinterteil, das zwar im amerikanischen Englisch wie »ähs« gesprochen wird, im britischen und neuseeländischen Englisch aber *arse* geschrieben und »ahs« gesprochen wird.

Ich fand es anfangs seltsam, dass die Bedienung im Restaurant mit *no worries* antwortete, wenn ich meine Bestellung aufgegeben hatte. Natürlich mache ich mir keine Sorgen, dachte ich mir. Aber es bedeutet eher »kein Problem« oder »geht in Ordnung« und wird auch gern als Antwort auf »thank you« gesagt. Ein *bro*, Kurzform für brother, am Ende eines Satzes und von Mann zu Mann gesprochen, zeigt an, dass man dich angenommen hat, dass du dazugehörst. Dem entspricht auch das *cheers mate*, das so viel wie »danke, Kumpel« bedeutet. Missverständnisse sind in der Anfangszeit unvermeidbar.

Bei unserer Einwanderung erhielten wir ein Faltblatt, in dem unter anderem auch die wichtigsten neuseeländischen Wörter und Redewendungen verzeichnet waren. Neuseeländer sprechen vom *bush,* wenn sie im Wald oder in der Wildnis *trampen* bzw. wandern gehen. *Jandals* sind Badelatschen bzw. Flipflops und gehören zu dem am häufigsten getragenen Schuhwerk in Neuseeland. *Togs* steht für Badeanzug oder Bikini, *smoko* für die Kaffeepause während der Arbeit. Ich war allerdings sehr erstaunt, als ich die Erklärung für *jafa* las: »Just another fucking Aucklander« (Nur ein weiterer Scheiß-Aucklander). Hatte sich da jemand bei der Einwanderungsbehörde einen Scherz erlaubt? Das halte ich noch heute für die wahrscheinlichste Erklärung. Schimpfwörter werden normalerweise als f-Wörter bezeichnet und auch so geschrieben. Davon abgesehen ist es ja auch nicht sehr nett, die Bewohner von Auckland so zu bezeichnen. Fast ein Drittel der neuseeländischen Bevölkerung lebt immerhin in der Millionenstadt. Aber *jafa* werden die Aucklander tatsächlich genannt, auch wenn sie es selbst gern als »just another friendly Aucklander« interpretieren. Ich habe mir das Faltblatt zur Erinnerung aufge-

hoben. Auf der heutigen umfangreichen Webseite für Einwanderer habe ich keine Hinweise auf die Eigenheiten der neuseeländischen Sprache mehr gefunden, ganz zu schweigen von einem
Verweis auf *jafas*.

Fettnäpfchen vermeiden: The Kiwi Way of Life

Doris, eine Besucherin aus Nürnberg, musste auf ihrer Neuseelandreise einen Arzt aufsuchen. Sie erzählte begeistert, wie viel
Zeit er sich genommen hatte, ihr Insidertipps zu geben und ihr
von Sehenswürdigkeiten zu erzählen, die sie sich auf keinen Fall
entgehen lassen dürfte. Meine Freundin Tami plagten Schuld-
gefühle, weil sie einen jungen belgischen Hitchhiker nach fünf
Stunden Autofahrt in einem Backpacker-Hostel abgesetzt hatte,
anstatt ihm einen Schlafplatz bei ihr zu Hause anzubieten. Simon,
ihr Mann, stimmte zu: »Er ist zu Gast in unserem Land und Gäste
muss man willkommen heißen.«

Als ich nach zehn Jahren Kalifornien eine Urlaubsreise nach
Neuseeland machte, erzählte ich hinterher: »Die Neuseeländer
sind genauso freundlich wie die Kalifornier, aber man hat den
Eindruck, dass sie es wirklich ernst meinen.« Die Liebenswür-
digkeit schien tiefer zu gehen, echte Mitmenschlichkeit auszu-
drücken. Ein paar freundliche Worte, ein kurzes Gespräch, ein
kleiner Plausch mit Fremden beim Einkauf, im Café oder an der
Bushaltestelle sind in Neuseeland selbstverständlich. Man redet
über das Wetter und andere Belanglosigkeiten. Immer wieder
passiert es mir, dass mir wildfremde Menschen sagen, dass ihnen
meine Schuhe, mein Mantel oder meine Frisur gefallen. Ich muss
gestehen, ich habe mich daran gewöhnt und finde, kleine Kom-
plimente und unverbindliche Plaudereien machen das Leben
angenehmer. Dieser Smalltalk lockert nicht nur die Atmosphäre
auf, er baut auch Hierarchien ab.

Nach der Theorie der »Six Degrees of Separation« ist jeder
Mensch über maximal sechs Ecken mit einem anderen bekannt.

»In Neuseeland sind es zwei Ecken – jeder kennt jeden«, zitierte Wellingtons Regionalzeitung *The Dominion Post* die Linguistikdozentin Meredith Marra, die an der Victoria Universität in Wellington an einer Studie über die Sprache am Arbeitsplatz mitgearbeitet hat. »Ich glaube, wir führen Smalltalk, um zu zeigen, dass wir alle gleich sind.« Dazu gehöre auch, dass man sich gegenseitig auf die Schippe nimmt, im Büro ebenso wie auf der Baustelle. »Kleine Seitenhiebe und Sticheleien sind am Arbeitsplatz weitverbreitet und jemand, der neu dabei ist, muss anfangs einiges einstecken. Nach einer gewissen Zeit wird aber auch erwartet, dass der oder die Neue die anderen genauso hochnimmt.« Man nimmt sich selbst und das Leben nicht tierisch ernst, kann über sich selbst lachen, aber auch miteinander und übereinander.

Kiwis sind im Allgemeinen sehr freundlich und hilfsbereit, im Umgang locker und entspannt. Sie sehen sich gern als egalitäre Gesellschaft und dazu gehört auch, dass sich alle mit dem Vornamen ansprechen, egal ob Bankangestellter, Politiker oder Professor. »Ich möchte gern einen Termin mit Alison machen«, sage ich am Telefon, wenn ich meine Ärztin sehen will. Zum Grillfest kommt der Chef genauso wie der Nachbar und der Arbeiter, der gerade den neuen Boden verlegt hat und dabei zum Freund geworden ist.

Viele Immigranten oder auch deutsche Urlauber haben Probleme mit dem »How are you?«, das normalerweise dem »Hallo« zur Begrüßung folgt. Manche sind auch genervt und beleidigt, wenn sie merken, dass eine ausführliche Erklärung, wie man sich tatsächlich gerade fühlt, weder erwartet wird noch erwünscht ist. Aber wie auch in den USA und in Großbritannien gehört das »How are you?« ganz einfach zur Begrüßung, ist Teil von Hallo und es genügt, »I'm fine, how are you?« zu antworten bzw. in Neuseeland sagt man auch gern »I'm good, how are you?«. Gut zu wissen ist auch, dass es für Kiwis extrem wichtig ist, mit einem Gesprächspartner namentlich bekannt gemacht zu werden. Ja, ich würde sogar behaupten, dass es für Kiwis fast unmöglich ist, miteinander zu sprechen, wenn sie nicht zuerst vorgestellt wurden oder sich selbst vorgestellt haben. Deutsche können sich einen ganzen Abend lang glänzend unterhalten, ohne den Namen ihres Gegenübers zu kennen. Für einen Neuseeländer geht das nicht. Mir ist es früher oft passiert, dass ich auf einer Party oder bei einem geselligen Beisammensein ein Gespräch mit jemandem angefangen habe oder mich an einer Unterhaltung beteiligen wollte und dann mitten im Satz mit einem »Oh, by the way, my name is« – »Ich heiße übrigens« unterbrochen wurde. Natürlich habe ich es mir seit Langem angewöhnt, Leute immer sofort miteinander bekannt zu machen: »Das ist mein Freund Peter, das ist Anne-Marie.« Peinlich ist es nur, wenn man sich, so wie ich, weder Namen noch Gesichter gut merken kann.

Ein freundliches Schulterklopfen, ein aufmunternder Klaps auf den Oberschenkel, ein liebevoller Knuff in die Seite sind hingegen in Aotearoa tabu. Körperliche Nähe wie Küsschen oder Umarmungen sind auf enge Freunde und Familienangehörige beschränkt. Fremden kann man bei der Vorstellung die Hand schütteln, aber bitte nur zur Begrüßung. Man hält im Allgemeinen einen gewissen Abstand ein. Das gilt im übertragenen wie auch im wörtlichen Sinn. Neuseeländer legen großen Wert auf ihre persönlichen Freiheiten. Leben und leben lassen lautet ihre Devise. Zur Selbstverwirklichung ist für jeden genug Platz. Während in Deutschland 226 Menschen auf einen Quadratkilometer kommen, sind es in Neuseeland nur 16,4 Menschen. Es fällt daher nicht schwer, sich aus dem Weg zu gehen, und es gibt keinen Grund, jemandem zu nahezutreten.

Auf die typische Frage an den Besucher »How do you like New Zealand?« (Wie gefällt dir/Ihnen Neuseeland?) wird erwartet oder zumindest gehofft, dass die Antwort »I love it« lautet. Das tut sie natürlich meistens auch und das ist gut so. Denn auf Kritik, auch wenn sie gut gemeint und konstruktiv ist, reagieren Kiwis meist hypersensibel. Kritik muss vorsichtig ausformuliert und möglichst abgeschwächt werden, am besten als wohlwollende Anregung verpackt sein. Neuseeländer sind generell eher zurückhaltend, bescheiden oder sogar schüchtern. Nörgeln, meckern oder sich beschweren gehört nicht zum guten Ton. Kiwis drängen sich ungern in den Vordergrund und wollen vor allem niemandem irgendwelche Umstände machen. Ich wundere mich darüber, wenn eine Kundin in einem Kleiderladen zur Verkäuferin sagt: »Würde es Ihnen etwas ausmachen, wenn ich dieses Kleid anprobiere?« Warum sollte es ihr denn etwas ausmachen? Oder wenn ein Gastredner einen Vortrag halten will und die Organisatorin nach dem Bildschirm für seine Powerpoint-Präsentation fragt. Ich erlebte dieses Gespräch so mit: »Oh, Sie brauchen einen Bildschirm?« – »Nein, ist schon gut, ich kann auch ohne.« – »Ich kann einen organisieren und aufstellen lassen.« – »Nein, nein, kein Problem, ich brauche ihn nicht.« So ging es bestimmt noch fünf Mal hin und her, dann setzten die beiden ihre Unterhaltung fort, bis eine zweite Person dazutrat. »Mike hat eine Powerpoint-Präsentation vorbereitet und nach einem Bildschirm gefragt«, griff die Veranstalterin den Faden wieder auf. »Aber nein, ich komme auch ohne aus«, wiegelte Mike wiederum ab. »Aber wir haben einen hier, den können wir ganz leicht aufstellen«, bestätigte auch die neu Hinzugekommene. Daraufhin lenkte Mike doch tatsächlich ein und gestand: »Das wäre wirklich sehr nett. Ich glaube, es würde mir sehr helfen, wenn Sie das tun könnten.« Ich war fassungslos. Er hatte also bekommen, was er von Anfang an wollte, ohne es jemals klar auszusprechen. Vielleicht lerne ja auch ich es mit der Zeit noch, mich mehr zurückzuhalten und auf die Zwischentöne zu achten.

Offen und direkt zu sein, kommt bei Neuseeländern leicht als aggressiv oder rechthaberisch an. Was ein Deutscher als ehrlich empfinden mag, ist für einen Neuseeländer oft einfach unhöflich. Vor allem in den Anfangsjahren, habe ich mir, von besten Freunden natürlich nur, immer wieder anhören müssen, dass ich ruppig oder taktlos gewesen wäre. Ich konnte daher sehr gut nachempfinden, wie sich die Französin Cecile Meier fühlte. Sie beschrieb in der Zeitung *The Press*, dass sie davon überzeugt war, sich in Neuseeland gut eingelebt und angepasst zu haben, bis sie zufällig einen Leitfaden für Einwanderer in die Hände bekam. Entsetzt stellte sie fest, dass sie sich unmöglich benommen hatte, unhöflich gewesen war, »Unfrieden gestiftet und die Harmonie zerstört« hatte. Das war nicht ihre Absicht gewesen. »Franzosen streiten sich gern und aus Spaß«, schrieb sie. Nicht so die Neuseeländer, und Cecile gelobte Besserung: »Ich werde von jetzt an nicht mehr sagen ›Ich bin am Erfrieren‹, sondern ›Mir ist nicht sehr heiß‹ und anstatt ›Mir ist todlangweilig‹ werde ich sagen: ›Ich platze nicht gerade vor Begeisterung‹. Die landesübliche Ausdrucksweise muss so weich sein wie Merinowolle.«

Höflichkeit hat in Neuseeland ganz gewiss einen höheren Stellenwert als Offenheit. Kiwis sind aber auch bekannt für ihr Fairplay. Wenn jemandem ein Unrecht geschieht, dann wird alles darangesetzt, es wiedergutzumachen. In internationalen Statistiken gilt Neuseeland als eines der am wenigsten korrupten Länder. Steuerhinterziehung gilt hier nicht als Kavaliersdelikt. Die Menschen sind ehrlich. Natürlich wird auch hier in Häuser eingebrochen und auf den Parkplätzen beliebter Wanderwege warnen Schilder vor Autodieben. Auch meinem Neffen Olaf, der mit seinem Freund eine Rundreise durch das Land machte, wurde auf einem entlegenen, aber durchaus gut frequentierten Parkplatz das Auto ausgeraubt. Etwa fünf Monate später erhielt ich einen Anruf von einem Farmer auf der Südinsel, der auf einem abgeschiedenen Teil seines Grundstücks einen Rucksack gefunden und in einem Adressbuch auch meine Telefonnummer entdeckt hatte. Er schickte mir den Rucksack mit allem, was die Diebe zurückgelassen hatten, zu und weigerte sich strikt, mich auch nur das Porto übernehmen zu lassen.

Ebenso erfreulich fand ich die Geschichte mit einem Lieblingsring, den ich eines Tages nicht mehr finden konnte. Ich durchwühlte Handtaschen, Hosen und Jacken und fragte vergeblich bei Freunden nach. Ich hatte die Hoffnung, ihn wiederzufinden, längst aufgegeben, als ich Monate später in ein Restaurant ging. Beim Zahlen an der Theke – es ist in Neuseeland selbst in den besten Restaurants üblich, dass man zum Zahlen an die Theke geht – sah ich neben der Kasse einen kleinen Teddybären sitzen. »Wow«, platzte es aus mir heraus, »der hat ja meinen Ring um den Arm.« Ich meinte das nicht ernst, denn er glänzte längst nicht so schön silbrig wie meiner, sah etwas bräunlich und verstaubt aus. Der Typ an der Kasse ging nach einem entschuldigenden »Einen Moment bitte« nach hinten. Als er wiederkam, zog er dem Teddybären den Ring vom Arm und gab ihn mir. Ich war völlig überwältigt. Es war tatsächlich mein Ring, den ich dort verloren haben musste.

Der Poet Thomas Bracken schrieb 1880 ein Gedicht über Neuseeland mit dem Titel »God's Own Country« (Gottes eigenes Land). Heute kürzen Kiwis das zu Godzone ab. Es entspricht der Einstellung vieler, im besten Land der Welt zu leben. Das heißt allerdings nicht, dass Neuseeländer wenig reisen. Im Gegenteil. Sie reisen gern, viel und lange. OE wird die *overseas experience* genannt, die Auslandserfahrung, die als unerlässlicher Teil der Bildung angesehen wird. In Neuseeland wird erwartet, dass junge Menschen nach dem Abitur oder der Uni für einige Jahre ins Ausland gehen und die Welt kennenlernen. Manche bleiben sehr lange weg. Laut dem Statistischen Amt leben schätzungsweise eine Million Kiwis, das sind rund 20 Prozent, im Ausland. Die meisten kommen irgendwann wieder zurück. Entweder wenn sie Kinder kriegen, denn sie glauben, dass Neuseeland das beste Land sei, um Kinder großzuziehen, oder wenn sie alt werden und sich zur Ruhe setzen wollen.

»She'll be right«: Pioniergeister, Sportler, harte Kerle

Ein echter Neuseeländer lässt sich nicht unterkriegen, findet immer eine Lösung und erfindet nebenbei auch noch allerlei Nützliches. »She'll be right« sagt der Kiwi und meint damit, dass alles in Ordnung ist, alles gut werden wird und es sich nicht lohnt, sich Sorgen zu machen. »Do it yourself« heißt die Devise, und Schwierigkeiten sind dazu da, um gemeistert zu werden. Wahrscheinlich steckt in vielen noch der Kampfgeist ihrer Vorfahren, die sich unter schwersten Bedingungen ein neues Leben in diesem Land aufbauen mussten. So etwas geht nur mit der Einstellung »Wir schaffen das schon, wir kriegen das hin«. Ein Stück Draht Nummer 8, so heißt es im alltäglichen Sprachgebrauch, sei alles, was ein Kiwi benötigt, um ein Problem zu lösen. Das ist der Draht, der beim Einzäunen von Farmen verwendet wird und symbolisch für den Einfallsreichtum der Neuseeländer steht, die stolz darauf sind, sich in jeder Lage zu helfen zu wissen, und sehr praktisch veranlagt sind.

So wie unser Freund Rod. Als Sonnenkollektoren um 2005 auch in Neuseeland modern wurden, kletterte Rod, hauptberuflicher Psychotherapeut, aufs Dach und verlegte seine mit Gartenschläuchen selbst gebastelte Warmwasser-Solaranlage. Die ersten Versuche schlugen fehl und Anna, seine Frau, fing an zu verzweifeln, wenn sich wieder einmal Wasser von oben in die Küche ergoss. Aber irgendwann funktionierte dann alles und Rod ging zum nächsten handwerklichen Experiment über. Gern erinnert er sich auch daran, wie er in jungen Jahren einmal mit Anna auf dem Motorrad hinaus ins Grüne fuhr und während des Techtelmechtels vor Ort den Zündschlüssel verlor. Einfallsreich, wie er schon immer war, drehte er sich tatsächlich ein Stück Draht vom nächsten Zaun und stellte daraus einen Ersatzschlüssel her. Anna war total beeindruckt.

Die sprichwörtliche *kiwi ingenuity*, womit die Genialität der Neuseeländer gemeint ist, die mit einer guten Portion Selbstvertrauen auch für komplexe Probleme Lösungen finden, kann manchmal aber auch frustrierend sein. Probleme mit einem Stück Draht zu lösen bedeutet eben auch, dass es nicht um Qualität geht, sondern um behelfsmäßige Notlösungen. Hauptsache es funktioniert. Es sind jedoch auch eine Vielzahl bahnbrechender Produkte und großer Entdecker aus diesem kleinen Land hervorgegangen, auch wenn nicht alle wirtschaftlichen oder persönlichen Ruhm daraus gezogen haben.

Als eine der einflussreichsten Persönlichkeiten in der Geschichte Neuseelands gilt der Experimentalphysiker Ernest Rutherford, der 1903 die Theorie des radioaktiven Zerfalls begründete und 1908 den Nobelpreis für Chemie erhielt. Er entdeckte, dass Atome einen Kern haben und entwickelte das Rutherford'sche Atommodell. Der Landwirt Richard Pearse, ein Luftfahrtpionier und Flugzeugbauer, ging schon vor dem legendären Kitty-Hawk-Flug der Gebrüder Wright 1903 mit seinem Gefährt in die Luft. Die Fliegerin Jean Batton errang in den 1930er Jahren Rekorde im Alleinflug. Der Apotheker und Tierarzt Colin Albert Murdoch erfand 1956 die Plastik-Einwegspritze, ein Meilenstein für die moderne Medizin. Bill Hamilton baute in den 1950er Jahren das erste Jetboot. A. J. Hackett entwickelte ein extrem belastbares Gummiseil und begründete in Queenstown das erste kommerzielle Bungeespringen. Neuseeländer haben auch den elektrischen Zaun, den Briefmarkenautomaten und die elektronische Zapfsäule erfunden. Der erste Rucksackflieger, das Jetpack des Erfinders Glenn Miller, befindet sich in der Produktionsphase.

Einer der größten Nationalhelden ist Sir Edmund Hillary, dem 1953 mit dem nepalesischen Sherpa Tenzing Norgay die Erstbesteigung des Mount Everest gelang. Neuseeländer sind auch große Seefahrer und berühmte Yachtdesigner. Vor allem im Rudern und Segeln haben sie sich bei internationalen Wettbewerben bewährt und viele Medaillen gewonnen. Im America's Cup, der internationalen Segelregatta, kämpft das kleine Land immer wieder um den Titel und hat ihn auch schon mehrmals gewonnen. Neuseeländer sind ausgezeichnete Kanufahrer, Schwimmer und Leichtathleten. Sport nimmt einen hohen Stellenwert im Leben des Kiwi ein, wird professionell betrieben und ist eine der beliebtesten Freizeitbeschäftigungen. Kiwis spielen Golf und Tennis, gehen Skifahren, Surfen und Snowboarden. Im Kricket und Korbball zählen sie weltweit zu den Besten.

Rugby hält das ganze Volk in Atem, und die Mitglieder der Rugby-Union-Nationalmannschaft, die All Blacks, sind, ähnlich wie in Deutschland die Fußballer, gefeierte Volkshelden. Die ganz in Schwarz gekleidete Mannschaft gilt als die beste der Welt. Vor jedem Spiel tanzen die Spieler einen Haka, um dem Gegner Furcht einzuflößen und sich selbst anzufeuern. Ein Sieg bei der Rugby-Weltmeisterschaft löst einen kollektiven Freudentaumel aus, und die amtierende Partei kann sich aufgrund der euphorischen Stimmung ihres Wahlsiegs sicher sein. Schon die Kinder schlagen sich beim Rugbyspielen die Köpfe ein. Ich selbst kann mich weder für Fußball noch für Rugby so richtig begeistern. Ich finde es zwar ganz lustig, wenn Rugby-Anhänger sich während des Siebener-Rugby wie beim Fasching oder Karneval verkleiden und drei Tage lang kostümiert und – manchmal etwas zu – angeheitert durch Wellingtons Straßen ziehen, aber ins Stadion habe ich es bisher leider noch nicht geschafft. Über das Spiel weiß ich wenig, außer dass ein ovaler Ball im Mittelpunkt steht und dabei der ganze Mann gefragt ist. Und das passt wiederum zu Neuseeland, wo die Gesellschaft männlich geprägt ist und wo auch Frauen hart im Nehmen sind. Die *mateship* ist wichtig, die Kameradschaften unter Männern, die zusammen auf die Jagd gehen, im Wald Wildschweine schießen und gemeinsam zum Fischen aufs Meer hinausfahren.

Der Kiwi ist es gewohnt, von Kindesbeinen an barfuß zu laufen, aber nicht nur am Strand, sondern auch auf dem harten Asphaltboden in der Stadt. Der weltberühmte Regisseur Peter Jackson ist bekannt dafür, dass er bei Dreharbeiten in Shorts und ohne Schuhe herumläuft. Er machte das Barfußlaufen auch unter Hollywoodstars salonfähig. Liv Tyler erschien zur »Hobbit«-Premiere auf dem roten Teppich in Wellington ohne Schuhe, Susan Sarandon zur Premiere von »The Lovely Bones« (»In meinem Himmel«). Ich glaubte, meinen Augen nicht zu trauen, als ich mein erstes Interview mit einem neuseeländischen Minister machte und dieser in Socken hinter seinem Schreibtisch hervorkam, um mir die Hand zu schütteln. Zumindest hatte er noch Socken an.

Wie abgehärtet die Menschen sind, zeigt sich auch, wenn sie im Winter bei zwölf Grad Außentemperaturen und noch darunterliegenden Wassertemperaturen im Meer schwimmen gehen. Wer da nicht mithalten kann oder will, wird schnell als Weichling oder Waschlappen beschimpft.

In den härtesten Ausdauertests robben 13- und 80-Jährige durch den Schlamm, durchqueren eisige Gebirgsflüsse und brettern in Mountainbikes über die Berge. Kein Wunder, dass auch die meisten ihrer Häuser so gebaut sind, als wäre Neuseeland eine tropische Insel. Wenn wir im Winter bei Freunden eingeladen sind, nehmen wir meistens einen extra Pullover mit. Denn die Einstellung lautet hier: Wenn's dich friert, dann musst du mehr anziehen.

Doppelverglaste Fenster, unterkellerte Böden und wärmeisolierte Wände sind eine ganz neue Entwicklung, obwohl es im Winter in manchen Gegenden richtig kalt wird. Auch heute wird oft nur ein Zimmer im Haus mit einem offenem Feuer im Kamin oder einem Kanonenofen beheizt oder mit Öl- oder Gasradiatoren. Erst in den vergangenen Jahren ist eine Wende in dieser Einstellung herbeigeführt worden, die auch politisch gewollt ist. Statistiken haben gezeigt, dass die Anzahl der Atemwegserkrankungen in Neuseeland im internationalen Vergleich erschreckend hoch ist. Es ist keine Seltenheit, dass in billigen Studentenunterkünften die Innentemperaturen unter den Außentemperaturen liegen. Das hört man vor allem immer wieder von Häusern in Dunedin, wo die Tiefsttemperaturen oft nahe dem Gefrierpunkt liegen. Ich habe selbst dunkle, feuchte Badezimmer gesehen, in denen richtig große Pilze aus den Ecken und in der Dusche hervorsprossen. Auch in unserem Haus haben wir anfangs gefroren und mussten im Winter am Nachmittag oft ein heißes Bad nehmen, um uns aufzuwärmen und den Abend einigermaßen zu überstehen. Aber dank Wärmepumpe und anderen heizungstechnischen Verbesserungen sind diese Zeiten vorbei.

Inzwischen gibt es staatlich finanzierte Initiativen, die ihre Mitarbeiter vorbeischicken, um Ratschläge zu geben, wie ein Haus winterfest gemacht werden kann. Doppelverglasungen für Fenster und Türen, Zentralheizungen, Thermovorhänge, Boden- und Wandisolierungen sind keine Fremdwörter mehr. Aber das kostet natürlich alles Geld und es wird sicherlich noch dauern, bis der Wandel vollzogen ist – falls es jemals dazu kommt. Steigende Strompreise hatten in den vergangenen Jahren zur Folge, dass Tausende von Neuseeländern im Winter ihre Rechnungen nicht mehr zahlen konnten und ihnen der Strom abgestellt wurde.

Vier Jahreszeiten an einem Tag: Das Wetter

Nach Neuseeland kommt man nicht wegen des Wetters, man nimmt es vielmehr in Kauf. Als mich meine Schwester schon bald nach ihrer Ankunft in Auckland anrief und mir voller Begeisterung erzählte, wie unglaublich schön allein der Himmel in Neuseeland wäre, wusste ich, dass sie den richtigen Blick für das Land hatte. Die Farben, das Licht und die Wolken bieten ein Schauspiel, das sich ständig verändert, das immer in Bewegung ist. Aber die Dramatik am Himmel hängt natürlich mit der Dramatik des Wetters zusammen, das sich sehr rasch ändern kann. Temperaturstürze von fünf bis zehn Grad innerhalb von Minuten kommen immer wieder vor, von einem Tag auf den nächsten sind sie relativ häufig. Ich weiß, dass man jederzeit auf alles vorbereitet sein sollte, aber trotzdem stöhne ich häufig, dass ich viel zu warm angezogen bin, weil es doch gestern noch so kalt war. Und immer noch vergesse ich manchmal, wenn ich aus dem Haus gehe, die Regen- und Windjacke einzupacken, weil die Sonne gerade gar so freundlich vom Himmel lacht.

Neuseeland ist zwar eine Inselgruppe in der Südsee, aber keineswegs tropisch. Es liegt in den gemäßigten Breiten, zwischen dem Äquator und dem Südpol. Im nördlichen Teil der Nordinsel ist das Klima subtropisch und im Rest des Landes gemäßigt und maritim. Es wird im Wesentlichen von der lang gezogenen geografischen Ausdehnung des Landes, seinen Bergen und vor allem vom Meer bestimmt. Im Hochsommer wird es in vielen Gegenden angenehme 25 Grad warm, wobei die Höchsttemperaturen bei etwa 30 Grad liegen. Dabei ist jedoch zu bedenken, dass 25 Grad bei strahlendem Sonnenschein für einen Deutschen einer gefühlten Temperatur von etwa 30 Grad entsprechen. Aufgrund der klareren Luft in der südlichen Hemisphäre, des Ozonlochs und Neuseelands relativer Nähe zum Äquator ist auch die Sonnenbrandgefahr um ein Vielfaches höher. Im Winter ist es tagsüber oft um die 15 Grad warm, in den Bergen und in den meisten Teilen der Südinsel fünf bis zehn Grad weniger.

Auf der Südinsel sind die vier Jahreszeiten aufgrund der größeren Landfläche und der Südlichen Alpen deutlicher ausgeprägt. In Wellington zeichnet sich der Frühling dagegen vor allem durch stärkere Winde aus und der Herbst dadurch, dass die Temperaturen stärker schwanken, die Luft kühler wird und die Sonne früher untergeht. Ansonsten kann es auch im tiefsten Winter Tage geben, an denen wir im Sonnenschein auf der Terrasse im T-Shirt frühstücken. Genauso kann es im Hochsommer passieren, dass eine Kaltfront aus der Antarktis, ein sogenannter *southerly*, winterliche Temperaturen bringt und geheizt werden muss. Das Gute ist jedoch, dass sich meist nach zwei oder drei Tagen die Sonne wieder zeigt.

»Windy Wellington« ist berühmt für seine starken Winde, die nicht selten Geschwindigkeiten von über 100 Stundenkilometern erreichen. Das liegt an den berüchtigten »Roaring Forties« (brüllende Vierziger), starken westlichen Winden, die häufig zu Sturmstärke auflaufen und zwischen dem 30. und 40. südlichen Breitengrad angesiedelt sind. In ihnen sammeln sich auch große Wassermassen an, die die Westküste der Südinsel mit Niederschlagsmengen von bis zu 10 000 Millimetern zu einem der regenreichsten Gebiete der Erde machen.

Generell ist es in Neuseeland möglich, die sprichwörtlichen vier Jahreszeiten an einem Tag zu erleben, und die Wettervorhersagen sind nicht sehr zuverlässig. Das ist wahrscheinlich ein Grund, warum die Kiwis so gern über das Wetter reden. Manchmal denke ich auch, dass es am Wetter liegen mag, dass viele für deutsche Verhältnisse so unzuverlässig sind und sich so ungern festlegen. Das Wetter fordert geradezu heraus, flexibel zu sein. Das habe inzwischen auch ich gelernt. Wenn am Wochenende unerwartet die Sonne scheint und auch in Wellington ausnahmsweise Windstille herrscht, dann muss man das einfach nutzen. Dann werfe auch ich Pläne über den Haufen und gehe stattdessen Rad fahren, schnorcheln oder kajaken. Wenn der Wind bläst, ist unsere Hafenbucht voll mit Segelbooten und Kite-Surfern. Von langjährigen Wellenreitern habe ich mir erzählen lassen, dass sich Arbeitgeber und Arbeitnehmer auch unter der Woche oftmals ganz zufällig im Wasser treffen, während sie auf ihrem Brett liegen und auf die nächste Welle warten.

Aber natürlich ist nicht alles eitel Sonnenschein. Im Gegenteil. Die Naturgewalten sind rau und hart in Neuseeland. Plötzliche Wetterumstürze kosten jedes Jahr so manchen schlecht ausgestatteten Urlauber in der Wildnis das Leben. Selbst erfahrene Wanderer können in unvorhergesehenen Schneestürmen vom Pfad abkommen, die Orientierung verlieren und, der Witterung ausgesetzt, erfrieren. Starke Winde entwurzeln Bäume und decken Dächer ab, Regenstürme führen zu Überschwemmungen, Dürreperioden zur Wasserrationierung. In Neuseeland muss man sich auf alles einstellen. Mein Bruder hatte das Pech, mich im regenreichsten Sommer seit Jahrzehnten zu besuchen. Dafür sah er in Fiordland die gewaltigsten Wasserfälle. Während des vierwöchigen Aufenthalts meiner Schwester war es dagegen nur sonnig und es regnete einen einzigen halben Tag lang. Auf das Wetter ist kein Verlass in Aotearoa.

Naturgewalten: Erdbeben und Vulkane

Am Sonntag, den 21. Juli 2013, weckte mich gegen sieben Uhr morgens ein Erdstoß, der so gewaltig war, dass ich aus dem Bett sprang und unter einem Türbalken im Schlafzimmer Schutz suchte. Zehn Stunden später sprang ich, Telefonhörer in der Hand, unter meinen Schreibtisch und flehte meine Gesprächspartnerin Caz an: »Bitte lass mich nicht allein.« Eine gute halbe Stunde verbrachte ich unter dem Tisch. Wir sprachen uns gegenseitig Mut zu und fürchteten um unser Leben. Immer wieder bebte die Erde, ein Nachbeben folgte auf das nächste. Caz, die einige Kilometer weiter entfernt wohnt, spürte es immer erst zwei, drei Sekunden später. So lange dauerte es offensichtlich, bis die Welle zu ihr vordrang. Wir wussten nie, ob das nächste Beben vielleicht das ganz große sein würde. Ich stellte mir vor, wie mich der steile Hügel hinter unserem Haus unter seinen Erdmassen lebendig begraben würde. Ich stand Todesängste aus. Irgendwann kam vom Katastrophenschutz über mein Handy die Nachricht, dass ein Tsunami nicht zu befürchten sei.

Es war ein Erdbeben der Stärke 6,5 gewesen, erfuhr ich später. Das Epizentrum lag knappe 60 Kilometer entfernt von Wellington bei Seddon in der Cookstraße zwischen Nord- und Südinsel im Meer. Über 100 Nachbeben wurden allein in den folgenden zwölf Stunden gemeldet. Die Schäden waren gering. Fensterscheiben, Flaschen und Gläser waren zu Bruch gegangen. Ein 15 Meter langes Stück Straße war eingebrochen und im Hafenbecken versunken. Nur wenige Menschen waren leicht verletzt worden. In den folgenden Tagen wurden Erdbebenvorräte aufgefüllt, bewegliche Teile in den Wohnungen fest verankert, Kamine gesichert. Die Wahrscheinlichkeit, dass ein größeres Erdbeben folgen würde, nahm zwar ständig ab, aber die Nerven blieben gespannt. Kaum vier Wochen später kam es in der gleichen Gegend zu einem weiteren Beben der Stärke 6,6. Fenster zerbarsten, Strom fiel aus und Telefonleitungen rissen. In Wellingtons Innenstadt rannten Büroangestellte auf die Straßen und erklärten vor laufenden Kameras, dass sie die Stadt für immer verlassen würden. Auf den Ausfallstraßen bildeten sich in den Nachmittagsstunden kilometerlange Staus. Die letztendliche Schadensbilanz war nichts im Vergleich zu dem, was zwei Jahre vorher in Christchurch, der zweitgrößten Stadt des Landes, passiert war. Dort waren bei einem Erdbeben der Stärke 6,3 große Teile der Innenstadt zerstört worden und 185 Menschen ums Leben gekommen.

Neuseeland befindet sich in der geologisch aktivsten Zone der Erde. Es gehört zum Pazifischen Feuerring, einem hufeisenförmigen Vulkangürtel entlang der Pazifischen Erdplatte, wo 90 Prozent aller Erdbeben stattfinden und die meisten Vulkanausbrüche. In Neuseeland treffen die Pazifische und die Australische Platte aufeinander. Spannungen bauen sich auf und entladen sich in Erdbeben. Kleinere Erdstöße gibt es in Neuseeland täglich, aber die spürt man gewöhnlich nicht. Das gewaltigste Beben der neueren Zeit mit einer Stärke von 8,2 ereignete sich 1855 in der Region Wairarapa in der Nähe von Wellington. Im Jahre 1931 wurde die Stadt Napier durch ein Beben der Stärke 7,8 völlig zerstört.

An den Plattengrenzen entstehen auch Vulkane. Auf der Nordinsel schiebt sich die Pazifische unter die Australische Platte, was zu Schmelzprozessen in der untergeschobenen Platte führt. Magma steigt auf und findet aus Vulkanen den Weg an die Oberfläche. Auf diese Art sind in der Taupo Volcanic Zone, einem Gebiet, das sich über 350 Kilometer erstreckt, einige der weltweit aktivsten Vulkane entstanden. Dazu gehören Mount Ruapehu, der mit 2797 Metern höchste Berg der Nordinsel, Mount Ngauruhoe, Mount Tongariro und White Island. Der Lake Taupo, der größte See des Landes, entstand durch eine hochexplosive Eruption des Supervulkans Taupo vor 26 500 Jahren. Sein letzter Ausbruch im Jahre 180 v. Chr. beeinflusste das Klima weltweit und bedeckte ganz Neuseeland mit einem mindestens einen Zentimeter dicken Ascheteppich. Er ist einer von zwölf als gefährlich eingestuften Vulkane des Landes. In jüngster Zeit spuckt die Vulkaninsel White Island immer wieder Asche. 2012 ist der Mount Tongariro, der auf der Route eines der beliebtesten Wanderwege liegt, nach 115 Jahren Ruhe abermals ausgebrochen. Eine zwei Kilometer hohe Aschewolke legte den regionalen Flugverkehr für kurze Zeit lahm. Die jüngste Eruption am Mount Ruapehu im Jahr 2007 wurde von einem sieben Minuten langen Erdbeben begleitet.

Der brodelnde Hexenkessel unter den Erdschichten zeigt sich in beeindruckenden Naturschauspielen in der Gegend von Rotorua im Zentrum der Nordinsel. Dort gibt es sprudelnde Geysire, blubbernde Schlammlöcher, schwefelhaltige Dampfwolken und heiße Quellen. Magma in nur 15 Kilometern Tiefe bringt das Wasser zum Kochen. Mitten in dieser riesigen Caldera, die durch einen gigantischen Vulkanausbruch entstand, liegt der Kurort Rotorua mit knapp 70 000 Einwohnern, ein beliebtes Touristenziel.

Man lebt in Neuseeland also tatsächlich auf dem sprichwörtlichen Pulverfass. Persönlich ziehe ich einen Vulkanausbruch einem Erdbeben vor. Vulkane haben die angenehme Angewohnheit, größere Ausbrüche durch Verformungen des Gesteins, Dampf- und Aschewolken oder auch Erdbeben anzukündigen. Geologen sind daher in der Lage, sie mit einer gewissen Wahrscheinlichkeit vorauszusagen, sodass Gebiete rechtzeitig evakuiert und gesperrt werden können. Erdbeben brechen hingegen völlig unerwartet in dein Leben ein. Sie schaffen es immer wieder, mich bis ins tiefste Mark zu erschüttern. In Neuseeland üben Kinder schon im Vorschulalter, wie man sich bei einem Erdbeben verhält. Großer Wert wird auch auf eine erdbebensichere Bauweise gelegt, die vor allem in Wellington, wo mit einem größeren Beben jederzeit gerechnet werden muss, strikten Auflagen folgt. Niemand rechnete dagegen mit einem großen Erdbeben in Christchurch. Es erfolgte auf einer bis dahin unbekannten Verwerfung.

Australien: Der viel geschmähte große Bruder

»Was ist ein Neuseeländer? Die kurze und bündige Antwort lautet natürlich: Ein Australier mit einem Minderwertigkeitskomplex.« So beschreibt der in Irland geborene und in Wellington lebende Journalist Noel O'Hare in der Zeitschrift *New Zealand Listener* das neuseeländische Wesen. Der Titel der bissigen Kolumne lautete: »Ein Fall von Entwicklungshemmung.«

Ein Außenstehender sieht zunächst vor allem die vielen Gemeinsamkeiten. Beide Länder wurden gegen Ende des 18. bzw. Anfang des 19. Jahrhunderts von Weißen, insbesondere Briten, besiedelt. Ihre Bewohner sprechen Englisch, lieben das Outdoor-Leben mit Barbecue, Bier und Strand und gelten als entspannt, gastfreundlich und locker. Aber sobald man etwas näher hinsieht, fallen die Unterschiede deutlich ins Auge. Australien ist ein ganzer Kontinent mit einer Fläche von 7,7 Millionen Quadratkilometern und 23 Millionen Einwohnern. Neuseeland ist im Vergleich dazu winzig. Allein schon aufgrund dieser Größenverhältnisse scheint es angebracht, Australien als den großen Bruder Neuseelands zu bezeichnen. Aber die Charakterisierung ist tatsächlich ziemlich zutreffend. Die Beziehung zwischen den Bewohnern der beiden Länder kann vielleicht am besten mit einer geschwisterlichen Hassliebe beschrieben werden. Vergleichbar möglicherweise mit den Konkurrenzkämpfen und Eifersüchteleien zwischen Österreichern und Deutschen, Kanadiern und US-Amerikanern, aber auch wieder anders.

Es ist eine freundliche Rivalität, die gelegentlich tiefer geht. Vor allem beim Sport. Nichts ist schlimmer für die Psyche der sportbegeisterten Kiwis als gegen die Australier zu verlieren. Sie unterstützen daher jedes Team, das in internationalen Wettbewerben gegen die Australier spielt, und ärgern sich immer wieder, wenn ein neuseeländischer Sieg in den australischen Medien als australasischer (also als Sieg der Region um Australien, Neuseeland, Neuguinea und die umliegenden Inseln Melanesiens) gefeiert wird. Treffen sich Australier und Neuseeländer jedoch in Europa oder anderen fernen Ländern, dann ist die Freude riesig, man liegt sich in den Armen und schwelgt gemeinsam in Erinnerungen an die ferne Heimat. Der langjährige Streit, ob denn nun ein Neuseeländer oder ein Australier die Pavlova-Torte erfunden habe – ein Nationalgericht in beiden Ländern –, wird zumindest in Neuseeland immer noch auf den Tisch gebracht. Neuseeländer verweisen gern darauf, dass ihre europäischen Vorfahren freiwillig ausgewandert sind und nicht als britische Sträflinge zwangsverschifft wurden. Sie sind stolz darauf, dass sie die indigene Bevölkerung besser behandelten, aber das ist Stoff für ein anderes Kapitel.

Der stereotypische Aussie steht mit der Bierdose in einer Hand am Barbecue und schlägt sich mit der anderen die Fliegen aus dem Gesicht. Als laut, dummdreist, arrogant und versoffen wird er von Kiwis gern karikiert. Neuseeländer werden hingegen als die Bauern vom Land, die es gern mit ihren Schafen treiben, belächelt. Die Witze, die sich darum ranken, sind endlos. Kiwis empören sich darüber, wenn in Neuseeland geborene, aber in Australien lebende Stars wie der Schauspieler Russel Crowe oder der Country-Sänger Keith Urban als Australier gefeiert werden. Auch das in Kalifornien lebende Topmodel Rachel Hunter geben sie gern als das ihre aus. Internationale Medien tragen ihren Teil dazu bei, wenn sie den Fauxpas begehen und selbst ureigenste Neuseeländer wie zum Beispiel den Nationalhelden Peter Jackson, als Australier bezeichnen. So geschehen, als der Regisseur von »Der Herr der Ringe« für mehrere Oscars nominiert wurde. Mir gefällt es auch überhaupt nicht, wenn ich auf Reisen erzähle, dass ich in Neuseeland lebe und kurz darauf gefragt werde, wie dieses und jenes in Australien sei. Tut mir leid, aber Neuseeland ist nicht Australien, auch wenn beide Länder auf der Südhalbkugel liegen und als Down Under bezeichnet werden. Sie sind immerhin rund 2000 Kilometer bzw. etwa drei Flugstunden voneinander entfernt.

Meine australische Freundin Kylie, die schon seit über zehn Jahren in Neuseeland lebt, findet alles sehr klein und provinziell hier. »Es ist zwar niedlich und wunderschön, aber auch irgendwie belanglos und unbedeutend.« Könnte das vielleicht damit zusammenhängen, dass Neuseeland mehr an Großbritannien orientiert ist, während der Blick in Australien mehr in Richtung USA geht? Mir fällt in Australien immer wieder auf, dass das Leben dort im Allgemeinen amerikanisierter ist als in Neuseeland. Kylie studierte in Wellington, verliebte sich und blieb hängen. Sie stellt den Vergleich zu Melbourne her, wo sie aufgewachsen ist. Die Stadt sei viel multikultureller, weltoffener und natürlich größer. »Kiwis meinen, sie leben in Städten, aber das sind doch nichts anderes als Provinzstädte. Australien hat einfach mehr zu bieten.« Das denken offensichtlich auch viele Neuseeländer, die gern mal übers Wochenende in Melbourne oder Sydney Großstadtluft schnuppern. Sie genießen auch das tropische Klima und die Strände von Queensland. Australier kommen zwar zum Skifahren nach Queenstown, aber Urlaub machen sie lieber auf Bali.

Natürlich besucht man auch die Verwandten, die sich im Nachbarland niedergelassen haben. Jahrzehntelang ermöglichte ein gegenseitiges Abkommen, dass Neuseeländer und Australier in beiden Ländern leben und arbeiten und die gleichen Sozialleistungen in Anspruch nehmen konnten. Aber als es immer mehr Kiwis in das wohlhabendere Australien zog, begann Neuseeland über die Abwanderung hoch qualifizierter Arbeitskräfte zu klagen, während in Australien von neuseeländischen Schmarotzern die Rede war, die wegen des Arbeitslosengeldes kämen und faul am Strand herumlägen. Im Jahr 2001 änderten die Australier einseitig die Vertragsbestimmungen und seitdem haben Kiwis in Australien bedeutend weniger Ansprüche und Rechte als Australier in Neuseeland. Australien drohte damals, die uneingeschränkten Reisebestimmungen abzuschaffen, und das wollte Neuseeland auf keinen Fall riskieren. Deshalb gab es von offizieller Seite wenig Einspruch.

Bereits im Jahre 1901 lehnten es die Neuseeländer ab, ein siebter Bundesstaat von Australien zu werden. Eine Währungs- oder politische Union wird zwar gelegentlich diskutiert, von neuseeländischer Seite aber immer wieder abgelehnt und steht im Moment nicht zur Debatte. »Wir würden dabei sicherlich nur den Kürzeren ziehen«, meint unsere Nachbarin Ruth Argue und verweist auf die Situation der in Australien lebenden Kiwis. Viele Neuseeländer beklagen sich mittlerweile über den Rassismus, der ihnen in Australien entgegenschlägt, reden von Diskriminierung oder sogar von Angst um ihr leibliches Wohlergehen. Sie gelten als die unzufriedenste Gruppe unter den Einwanderern in Australien.

Ob Kylie sich denn als Australierin in Neuseeland akzeptiert und heimisch fühlt? »Ich fühle mich nicht wie ein Kiwi, und ich möchte auch kein Kiwi sein«, sagt sie und erklärt es mit dem großen Nationalstolz der Neuseeländer und ihrer Verbundenheit mit dem Land. »Ich lebe sehr gern hier, aber ich habe keine historische Verbindung zu dem Land.« Stolz auf das eigene Land zu sein ist ihr fremd, denn in Australien verbindet man das mit engstirnigen Spießbürgern und Rassisten aus den unteren sozialen Schichten, sagt sie.

Jo, eine neuseeländische Freundin, erzählt mir von ihren Erlebnissen im australischen Adelaide, wo sie dreieinhalb Jahre lang als Busfahrerin gearbeitet hat. Ihre Arbeitskollegen hätten sie ständig wegen ihres Akzents aufgezogen: »Sag doch mal pan, sag doch mal pen, sag doch mal pin, so ging es die ganze Zeit.« Meistens schwieg sie einfach, aber ab und zu verlor sie die Beherrschung und machte ihre Kollegen so sehr nieder, dass sie ihr mindestens eine Woche lang aus dem Weg gingen. »Du hast wohl gar keinen Humor«, hieß es dann. In den Fish-and-Chips-Laden um die Ecke ging sie nie mehr zurück, nachdem die Inhaber ihre Bestellung beim ersten Mal nicht verstanden hatten. Kylie bestätigt, dass Neuseeländer sie sofort an ihrem Akzent erkennen und sich deshalb gern über sie lustig machen. Aber das mache ihr nichts aus. »Wir sind nicht so schnell beleidigt«, sagt sie. Ist das schon wieder ein Seitenhieb? Das empfindliche neuseeländische Gemüt muss da erst abwägen. Ihre Mutter setzt gleich noch eins drauf. Auf meine Frage, was denn ihrer Meinung nach die Australier von den Neuseeländern halten, antwortet sie: »Die meisten Australier verschwenden keinen Gedanken an Neuseeland.«

Traumziel Neuseeland – Sein und Schein

Deutsche Immigranten: »Wie im Paradies«

Etwa 10 000 Deutsche haben sich in Neuseeland niedergelassen. Sie kamen auf der Suche nach einem neuen Leben und neuen Abenteuern, blieben nach einer langen Reise einfach hängen oder verliebten sich. Manche hatten einen Beruf, der gesucht war, und wenn die berufliche Qualifikation stimmte, war die permanente Aufenthaltsgenehmigung problemlos zu bekommen. Bei anderen half in den meisten Fällen Geduld und Ausdauer.

»Neuseeland ist schon toll, ich würde nicht mehr nach Deutschland zurückgehen. Nein, wir haben es hier wie im Paradies.« Manfred Dickgießer aus Hornberg im Schwarzwald kommt ins Schwärmen, wenn er von seiner Wahlheimat Neuseeland spricht. Seit rund 20 Jahren wohnt er schon am anderen Ende der Welt. Ich treffe ihn an einem Samstagvormittag, als er bei strahlendem Sonnenschein in eine Wurstsemmel vom »Bratwurstgrill« in Nelson beißt. Der Küstenort im Norden der Südinsel zählt mit seinen 45 000 Einwohnern schon zu den größeren Städten. Das milde Klima und Künstlerflair zieht auch viele Deutsche in die Gegend. Am Samstag treffen sie sich gern zum Bratwurstessen an einem Holztisch vor dem Stand von Doris Faulhaber. Sie hatte in Deutschland als Verkäuferin bei einem Metzger gearbeitet. Während eines Urlaubs verliebte sie sich in einen Kiwi, ihren künftigen Ehemann. 1996 zog sie zu ihm nach Rotorua, der Stadt im Zentrum der Nordinsel, wo die Geysire sprudeln. Von ihrer alten Heimat, Oberbleichfeld bei Würzburg, ist das rund 20 000 Kilometer oder 24 Flugstunden entfernt. Im Schnellkurs lernte sie damals, wie man deutsche Würste macht und verkauft sie jetzt auf Wochenendmärkten und im Versandhandel. »Jeder Anfang ist schwer, aber jetzt läuft es richtig gut«, erzählt sie.

Die ersten deutschen Siedler kamen bereits um 1840 nach Nelson, als das Land gerade britische Kolonie geworden war. Sie legten Weingärten an, pflanzten Hopfen und Apfelbäume. Noch heute bessern sich Globetrotter bei der Apfel- und Traubenernte ihre Reisekasse auf, pflücken Beeren und Kiwifrüchte. So wie Reiner und Claudia Kuske, die Anfang der 1980er Jahre kamen. Sie hatten vor, sich für die geplante Weltreise in Neuseeland zusätzliches Geld zu verdienen und blieben für immer hängen. Als das Visum auslief und das Geld knapp wurde, stellte Reiner einen Einwanderungsantrag, der mit einer Arbeitserlaubnis einherging. »Ich war der erste deutsche Augenoptiker, der sich hier beworben hat. Als ich meine Papiere vorlegte, da wussten sie nicht so recht, was sie damit machen sollten.« Augenoptiker stand nicht auf der Liste von gefragten Berufen, mit denen man damals ohne Probleme sofort eine permanente Aufenthaltsgenehmigung erhielt. Der Inselstaat passt seine Einwanderungspolitik immer wieder der jeweiligen wirtschaftlichen Situation an.

Reiner und Claudia Kuske hatten schon die Hoffnung aufgegeben, dass ihr Antrag auf Einwanderung noch erfolgreich sein würde. »Es waren nur noch zwei Wochen, bis unsere Aufenthaltsgenehmigung ablief. Da haben wir noch einmal bei der Behörde angerufen und man hat uns gesagt, es sei ein Brief unterwegs. Fünf Minuten vor Schluss haben wir das Okay gekriegt. Und jetzt sind wir immer noch hier.« Claudia, die in Deutschland auf Lehramt studiert hatte, half Reiner beim Aufbau eines eigenen Optikerbetriebs und ließ sich im Fernstudium ebenfalls zur Optikerin ausbilden. In Whangarei fühlten sie sich 25 Jahre lang zu Hause. Das Küstenstädtchen mit rund 50 000 Einwohnern liegt auf der Nordinsel, etwa anderthalb Autostunden nördlich von Auckland. Auf den vorgelagerten Inseln finden sich die besten Tauchgebiete Neuseelands. Mit ihrem Heimatort Remscheid hat die Gegend so gut wie gar nichts gemeinsam.

Mitte der 1980er Jahre kauften sich die Kuskes mit einem großzügigen Bankkredit ein Häuschen am Hafen mit Palmen, Oliven-, Orangen- und Zitronenbäumen und einem kleinen Teich. Als die Kinder noch klein waren, konnten sie am Strand über der Straße im Sand buddeln. Die Auswanderung hatten sie eigentlich nie so richtig geplant, erzählte mir Reiner. »Aber als unsere Tochter geboren wurde, bin ich ein Jahr später mit ihr nach Deutschland gefahren, weil ich sie meinen Eltern vorstellen wollte. Ich kam in Frankfurt an. Meine Eltern haben mich abgeholt, wir sind weiter nach Remscheid. Auf dem Weg hörten wir, dass am Tag zuvor der Atomunfall in Tschernobyl war. Gleichzeitig kamen Warnungen durchs Radio. Man durfte Kinder nicht im Sandkasten spielen lassen, und wenn sie draußen waren, sollte man sie hinterher abduschen. Das war mein erster Besuch in Deutschland.« Von da an war es für Reiner keine Frage mehr, wo er leben wollte.

Die Wellen deutscher Auswanderer nach Neuseeland spiegeln immer auch die wirtschaftlichen und politischen Verhältnisse in der alten Heimat wider: In den 1950er und 1960er Jahren zog es vor allem Arbeitsmigranten ans andere Ende der Welt. Junge Handwerker, Krankenpfleger und Haushaltshilfen waren damals gesucht, und die Löhne in Neuseeland waren oft doppelt so hoch wie in Deutschland. In den 1970er Jahren, als Deutschland wirtschaftlich prosperierte und die Studentenbewegung zu einer breiten gesellschaftlichen Aufbruchstimmung führte, ging die Einwanderung zurück. Nach den NATO-Nachrüstungsbeschlüssen, dem Bau von Atomkraftwerken und dem Gau in Tschernobyl kehrten viele jüngere, grün gesinnte Bundesbürger Deutschland den Rücken. Jetzt waren es eher Privilegierte, Bildungsbürger, Vertreter der Umwelt- und Friedensbewegung, die – häufig als Rucksackreisende – nach Neuseeland kamen. Es erschien ihnen als bessere Welt: eine weit entfernte, dünn besiedelte, grüne Insel mit sauberer Luft und freundlichen Menschen. Die Ethnologin Brigitte Bönisch-Brednich, Autorin des Buchs »Auswandern – Destination Neuseeland«, erzählt, dass viele Deutsche in den 1980er und 1990er Jahren gekommen seien und auch viel Einfluss im Land gehabt hätten. Sie hätten die grüne Partei mitgegründet und viele Umweltaktivitäten mitgestaltet. Auch Maler und Schriftsteller seien gekommen.

Neuseeland hat traditionell immer nur die Einwanderer ins Land gelassen, die gerade gebraucht wurden bzw. die der jeweiligen Politik zufolge als erwünscht galten. Von Weißen planmäßig besiedelt wurden die beiden Hauptinseln erst nach der Unterzeichnung des »Treaty of Waitangi« im Jahr 1840. Mit diesem Vertrag zwischen der englischen Krone und den Maori wurde das Land zur britischen Kolonie. Zu Beginn der Besiedlungsphase lag den Briten daran, vor allem ihre eigenen Landsleute und ausschließlich weiße Europäer anzusiedeln. Um 1860 lockten Goldfunde auch Tausende Deutsche ins Land, andere kamen als Missionare. Bis zum Ausbruch des Ersten Weltkriegs waren zwischen 10 000 und 20 000 Deutsche eingewandert, und obwohl sie nur bis zu zwei Prozent der Gesamtbevölkerung von damals einer Million Menschen ausmachten, stellten sie nach den Briten die größte Einwanderungsgruppe dar. Danach waren die Grenzen bis Anfang der 1950er Jahre für Deutsche dicht. »Die offizielle Politik war, keine Deutschen reinzulassen«, sagt Brigitte Bönisch-Brednich. »Weil Deutschland zum einen neben Japan der Kriegsgegner gewesen ist, aber auch, weil eine unglaubliche Angst vorherrschte, dass Nazis einwandern würden.«

In den 1950er Jahren benötigte Neuseeland dringend Arbeitskräfte. Die Wirtschaft hatte nach dem Krieg einen rasanten Aufschwung genommen, und der Inselstaat gehörte zu den Ländern mit dem höchsten Lebensstandard der Welt. Damals gab es noch die sogenannte assistierte Einwanderung, bei der die sechs Wochen dauernde Schiffsreise von neuseeländischer Seite bezahlt wurde. Dafür mussten sich die Angeworbenen verpflichten, einen von der Regierung vorgeschriebenen Arbeitsplatz zwei Jahre lang beizubehalten. Das gab es zu Zeiten von Vollbeschäftigung immer wieder, bis Großbritannien 1973 der Europäischen Wirtschaftsgemeinschaft beitrat. Da das Vereinigte Königreich seine Handelsbegünstigungen dem Commonwealth gegenüber streichen musste, verlor Neuseeland den größten Abnehmer seiner Produkte in Europa und suchte daraufhin in Asien nach neuen Handelspartnern. Bald darauf wurde auch das Einwanderungsrecht geändert. Briten, die bis dahin unbeschränkt einwandern konnten, müssen seitdem die gleichen Anforderungen erfüllen wie Immigranten aus anderen Ländern, und die rassistische Politik, nur Weiße einwandern zu lassen, wurde abgeschafft.

Als die Kuskes auf die 50 Jahre zugingen und ihre Kinder aus dem Haus waren, dachten sie daran, frühzeitig in Rente zu gehen. Sie verkauften den mit neun Angestellten gut gehenden Optikerladen und gingen auf Reisen. Zurück in Neuseeland, ließen sie sich in Nelson nieder. Die Gegend ist bekannt für ihr Kunsthandwerk, ihre Weingebiete und Nationalparks. Besucher kommen hierher zum Wandern, Fahrradfahren, Riverraften und Kajaken. Das Nichtstun hielten Claudia und Reiner allerdings nicht lange aus. Sie bauten sich ein umweltfreundliches Haus aus Strohballen und eröffneten in Nelson erneut einen Optikerladen. »Was Besseres ist uns nicht eingefallen«, sagt Reiner.

Viele Einwanderer kommen aber auch nach Neuseeland und bauen sich eine völlig neue Existenz auf. Ein Grund dafür kann sein, dass die deutsche Qualifikation nicht anerkannt wird. Wer in seinem Beruf weiterarbeiten will, muss sich auch darauf einrichten, Gehaltseinbußen in Kauf zu nehmen, sagt der deutsche Jurist Peter Hahn, der selbst 1992 ausgewandert ist und von Wellington aus deutsche Einwanderer berät. »Oft muss ich den Leuten sagen: Wenn ihr hier Fuß fassen wollt, dann müsst ihr bereit sein, das Haus vom Nachbarn anzupinseln. Man muss als Pionier herkommen, genau wie die Leute vor 150 Jahren, die auch ganz schnell merken mussten, dass man hier ganz neu anfangen muss.« Die Möglichkeit, vom Prokuristen in einer deutschen Großstadt zum Rotwildfarmer umzusatteln, wird aber auch als Chance begriffen. Hier wundert es niemanden, wenn eine Kosmetikerin zur Ökobäuerin wird, denn es ist auch völlig normal, dass ein neuseeländischer Polizist sich irgendwann entschließt, Blaubeeren oder Oliven anzubauen.

Jochen Zaeschmar bietet in der Bay of Islands Öko-Segeltouren inklusive Kajaken, Wandern und Schwimmen an. »Bye-bye everyone«, ruft er am Ende eines dreitägigen Segeltörns seinen Gästen zu. »Bye-bye and thank you«, tönt es zurück. Die Gruppe von zwölf Deutschen, Amerikanern und Briten war sichtlich begeistert. Ein kleines Motorboot bringt sie mit ihren Rucksäcken und Reisetaschen die letzten paar hundert Meter zurück an die Mole von Paihia, einem malerischen Städtchen mit 5000 Einwohnern in der Bay of Islands. Die große Bucht mit ihren unzähligen Inseln, subtropischem Flair und türkisblauem Wasser liegt drei Autostunden nördlich von Auckland und ist einer der Höhepunkte jeder Neuseelandreise. Ich treffe Käpt'n Jochen braun gebrannt und bester Laune am Ruder seiner Ketsch. »Jetzt, auf der letzten Tour, haben wir eine große Herde von Pilotwalen gesehen, dazu Walhaie und Mantarochen.« Der Ozean hat Jochen Zaeschmar schon immer fasziniert, und Wale haben es ihm besonders angetan. »Heute Morgen sind wir aufgewacht und hatten fünf Delfine am Boot. Wir sind ins Wasser gesprungen und haben über eine Stunde mit denen gespielt.« Im neuseeländischen Frühling, im Oktober und November, ziehen in der Bay of Islands Buckelwale vorbei, das ganze Jahr über sind Schwertwale zu sehen. »Die Natur ist halt unschlagbar in Neuseeland, gerade auf dem Wasser«, meint Jochen Zaeschmar. Er sei auch immer gern allein gewesen, »ein bisschen Einsiedler«, und deshalb sei Pahia genau richtig für ihn. »Größer brauch' ich es nicht, und die meiste Zeit bin ich draußen auf See.«

Jochen Zaeschmar hat Deutschland schon mit 20 Jahren verlassen, mehrere Jahre lang in Australien und England gelebt und sich schließlich in Neuseeland niedergelassen. Schon auf seiner ersten Urlaubsreise traf er hier seinen Geschäftspartner, früheren Lebensgefährten und heute besten Freund, einen Maori. Zaeschmar schätzt den starken Familienverbund der Maori, in den er sofort aufgenommen wurde. Wegen seiner Homosexualität hat er in Neuseeland nie irgendwelche Probleme gehabt. »Neuseeland ist da sehr fortschrittlich. Sehr tolerant.« Seit April 2013 ist in Neuseeland auch die Ehe für gleichgeschlechtliche Paare legalisiert worden.

Wie Jochen Zaeschmar machen sich viele Deutsche in der Tourismusbranche selbständig. Sie betreiben Import- und Exportgeschäfte, führen Frühstückspensionen, Bäckereien und Metzgereien. Außer Bratwürsten und Brot vermissen sie in der neuen Heimat die Familie und alte Freunde. Trotzdem wollen die meisten in den ersten Jahren mit anderen Deutschen möglichst wenig zu tun haben. Manche bleiben bei ihrer Abneigung, bei anderen legt sie sich. Die Psychotherapeutin Marguerite Müllers begann nach einigen Jahren die Bekanntschaft mit Deutschen sehr zu schätzen. »Da klingt etwas an, was den Neuseeländern fremd ist, weil sie das nicht so erlebt haben. Man hat gemeinsame Erlebnisse und Erfahrungen aus dem Land, in dem wir groß geworden sind, wie, dass plötzlich der Rhein zufriert und es sehr kalt sein kann, dazu der Geruch von Schnee oder die Art, wie man Weihnachten oder Ostern erlebt.«

Sieben Jahre hat Marguerite Müllers für ihren Traum gearbeitet. Heute hat sie ihr eigenes Häuschen auf einem kleinen Hügel mit Panoramablick auf den nahen Strand. Sie hat eine eigene Praxis und fühlt sich im Urlaubsgebiet Coromandel, einer zerklüfteten Vulkanlandschaft mit Regenwäldern, Sandstränden, Buchten und Häfen, wohl. Das war ganz anders, als sie 1989 in Auckland ankam. Damals war sie ausgebrannt von ihrer Arbeit in Berlin, wo sie seelisch schwer kranke Menschen betreut hatte, und brauchte zunächst ein Jahr Ruhe. »Dieses erste Jahr war ja okay, da war genug Geld da.« Aber als es darum ging, Geld zu verdienen, eine Karriere aufzubauen und sich in die Gesellschaft einzufinden, wurde alles sehr anstrengend. »Ich habe in Auckland gestanden, mitten im Verkehr, und losgeheult. Ich musste mich konzentrieren auf einen neuen Job, eine neue Sprache. Ich dachte, was mach' ich denn hier? Das ist ja das Gleiche wie in Berlin. Und da gab es oft Zeiten, in denen ich dachte: Warum mache ich das? Das ist ja viel zu anstrengend.«

Auswandern ist häufig mit enormem Stress verbunden. Latent vorhandene Probleme kommen dabei leicht zum Ausbruch. Ein Lebensgefährte kann sehr hilfreich sein, aber so manche Partnerschaft ist diesem Druck nicht gewachsen. Der Mann, dessen Frau im ersten Jahr mit dem gemeinsamen neuseeländischen Freund durchging, die Frau, die von ihrem Freund während der Schwangerschaft sitzen gelassen wurde und jetzt von der Sozialhilfe lebt – sie gibt es auch, und sie sprechen ungern darüber. Niemand mag es zugeben, wenn das Auswandern eine Fehlentscheidung war, sagt Brigitte Bönisch-Brednich: »Immigration verändert das Leben nachhaltig, und es ist ein nahezu unwiderruflicher Schritt. Und wenn man dann 20 Jahre später sagt, das war schrecklich, dann heißt das auch: Meine Lebensgeschichte ist ein Fehlschlag. Und wer kann und will das schon vor sich selbst und anderen zugeben.« Eine Rückkehr ist nach einer gewissen Zeit auch nicht mehr möglich, weil man in Deutschland keine Altersvorsorge besitzt.

Eines der Probleme des Auswanderers ist, dass er ab einem bestimmten Punkt sowohl in der neuen als auch in der alten Heimat Ausländer ist. Ihre eigenen Kinder haben sich manchmal dafür geschämt, dass ihre Eltern mit schrecklichem Akzent englisch sprechen, erzählte mir Claudia Kuske. »Wir sind deutsch, obwohl wir immer dachten, wir sind anders als alle anderen Deutschen. Man ist pünktlich, man erwartet, dass irgendwas fertig ist, wenn einem das versprochen wird, und das ist hier nicht so. Hier kann es auch mal zwei Wochen länger dauern, das muss man akzeptieren, aber man ärgert sich trotzdem. Da haben wir gemerkt, wie urdeutsch wir doch sind.« Anfangs wird das neue Heimatland oft idealisiert. Aber wenn die Flitterwochen vorbei sind und der Alltag eintritt, sieht im vermeintlichen Paradies vieles nicht mehr so rosig aus.

Aber trotz so mancher geplatzter Illusion gibt es die vielfältigsten Gründe, warum die meisten Neuseeland-Auswanderer nirgendwo anders mehr leben möchten. Immer wieder werden die Freundlichkeit der Menschen und die lockeren Umgangsformen genannt. Claudia Kuske begeistert sich für die Strände, der Segler Jochen Zaeschmar schätzt den Pioniergeist der Kiwis: »Als wir Freunden hier erzählt haben, wir wollen uns ein Boot kaufen und Leute rumschippern, da fanden die das alle toll. In Deutschland, denke ich, hätten die meisten nur Probleme und Schwierigkeiten gesehen.« Die Psychotherapeutin Marguerite Müllers schätzt besonders, dass sie sich persönlich entfalten konnte: »Hier habe ich angefangen zu töpfern, ich habe angefangen zu malen, ich kann reiten gehen, wann ich will.«

Die Faszination, die Begeisterung ist geblieben, die Überzeugung, am schönsten Ende der Welt zu wohnen. Das Leben ist geruhsamer, ländlicher, weniger stressig. Aus der Ferne betrachtet man jedoch auch Deutschland wieder mit neuen Augen. Sooo schlecht ist es ja nun doch nicht. Die Kultur, die jahrhundertealten Häuser, die lange, reiche Geschichte, das Essen, deutsche Weihnachten mit Stollen und Glühwein. Es gibt kaum jemanden, der dabei nicht ins Schwärmen gerät. Aber dort wieder leben? Niemals.

Vom Backpackeridyll zur Spielwiese für Reiche

Mein Traumwochenende in Neuseeland war viele Jahre lang ein Ausflug auf eine entlegene Farm auf der Südinsel. Sie ist drei Stunden Autofahrt vom nächsten Flughafen entfernt und nur über eine am Ende sehr steile Schotterstraße zu erreichen. Die Farm erstreckt sich über eine Fläche von 400 Hektar und hat sechs Strände, Kalksteinformationen, natürliche Irrgärten, Palmen, Pferde, Schafe, Rinder, Wildschweine, Gänse und natürlich Vögel aller Arten. Die Besitzer, ein älteres Ehepaar, vermieten drei Hütten, jede für sich allein stehend und abgeschieden von den anderen. Als wir im Jahr 2001 zum ersten Mal davon hörten, war es noch ein echter Geheimtipp. Man musste seine eigenen Betttücher mitbringen und die ganze Verpflegung. Das Cottage, unsere Lieblingshütte mit zwei Schlafzimmern, Küche und Wohnzimmer, alles im Stil der 1960er Jahre eingerichtet, kostete damals etwa 65 Dollar.

Neuseeland war lange Zeit das Reiseziel von Globetrottern, Aussteigern und Abenteurern. Das Angebot an Unterkünften bestand daher hauptsächlich aus Campingplätzen und Wanderhütten sowie kostengünstigen Frühstückspensionen und Motels. Rucksackreisende übernachteten gern in Jugendherbergen und Hostels, oft in traumhaften Lagen. Die Backpacker-Herberge »Lazy Fish« am Queen Charlotte Sound unweit von Picton war in Travellerkreisen viele Jahre lang legendär. Doch ab 2002 wurden die Stockbetten durch Himmelbetten ersetzt, und die Preise kletterten in die Höhe.

Noch immer erwartet ein knallrotes britisches Telefonhäuschen die Gäste am Anlegesteg – ein schöner Farbklecks inmitten des blauen Wassers und der grünen Vegetation hinter dem weißen Strand. Einheimische Pflanzen und Bäume wachsen auf dem Hang, der früher für Weideland gerodet worden war. Es ist schon einige Zeit her, als auch mein Partner und ich im Wassertaxi Kurs auf diese Idylle in einem der vielen Fjorde in den Marlborough Sounds machten. Der damalige Besitzer, Chris Warren, erzählt, wie alles anfing. »Ich habe das frühere Bauernhaus 1989 gekauft. Ich lebte damals in Auckland und wollte mich verändern. Das Stadtleben gefiel mir überhaupt nicht.« 29 Jahre war er alt und freute sich darauf, das Haus mit den fünf Schlafzimmern und vier Badezimmern mit Reisenden aus aller Welt zu teilen. Er stellte Stockbetten in die Zimmer, und in Windeseile hatte es sich herumgesprochen, dass hier, in einer einsamen Bucht, eine der besten Billigunterkünfte Neuseelands zu finden war. »Es war Wahnsinn. Massen von Leuten warteten in der Hafenstadt Picton darauf, dass jemand absagte und ein Bett frei wurde. Es war unglaublich beliebt.«

In den folgenden Jahren baute Chris Warren auf dem Hang hinter dem Gästehaus fünf Bungalows, die er ebenfalls mit Stockbetten ausstattete und zum gleichen Preis vermietete. Aber nach und nach verwandelte er das Hostel in eine Luxusherberge, stellte asiatische Möbel in die Gästehäuser mit ihren exotischen Gärten, installierte Hängematten und Badewannen im Freien. Die Gemeinschaftsküche wurde zum Revier eines Gourmetkochs. »Das Problem ist, dass die Grundstückspreise so stark gestiegen sind. Plätze wie dieser, direkt am Wasser, sind für Billigunterkünfte wirtschaftlich nicht mehr tragbar. Das ist doch am Bodensee genauso.« Im Jahre 2015 betrug der Übernachtungspreis pro Häuschen für zwei Nächte inklusive aller Mahlzeiten über 800 Euro.

In Neuseeland ist es eine relativ neue Entwicklung, dass es eine größere Anzahl von Unterkünften auch in der Preisklasse von 1000 Dollar aufwärts gibt. Filmemacher Peter Jackson hatte Millionen von Kinobesuchern gezeigt, wie schön es am Ende der Welt ist, und die Anschläge vom 11. September 2001 hatten reiche Amerikaner nach sicheren Domizilen suchen lassen. Neuseeland wurde als Spielwiese von den Superreichen entdeckt, und der Tourismus entwickelte sich zum wichtigen Devisenbringer.

Eine einzigartige Natur, Gebirgslandschaften, einsame Strände und absolute Abgeschiedenheit kann Neuseeland seinen reichen Besuchern bieten. Sie kommen zum Angeln und zum Fliegenfischen, gehen auf die Jagd und spielen Golf, vielleicht machen sie auch einen Bungeejump oder jagen im Jetboot über die Flüsse. Sie laben sich an frischen Jakobsmuscheln und trinken Sauvignon Blanc aus Marlborough und Pinot Noir aus Otago. Auf Wunsch steht selbstverständlich auch der Butler zur Verfügung und der Chauffeur für den Rolls-Royce. Sie kommen nicht nur, um die »Herr der Ringe«-Drehorte zu sehen, sondern wollen eine Privataudienz mit Peter Jackson. Als Bill Gates an einem Weihnachtstag mit einem einfachen Quad Bike über die Dünen bretterte, freuten sich die Einheimischen des kleinen Nests im hohen Norden über die unerwartete Publicity.

Neuseeland hat Superreiche und Geschäftsreisende als touristischen Wachstumssektor begriffen. Insbesondere die chinesischen Multimillionäre gelten als lukrative Zielgruppe, da sie angeblich großen Wert auf Prestige legen und von allem das Beste wollen. Sie machen Sightseeing im Helikopter, lassen sich in der Limousine zu den teuersten Restaurants und Geschäften bringen, steigen in den exklusivsten Resorts ab und verspielen ihr Geld in Casinos. Über zehn Milliarden Dollar haben internationale Touristen im Jahr 2014 in Neuseeland gelassen. Insgesamt machte der Tourismus, d. h. internationaler und einheimischer, rund sieben Prozent des Bruttoinlandsprodukts aus.

Stehen die Milliardäre auf der einen Seite des Spektrums, bringen junge Backpacker auf der anderen Seite die meisten Devisen ein. Sie bleiben länger und geben daher mehr Geld aus als andere Touristen. Rucksacktouristen nehmen sich Zeit, Land und Leute kennenzulernen, bessern oft mal bei der Obsternte ihre Kasse auf oder arbeiten als Wwoofer, »willing workers on organic farms«. Das heißt, zumindest dem Namen nach, dass sie auf einem biologischen Bauernhof arbeiten und dafür freie Kost und Logis erhalten. In der Realität machen Wwoofer jedoch alles.

Hannah und Felix verbrachten vier Wochen auf einer ökologischen Farm, wo sie neben der Gartenarbeit unter anderem auch als Babysitter fungierten. Sie hatten sich wie viele Traveller ein Auto gekauft und auch häufig darin geschlafen. In Christchurch übernachteten sie auf dem Sofa im Wohnzimmer »einer Chaoten-WG, in der ständig Partys gefeiert wurden«. Couchsurfing ist auch in Neuseeland, ebenso wie Airbnb, zur beliebten Backpacker- oder Frühstückspensionsalternative geworden.

Auch wir machen mittlerweile regen Gebrauch von privaten Anbietern. In das alte Cottage auf der Farm an der Westküste möchte ich aber auch gern mal wieder zurück. Ein Geheimtipp ist es allerdings schon längst nicht mehr. Auf einer Webseite wird die Holzhütte in der gleichen Ausstattung wie damals jetzt als Ferienhaus deklariert und kostet in der Hauptreisezeit 210 Dollar pro Nacht. Auf dem Nachbargrundstück hat eine österreichische Familie eine Luxuslodge mit einem Übernachtungspreis von 1000 Dollar die Nacht gebaut.

Wanderer, Adrenalinjunkies und Tolkienfans

»Der Milford Track war das absolute Highlight«, antwortete meine Schwester, als ich sie kurz vor ihrer Abreise fragte, was ihr am besten in Neuseeland gefallen hätte. Drei Wochen lang war sie mit Mann und Sohn unterwegs gewesen. Ich hatte mit ihnen Ausflüge rund um Wellington gemacht, war mit ihnen zu einigen meiner Lieblingsplätze auf der Südinsel gefahren, aber alle waren sich einig, dass nichts die viertägige, 53 Kilometer lange Wanderung in Fiordland übertreffen konnte. Der Milford Track ist der beliebteste unter den neun »Great Walks«, den großartigen Wanderwegen, für die Neuseeland berühmt ist.

Ein Jahr im Voraus mussten die Hütten gebucht werden, in denen sie mit anderen Wanderern in großen Zimmern mit Stockbetten kampierten – die einzige Übernachtungsmöglichkeit für die 40 unabhängigen Wanderer, die pro Tag auf dem Track erlaubt sind. Hinzu kommen weitere 50, die in einer geführten Gruppe unterwegs sind. Sie zahlen viel Geld für die Übernachtung in einfachen Doppelzimmern einschließlich heißer Dusche und Drei-Gänge-Menü am Abend – die Luxusvariante.

Mich hatte die Vorstellung bis dahin nie so gereizt, den Milford Track zu laufen, weil es einerseits so viele andere schöne Wanderwege gibt, auf denen man normalerweise völlig allein unterwegs ist, andererseits konnte ich mich auch nicht mit der Vorstellung anfreunden, meine ganze Verpflegung, Schlafsack und Kleidung, insgesamt etwa zwölf bis fünfzehn Kilogramm, acht Stunden lang täglich auf dem Rücken zu schleppen. Aber Dagmars Begeisterung war riesig und Wolfgang, ihr Ehemann, pflichtete ihr bei: »Man hatte praktisch fast alle Landschaften Neuseelands an einem Ort vereint: Regenwälder, Gletscher, hochalpines Gelände,

Meer, Fjorde. Außer Vulkanen gab es eigentlich alles.« Ihn faszinierten auch die Vögel sehr. »Die Fantails (Neuseelandfächerschwänze) sind immer hinter einem hergeflogen, um zu sehen, ob man etwas Essbares aufgescheucht hatte. Die Weka haben ihre Köpfe in die Stiefel gesteckt und reingeguckt, ob sie etwas Brauchbares finden könnten. Wir mussten unsere Wanderstiefel deshalb an den Hütten immer an einen Haken hängen.«

Mit Gepäck auf dem Rücken über schmale Holzstege auf schwingenden Hängebrücken zu laufen und darunter das Wasser tosen zu hören, war immer wieder von Neuem eine Herausforderung für Dagmar. Die Strapazen während des Tages, die Erschöpfung am Abend und die lästigen Sandfliegen am Ende des langen Weges sind hingegen vergessen. »Die tatsächliche Schönheit der Natur kann man auf anderen Wegen, auf Autostraßen oder auch auf dem Schiff, in dieser Art nicht sehen und nicht erfahren. Ich bin sehr froh, dass ich das gemacht habe.«

Für meinen jüngeren Bruder Ralph und Partnerin Manon standen Nervenkitzel, Adrenalin und Action auf dem Programm. In der Nähe von Queenstown stürzte sich Ralph bei A. J. Hackett, dort, wo das kommerzielle Bungeejumping erfunden wurde, von der Kawarau-Brücke. In dem gleichnamigen Fluss mit seinen zahlreichen Stromschnellen und starken Strömungen ging er mit Manon zum Wildwasser-Rafting. Am besten gefiel ihnen das Skydiving, das Tandemspringen aus 4000 Metern Höhe. »Das Gefühl ist unbeschreiblich und kaum zu toppen. Es ist aber sehr beängstigend, wenn die Flugzeugtür aufgeht und du dich an die Kante setzen sollst.«

Ähnliches empfand Ralph, als er im Jetboot im Geschwindigkeitsrausch durch einen engen Canyon im Shotover River raste. »Der Fahrer machte Kehrtwendungen bei voller Fahrt. Dabei sieht der Fluss so flach aus, als könnte da kein Boot fahren. Hoffentlich wissen sie auch wirklich, was sie tun.« Leider entsprechen die Sicherheitsstandards einzelner Anbieter nicht immer dem höchsten internationalen Niveau. Ende 2014 war man immer noch darum bemüht, für den Abenteuertourismus allgemein bindende Sicherheitsregelungen festzulegen. Im Januar 2015 wurden fünf Menschen leicht verletzt, als ein Shotover-Jetboot eine Felswand streifte. Es war nicht der erste Vorfall dieser Art. Ebenfalls im Januar mussten zwölf Tandemspringer einen Notsprung machen, als ihr Hubschrauber über Lake Taupo abstürzte. Beim Crash eines Skydiving-Fliegers über einem Gletscher kamen im Jahr 2010 neun Insassen ums Leben. 2012 starben elf Menschen, als ein Heißluftballon abstürzte. Nicht selten werden bei der Suche nach den Unfallursachen mangelnde Sicherheitsvorkehrungen aufgedeckt.

Ralph stand unterdessen in Wellington auf dem Surfbrett, in Kaikoura ging er mit Manon zum Whale Watching und Schwimmen mit Delfinen. Extremsportfans können in Neuseeland auch von Wasserfall zu Wasserfall springen oder über glatte Felsen in die Tiefe rutschen – Canyoning heißt dieses Abenteuer. Beim Caving kann man sich gemütlich in einem kleinen Boot durch die berühmten Glühwürmchengrotten von Waitomo gleiten lassen. Beim Black Water Rafting treibt man dagegen in einem Reifenschlauch allein durch die dunklen Höhlen. Man kann auch Abseiling machen, extreme Kletterpartien und sich durch enge Schluchten zwängen.

Ein Sprung vom Sky Tower in Auckland scheint sich zum Muss für Musiker auf Tournee zu entwickeln. Beyonce, Michael Bublé und Ellie Goulding gehören zu denen, die sich in einem elf Sekunden langen Fall von dem Fernsehturm aus 192 Metern Höhe in die Tiefe gestürzt haben. Bei einem Skyjump fällt man im Gegensatz zum Bungeejump nicht kopfüber und wird von einem Drahtseil gebremst. Der selbsternannte Adrenalinjunkie Benedict Cumberbatch verbrachte während einer Drehpause zu den Hobbit-Filmen eine Woche in Queenstown und ging von dort aus zum Fallschirmspringen, Gleitschirmfliegen, Rennrodeln und Schnellbootfahren.

Queenstown ist Ausgangspunkt und Zentrum für Erlebnisurlauber und Extremsportler. Ich hatte früher immer einen weiten

Bogen um die Touristenmetropole gemacht. Aber nachdem ich im Rahmen einer Recherchereise zu den »Der Herr der Ringe«-Schauplätzen mehrere Tage dort verbrachte, gelang es mir, über die Hotelhochburgen hinwegzusehen und die Schönheit der Landschaft zu würdigen. Rund um Queenstown wurden viele Außnaufnahmen sowohl für »Der Herr der Ringe« – als auch für die Hobbitfilme gedreht. Gewaltige Bergketten, riesige Seen- und Flusslandschaften, Gletscher und Täler lieferten die Kulissen.

»Es war genau hier an dieser Stelle. Ein Schuss traf Isildur in den Rücken, und der Ring blieb 2000 Jahre lang verschwunden.« Mike Gray, der bei der Verfilmung des Fantasyromans von J. R. R. Tolkien als Statist mitgewirkt hatte, bringt als Tourleiter die Filmszene wieder zum Leben. Die echten Fans hatten natürlich die Stelle aus dem Film sofort erkannt, als wir am Ufer des Flusses Arrow standen. Dort hatte sich also Isildur, einstiger König von Gondor, ins Wasser gestürzt. »Sie kamen diesen Pfad hier entlang und dann sprangen die Orks auf ihn. Er steckte sich den Ring an und rettete sich in den Fluss. Aber der Ring betrog ihn und löste sich von seinem Finger.«

Die Tourismusbehörde hat den Erfolg der Filme groß ausgeschlachtet und die Fantasiewelt für ihre Werbekampagnen genutzt. »Neuseeland ist Mittelerde« heißt eine ihrer Kampagnen und »Entdecken Sie das wahre Mittelerde«. In Queenstown kamen Tourenanbieter als Erstes auf die Idee, die Originalschauplätze zu vermarkten. Reiseveranstalter David Gatwood-Ferguson von Nomad Safaris hatte mit seiner Crew von acht Leuten bis dahin Halbtagesausflüge zu Naturschönheiten in der Nähe von Queenstown angeboten, nahm dann aber eine »Safari der Ringe« in sein Programm auf und musste bald seinen Fuhrpark von Geländefahrzeugen verdoppeln. Tolkiens Roman hatte er selbst in seiner Kindheit unzählige Male gelesen. »Einige meiner Freunde lernten damals sogar Elbisch.«

Auch für Ian Brodie waren die Romane seit seinem 14. Lebensjahr so etwas wie eine Offenbarung. Der Erfolg der Filme machte ihm, wie so vielen anderen, Mut, sich offen zu seiner Leidenschaft zu bekennen. Er verfasste einen ersten Reiseführer zu den Drehorten – »The Lord of the Rings Location Guidebook« – und wurde mit 46 Jahren zum Bestsellerautor. »Ich war völlig überrascht, als wir so viele Bücher verkauften – und das weltweit.« Der Fotograf und Autor brachte überarbeitete und erweiterte Auflagen des Buchs heraus, freundete sich über das gemeinsame Faible für Kriegsflugzeuge mit Peter Jackson an und durfte daraufhin bei Dreharbeiten zu dessen weiteren Filmen dabei sein und sie in Büchern und Fotobänden vermarkten.

Die Location Guidebooks von Ian Brodie sind zur Bibel der Ringfans geworden, die aus aller Welt nach Neuseeland pilgern, um Mittelerde zu finden. Manche kommen sogar in Kostümen, mit Elbenohren oder im schlabbernden Zauberer-Look. Die Medien berichteten von einem Deutschen, der als Frodo verkleidet »auf Händen und Knien« um die Erlaubnis bat, unter dem Baum auf der Schafweide übernachten zu dürfen, wo der Hobbit Bilbo Beutlin seinen Geburtstag feierte. Die kleine Ortschaft Matamata, südlich von Auckland, ist zu Hobbingen geworden. Die ersten Fans waren schon sehr früh hier und hatten mit ihren hartnäckigen Fragen den Farmer Ian Alexander auf die Idee gebracht, nicht alle Reste der Kulissen abreißen zu lassen. Als »Der Hobbit« gedreht wurde, traf er ein Abkommen mit Peter Jackson, dass das Hobbit-Dorf erhalten bleibt. Besucher trinken heute im Gasthaus »Zum Grünen Drachen« Hobbit-Bier und stehen vor Bilbos Häuschen Schlange, selbst diejenigen, die keinen einzigen Ringe- oder Hobbitfilm gesehen haben.

Die deutsche Abiturientin Christina Wermes erzählte mir, dass es sie richtig schauderte, als sie auf der Busreise von Auckland nach Wellington im Tongariro-Nationalpark einen Blick auf Mordor, die Welt des Bösen, werfen konnte. Seitdem ein bekannter Reiseführer den Nationalpark zu einem der Top Ten weltweit und die Tongario Alpine Crossing zur besten Tageswanderung des Landes gekürt hat, steht der Wanderweg auf der To-do-Liste vieler Touristen. Knappe 20 Kilometer läuft man hier durch eine Gegend, die wie eine verkratete Mondlandschaft aussieht, mit rotem Vulkangestein auf den Gipfeln und darunterliegenden smaragdgrünen Seen. Kein Wunder, dass dies als Kulisse für Mordor diente, wo der dunkle Herrscher Sauron lebte. Wanderer können auch einen Abstecher auf den Vulkan Mount Ngauruhoe, dem berüchtigten Schicksalsberg Mount Doom in »Der Herr der Ringe«, machen.

Der Prozentsatz der Touristen, die als Grund für ihre Reise nach Neuseeland die Verfilmung von »Der Hobbit« angaben, ist laut Angaben der Tourismusbehörde noch höher, als er nach der »Der Herr der Ringe«-Trilogie war. Das Interesse an Touren ist auch unter denjenigen gestiegen, die die Filme nie gesehen haben. Amerikanische Senioren buchen in Queenstown »Herr der Ringe«-Safaris, damit sie zu Hause ihren Enkelkindern davon erzählen können. Andererseits entdecken Ringe-Fans, dass Neuseeland auch ohne Drehbuch-Führer eine Reise wert ist.

Lake Tekapo: Eine Oase der Dunkelheit für Astro-Touristen

Ein Lichtermeer von Sternen am Himmel zu sehen ist für viele Menschen eine Seltenheit, wenn nicht sogar ganz unmöglich geworden. Lichtverschmutzung heißt das Problem, und als Erste haben die Astronomen darauf aufmerksam gemacht. Gemeint ist die Aufhellung des Nachthimmels durch künstliche Lichtquellen. Sie hat dazu geführt, dass inzwischen ein Fünftel der Menschheit unsere Milchstraße nur aus Erzählungen und Berichten kennt. Observatorien stehen heute vor allem in besonders entlegenen und daher auch schwer zugänglichen Ecken der Erde. Eine Ausnahme ist der kleine Ort Lake Tekapo in der Mitte der Südinsel Neuseelands. Sein dunkler Nachthimmel und ein nahe gelegenes Observatorium haben das 380-Seelen-Dorf unter Astronomen und Astro-Touristen weltweit bekannt gemacht.

»Da drüben im Südosten sehen Sie Alpha und Beta Centauri, die unserer Sonne am nächsten gelegenen Sternensysteme, die mit bloßem Auge erkennbar sind.« Der Astronom Ade Ashford fährt mit einem grünen Laserstrahl über den nächtlichen Himmel und zeigt auf die beiden Sterne, die etwa 4,34 Lichtjahre von uns entfernt sind. Eine gedachte Linie von Alpha zu Beta Centauri führt zu dem berühmten Sternbild »Kreuz des Südens«.

Aus aller Welt kommen Hobby-Astronomen nach Lake Tekapo. Auf dem nahe gelegenen Berg Mount John lassen sie sich den Sternenhimmel erklären. Hier kann man das Zentrum unserer Milchstraße und die Magellanschen Wolken sehen. Vor allem Besucher aus Nordamerika und Europa sind meist tief beeindruckt von dem, was der südliche Himmel alles zu bieten hat. »Den Mittelpunkt unserer Galaxie sehen wir besonders gut im Winter, wenn er fast direkt über uns steht«, erläutert Ade Ashford. »Aber die Magellanschen Wolken, diese zwei Zwerggalaxien, die in der Nähe der Milchstraße liegen, können wir immer sehen. Sie umkreisen auf einer engen Umlaufbahn die südliche Polarregion des Himmels und gehen in diesen Breitengraden in Neuseeland nie unter.« Als die internationale Raumstation ISS in weniger als zehn Sekunden plötzlich über den Sternenhimmel rast, bricht eine Gruppe japanischer Touristen in begeistertes Staunen aus.

In Kleinbussen sind wir Sterngucker von der Ortschaft Lake Tekapo zum Mt. John Observatorium gebracht worden. Für Privatautos ist die kurvige Auffahrt ab Einbruch der Dunkelheit gesperrt. Unser Busfahrer orientierte sich in der Dämmerung an den weißen Begrenzungslinien am Straßenrand. Scheinwerfer dürfen so nahe am Observatorium nicht mehr eingeschaltet werden.

Schon seit Beginn der 1980er Jahre schützen die Bewohner in der Umgebung des Observatoriums die Sicht auf den Sternenhimmel. Das beginnt schon bei den Straßenlaternen. Die Natriumdampf-Niederdrucklampen geben ein gedämpftes, orangefarbenes Licht ab und sind überdies abgedeckt, damit ihr Licht nicht in den Himmel scheint.

Ein abendlicher Spaziergang durch Lake Tekapo mit seinem schummrigen, gelblich-fahlen Licht erinnert an längst vergangene Zeiten. Nirgendwo leuchten hier grelle Neonröhren oder Flutlichtstrahler. Von 23 Uhr bis Sonnenaufgang darf an Privathäusern keine Außenbeleuchtung angeschaltet werden. In den neuen Wohngebieten stehen energiesparende Pollerleuchten auf den Straßen. Sie sind nur knapp über zwei Meter hoch. Überall kann man zum Himmel schauen, ohne dass hohe Straßenlaternen blenden. Aber trotz bestehender Verordnungen gegen die Lichtverschmutzung durch künstliche Lichtquellen drohte vor etwa 15 Jahren ein Bauboom die Arbeit der Astronomen zu gefährden, erzählt der Unternehmer Graeme Murray. »Wegen all der neuen Bauprojekte um Lake Tekapo schien das Observatorium damals nur noch zehn Jahre nutzbar zu sein. Die Vorschriften waren zwar da, aber niemand hat dafür gesorgt, dass sie auch eingehalten wurden. Das haben wir geändert.« Heute kennt jeder, der hier baut, die Bauvorschriften. Graeme Murray war eine der treibenden Kräfte, die sich dafür einsetzten, die Zukunft des Observatoriums auf Mt. John sicherzustellen. Er schloss ein Abkommen mit der Universität von Canterbury, das es ihm erlaubt, Touristen Führungen auf Mt. John anzubieten. Die Bevölkerung von Lake Tekapo und Umgebung konnte davon überzeugt werden, dass es auch in ihrem Interesse ist, den dunklen Nachthimmel zu bewahren. Obwohl immer mehr Touristen nach Lake Tekapo kommen und das Angebot an Unterkünften und Restaurants gestiegen ist, ist der Nachthimmel dunkler als je zuvor.

Die Zukunft des Observatoriums ist daher bis auf Weiteres sichergestellt, bestätigt auch dessen Leiter, der Astronom Alan Gilmore. »Wir haben zurzeit zwei große Forschungsprojekte am Laufen. Das 1,8-Meter-Teleskop – wir nennen es MOA-Teleskop – wird fast ausschließlich dazu verwendet, um mit dem Mikro-Gravitationslinseneffekt nach Planeten in anderen Sternensystemen zu suchen. Mit dem Ein-Meter-Teleskop führen wir hochauflösende Spektroskopie an relativ hellen Sternen durch, um die

Geschwindigkeit von Sternen zu messen, um nach extrasolaren Planeten zu suchen oder um pulsierende Sterne zu studieren. Das liefert Informationen über die Evolution von Sternen und hilft uns, besser zu verstehen, wie die Sonne sich mit der Zeit verändern wird.«

Forscher nutzen die Teleskope auch, um nach schwarzen Löchern zu suchen, nach dunkler Materie und erdnahen Asteroiden und Kometen. Die Teleskope des Mt. John Observatory sind im internationalen Vergleich winzig, sagt Alan Gilmore. Aber sie füllen eine wichtige Forschungsnische aus. So wurde das MOA-Teleskop, mit dem nach Planeten in anderen Sternensystemen gesucht wird, speziell für diese Art von Arbeit gebaut. »Es hat daher eine sehr große CCD-Kamera, eine 80-Megapixel-Digitalkamera, die in einer Aufnahme einen großen Bereich des Himmels abdeckt. Ein größeres Teleskop würde kaum mehr nutzen, weil man in sehr dichte Regionen der Milchstraße und der Großen Magellanschen Wolke schaut. Das Ein-Meter-Teleskop wird von einem sehr hochauflösenden Spektrographen unterstützt, einem Weltklasse-Instrument. Von daher können wir beste wissenschaftliche Arbeit leisten, auch wenn wir auf relativ helle Sterne beschränkt sind. Es ist richtig, dass unsere Teleskope im internationalen Vergleich winzig sind, aber sie sind trotzdem sehr nützlich.«

Aber auch die Lage des Observatoriums bringt Vorteile mit sich. Dass es so weit im Süden liegt, erweist sich als günstig für die Suche nach erdnahen Asteroiden. Neuseeland liegt außerdem auf einem Längengrad zwischen Südamerika und Australien, wo es sowohl nördlich als auch südlich nur Wasser gibt. Daher können nur von hier aus sehr schnell weitere Beobachtungen erfolgen, wenn Astronomen in Südamerika oder Australien ein neues Objekt am Himmel entdeckt haben.

Alan Gilmore begeisterte sich schon als Schüler für Astronomie. Er war mit dabei, als die Universität von Pennsylvania Anfang der 1960er-Jahre in Neuseeland nach einem geeigneten Ort für ein Observatorium suchte. »Ich hatte in den Schulferien

1962/63 den Job, auf verschiedenen Berggipfeln in Neuseeland zu sitzen, um nach dem besten Standort zu suchen. Es sollte ein Ort mit einem dunklen und häufig klaren Himmel sein, relativ nah am Stromnetz, an der Wasserversorgung und an größeren Straßen liegen und nicht allzu weit von einer größeren Stadt entfernt scin. Alles in allem war Mt. John der beste Standort.«

Lake Tekapo und Mt. John liegen im sogenannten Mackenzie-Becken, einer Gegend, die rundum von Bergen umgeben ist. Diese Berge halten tief hängende Wolken ab, sodass es um Lake Tekapo mehr sternenklare Nächte gibt als irgendwo anders in Neuseeland: Mindestens die Hälfte aller Nächte sind sternenklar. Andere Observatorien in der südlichen Hemisphäre – in Australien, in Südamerika und in Südafrika – haben weitaus mehr klare Nächte und eine weniger turbulente Atmosphäre, aber sie haben den Nachteil, dass sie viel schwerer zu erreichen sind. »Die Observatorien in Chile liegen auf hohen Bergen, weit im Inneren des Landes. Nur Astronomen, die Forschung betreiben, können es sich leisten, dorthin zu fahren. Viele ihrer Teleskope werden heute außerdem aus der Ferne gesteuert. In Australien und Südafrika ist es ähnlich. Die großen Observatorien sind ausschließlich für Astronomen da«, sagt Alan Gilmore.

Tekapo ist dagegen ideal für Astro-Touristen. Es ist leicht zugänglich, und der internationale Flughafen in Christchurch ist nur drei Autostunden entfernt. »Wir liegen auf dem Weg nach Aoraki/Mt. Cook, nach Queenstown und Fiordland, alles Touristenziele. Sie können auf der Durchreise ein paar Tage hier übernachten, den Himmel anschauen und auch die großartige Landschaft in der Umgebung genießen.«

Alan Gilmore betrachtet den Astro-Tourismus in Lake Tekapo und auf Mt. John als eine sehr positive Entwicklung. Er sieht ihn als eine Art Entschädigung für die Bewohner von Lake Tekapo, die das Observatorium mit ihren Verdunklungsmaßnahmen seit Jahrzehnten unterstützen. Als die japanische Universität von Nagoya eine Zusammenarbeit mit der Canterbury Universität anstrebte, bot der Geschäftsmann Murray seine finanzielle Unterstützung für den Aufbau des MOA-Projektes an. Das ermöglichte es ihm, seine Vision von Mt. John als einer Oase für Hobby-Astronomen und Sterngucker zu verwirklichen. »Anderthalb Millionen Touristen fahren jedes Jahr durch Tekapo. Wir wollen, dass sie sich etwas Zeit lassen. Sie können hier über den Klimawandel, die Umwelt und vor allem den Himmel über uns lernen und dabei etwas sehen und erleben. Wir wollen ein Zeichen setzen, in einer verschmutzten, überladenen Welt, dass es hier einen Zufluchtsort gibt, wo man eine sehr persönliche Erfahrung machen kann. Ein schöner Tag oder eine schöne Nacht an einem Ort wie diesem hier wird unvergesslich bleiben. Das macht es für mich wertvoll.«

Im Astro-Cafe auf Mt. John können sich die Besucher tagsüber bei Kaffee und Kuchen an der spektakulären Aussicht erfreuen. In alle Richtungen erstreckt sich das Mackenzie-Becken mit seinen sanften Hügeln, den aus Schmelzwasser gespeisten Flüssen, dem türkisblauen See mit seiner »Kirche zum guten Hirten« und den schneebedeckten Bergen in der Ferne. Am späten Abend vermitteln Studenten, aber auch Astronomen wie Ade Ashford mit ihren Führungen Kenntnisse über das Universum – unter freiem Himmel und in Sternwartenkuppeln mit Teleskopen, die extra für die Besucher eingerichtet wurden. »Was wir hier sehen ist ein Objekt, das man gewöhnlich den Tarantelnebel nennt, weil es wirklich ein bisschen wie eine Spinne aussieht. Eigentlich ist dieser Nebel eine riesige Wasserstoffwolke im Weltraum, die vom Licht junger Sterne erleuchtet wird. Und dieser Nebel ist in einer anderen Galaxie, der Großen Magellanschen Wolke. Das Licht, das Sie von diesem Nebel jetzt sehen, hat 160 000 Jahre gebraucht, um hierherzukommen, denn dieser Nebel ist 160 000 Lichtjahre entfernt. Sie sehen also einen Ort, wo Sterne gerade entstehen.«

Die Mischung von Tourismus und Wissenschaft kommt an. Astronomische Führungen haben sich für Lake Tekapo bezahlt gemacht. Für viele Japaner soll einer Umfrage zufolge der Sternenhimmel sogar der Hauptgrund für ihre Reise nach Neuseeland sein. »Bildung, Forschung, Umwelt und Ökotourismus« nennt Murray als die Eckpfeiler seines Konzepts. Aber seine Ambitionen gehen weiter. Er arbeitet mit einem Team von Unterstützern darauf hin, dass der Himmel über Lake Tekapo zu einer Stätte des UNESCO-Welterbes erklärt wird. »Dies ist möglicherweise eines der schönsten und zugänglichsten Observatorien der Welt. Es ist nur 18 Minuten von der Ortsmitte entfernt. Der dunkle Himmel ist makellos und steht unter Schutz. Die Gegend hat ein reiches kulturelles Erbe, zurückgehend auf die Maori, die Ureinwohner Neuseelands. Es ist der ideale Standort für ein Sternenlicht-Reservat, vorausgesetzt die UNESCO schafft es, nicht nur um sich, sondern auch nach oben zu schauen, wenn sie nach künftigen Welterbe-Stätten Ausschau hält.«

Sauber und grün, »100% pur«: Image und Realität

»100% Pure New Zealand« – mit diesem Slogan wirbt die neuseeländische Tourismusbehörde seit 1999 in aller Welt für das Reiseziel Neuseeland. Sauber und grün, so heißt es, sei das Land. 100 Prozent pur. Der Wahlspruch schlug ein, die Touristenzahlen schnellten in die Höhe. Der Erfolg der »Der Herr der Ringe«-Filme tat ein Übriges. Zehn Jahre später kürte die UN-Weltorganisation für Tourismus den Slogan zum besten Markenzeichen für ein Reiseziel. Die Anzahl der Touristen war um 50 Prozent, von 1,6 Millionen auf 2,4 Millionen jährlich, gewachsen, die Deviseneinnahmen aus der Tourismusbranche von 3,5 Milliarden auf 5,9 Milliarden Neuseeland-Dollar gestiegen. »Der Grund, warum die Kampagne so erfolgreich ist, liegt nicht darin, dass es ein gutes Schlagwort ist, sondern weil es die Wahrheit ist. Und die Neuseeländer machen es wahr«, sagte der damalige Chef der Tourismusbehörde George Hickton.

Aber die Euphorie hielt nicht lange an. Umweltbewussten Deutschen war schon immer aufgefallen, dass das grüne Image mehr Schein als Sein ist. Sie schütteln bestenfalls mit dem Kopf, wenn sie sehen, dass auch im Jahre 2015 noch Käufer den Supermarkt mit zehn Plastiktüten im Einkaufswagen verlassen. Pfandflaschen sind hier unbekannt, Batterien landen im Abfall. Viele Gemeinden vergraben ihren gesamten Müll, mancherorts fließen Abwässer einfach ins Meer. Es fehlt an Recyclingstationen an den Straßen, und es gibt nur minimale Abgaskontrollen für den veralteten Fuhrpark. Grün sind allenfalls die Wälder und die einheimischen Pflanzen sowie die Weiden für Schafe und Rinder. Hinter den Kulissen ist es nicht allzu weit her mit dem Umweltbewusstsein vieler Kiwis. Der individuelle CO_2-Fußabdruck der Neuseeländer ist hoch, liegt nach manchen Berechnungen gleich hinter dem der USA, Kanadas und Australiens. Da das Land groß und dünn besiedelt ist, fällt es nur nicht so auf.

Umweltschützer und die Grünen hatten schon lange davor gewarnt, dass das grüne Image nicht aufrechterhalten werden könne, da es immer weniger der Realität entspräche. Trotzdem war die Bestürzung groß, als schließlich internationale Medien aufmerksam wurden und darüber berichteten. In der britischen Zeitschrift *The Guardian* beschuldigte Fred Pierce Neuseeland Ende 2009, Greenwashing zu betreiben und bezog sich auf die Treibhausgasemissionen des Landes, die, seitdem es das Kyotoprotokoll unterzeichnet hatte, um 22 Prozent gestiegen waren. »Mein Preis für den schamlosesten Stinkefinger an die globale Gemeinschaft geht an Neuseeland, das sich der Welt als ›sauber und grün‹ verkauft.« Die britische Zeitschrift *The Economist* hinterfragte wenige Monate später die Berechtigung des Slogans, da die Regierung vorhatte, in Naturschutzreservaten nach Mineralien schürfen zu lassen.

Den härtesten Schlag lieferte schließlich 2012 die *New York Times*. Kurz vor der Premiere des ersten Teils der Hobbit-Trilogie, von der sich Neuseeland einen erneuten Touristenboom versprach, titelte die renommierte Tageszeitung: »Neuseelands grüne Tourismus-Offensive widerspricht der Realität.« Die Welt, die die Neuseeland-Vermarkter präsentieren, sei so fabulös wie Drachen und Zauberer. Die Zeitung zitierte Mike Joy, einen Umweltwissenschaftler von der Massey Universität in Palmerston North, mit den Worten: »Es gibt nahezu zwei Welten in Neuseeland. Da ist zum einen die Ansichtskartenwelt und zum anderen die Realität.« Das war ein übler Schlag ins Gesicht für die sensible neuseeländische Psyche.

Mike Joy wurde als Landesverräter und Nestbeschmutzer beschimpft und verteufelt. Wie konnte er es wagen, Neuseelands Image in aller Welt zu beschädigen? Hatte er nicht bedacht, was dies für Auswirkungen auf die wirtschaftliche Prosperität des Landes haben würde? Es folgte das typische »In-sich-Gehen«, wenn Neuseeland auf dem internationalen Podium bloßgestellt wird. Leider gingen die Debatten weniger um das Inhaltliche, sondern vor allem darum, wie man das angekratzte Image wieder herstellen konnte. Premierminister John Key, der auch als Tourismusminister fungierte, verglich das »100% pur«- Label mit einer Marketingkampagne der Fast-Food-Kette McDonald's, von der auch nicht erwartet würde, dass sie 100 Prozent wahr sei. »Man darf so was nicht für bare Münze nehmen«, sagte er. Als die BBC ihn in einem Fernsehinterview mit Mike Joys Daten konfrontierte, meinte er, er könne sicherlich einen anderen Akademiker finden, der das Gegenteil behaupten würde.

Wissenschafts- und Umweltverbände stellten sich geschlossen hinter Mike Joy und unterstützten seine Argumente. Der Präsident der Ökologischen Gesellschaft Neuseelands, Mel Galbraith, sagte in einer Pressemitteilung: »Es ist traurig, dass die Regierung es vorzieht, Personen wie Dr. Mike Joy anzugreifen, anstatt zuzuhören, was über Neuseelands Umweltprobleme gesagt wird, oder ausreichende Ressourcen bereitzustellen, um die Missstände zu beheben.«

Mike Joy hatte seit Jahren Alarm geschlagen. »Die intensive Landwirtschaft ist Raubbau an unserer Umwelt, und sie hat, insbesondere innerhalb der letzten 20 Jahre, die Schwellen des

Erträglichen bei Weitem überschritten.« Landwirtschaft und Tourismus sind die beiden wichtigsten Einnahmequellen des neuseeländischen Staates. Beide Industriezweige sollen gefördert und ihr Ertrag gesteigert werden. Allerdings gehen die Meinungen, wie das erreicht werden kann, ohne dass das eine dem anderen schadet, auseinander. Hinzu kommt, dass sich auch viele Exportfirmen das Image vom sauberen und grünen Neuseeland zunutze gemacht haben und damit für ihre Produkte werben. Diesem Markenzeichen auch gerecht zu werden, ist daher die große Herausforderung. »Wir brauchen kein neues Branding«, meint Mike Joy. »Wir müssen aber die damit verbundenen Erwartungen erfüllen, bevor wir es als Markenzeichen verlieren.«

Die Verschmutzung von Seen und Flüssen

Der Blue Lake im Nelson-Lakes-Nationalpark gilt als der klarste See der Welt. Mit Sichttiefen von 70 bis 80 Metern ist er so transparent wie destilliertes Wasser und so schimmert auch seine Farbe: blauviolett wie pures H_2O. Die ihn umgebenden Berge und Wälder spiegeln sich in glasklarer Schärfe in ihm. Zu erreichen ist er nach einer mehrtägigen Wanderung in 1200 Metern Höhe. Den Maori ist der See heilig, und es ist verboten, sich darin zu baden oder zu waschen. Bei einer durchschnittlichen Wassertemperatur von fünf bis acht Grad Celsius würde mir das sowieso nicht in den Sinn kommen. Aber auf anderen Wanderungen habe auch ich mich in kleinen und wärmeren Seen gern erfrischt. Wasserflaschen füllt man in solchen Gebieten einfach mit Wasser aus den Flüssen auf, die von den Quellen der umliegenden Berge gespeist werden. Neuseeland hat Tausende von Seen und Flüssen. Nach starken Regenfällen stürzen sich imposante Wasserfälle in den verschiedensten Varianten von Felshängen. Diese Natur ist ein einziger Traum für Wasserliebhaber jeder Art, für Schwimmer, Bootsfahrer und Sportfischer.

In den 1980er Jahren, als ich das erste Mal in neuseeländischer Natur wandern ging, war ich höchst erstaunt, wenn meine einheimischen Freunde das Wasser aus Flüssen tranken. Heute raten sie eher zur Vorsicht. »Der Manawatu River ist einer der schmutzigsten Flüsse in der westlichen Welt«, lautete eine Schlagzeile der Medien Ende 2009. Die Nation war geschockt.

Die Aussage musste zwar relativiert werden, da die Studie nicht seriös war, aber ein Körnchen Wahrheit steckte doch darin. Der reißerische Aufmacher hatte den Erfolg, dass das Problem ins allgemeine Bewusstsein drang. Der Manawatu zählt sicherlich nicht zu den am stärksten verschmutzen Flüssen weltweit, aber er ist einer der schmutzigsten Neuseelands. Die Ursachen liegen in der Überdüngung und den Ausscheidungen der Tiere auf den Weiden, der Einleitung kommunaler und industrieller Abwässer, den Sedimentsablagerungen abgegraster Wiesen und erodierter Landschaften.

Leider handelt es sich auch nicht um eine Ausnahmesituation. Eine Freundin lud uns vor ein paar Jahren zum Blaubeerpflücken ein. »Anschließend gehen wir immer im Hutt River schwimmen. Wir kennen da eine sehr schöne Stelle«, sagte Tania. Aber als wir unseren Ausflug machten, war die Schwimmstelle mit Blaualgen (Cyanobakterien) bewachsen. Schilder warnten vor der Gefahr für Mensch und Tier. »Dieses Wasser ist verschmutzt. Vom Schwimmen und der Entnahme von Fischen und Schalentieren wird abgeraten.«

In den Sommermonaten veröffentlichen Städte und Kommunen seit nunmehr vielen Jahren eine Liste, die den Grad der Verschmutzung der öffentlichen Gewässer anzeigt und an welchen Stränden, in welchen Seen und Flüssen man ohne Gesundheitsbedenken baden kann. Das Ausmaß der Verunreinigung ist erschreckend. In fast allen Flüssen, die im Flachland und außerhalb von Naturschutzgebieten kontrolliert werden, ist das Schwimmen inzwischen gesundheitsgefährdend. Auch knapp die Hälfte der Seen in den tiefer liegenden Gegenden sind so verschmutzt, dass vom Schwimmen abgeraten oder gewarnt wird. »Ein Indiz dafür, wie schlimm es um unser Süßwasser steht, ist, dass mehr als zwei Drittel unserer einheimischen Süßwasserfische gefährdet oder vom Aussterben bedroht sind. Dazu gehören auch unsere einzigen Flusskrebse und Süßwassermuscheln, die wie Kanarienvögel in der Kohlengrube sind«, sagt der Ökologe Mike Joy.

Wie ist das passiert? Seit Ankunft der Menschen in Neuseeland wurden 90 Prozent der Feuchtgebiete trockengelegt und 70 Prozent der Wälder gerodet. Flüsse wurden eingedämmt, Wasserkraftwerke und immense Bewässerungsanlagen gebaut. Schadstoffzuführungen aus der Landwirtschaft und aus Kläranlagen haben zugenommen, und der Wasserverbrauch in Stadt und Land ist gestiegen. Die Hauptschuldigen sind jedoch die Kühe auf den Wiesen. Neuseeländische Farmer haben seit Mitte der 1990er Jahre mehr und mehr von der Schaf- und Rinderzucht auf die Milchwirtschaft umgestellt. Eine große Nachfrage, vor allem aus China, haben Milchpulver, zusätzlich zu Butter und Käse, zum Exportschlager werden lassen. 6,5 Millionen Kühe stehen heute auf Neuseelands Weiden. Laut Mike Joy entsprechen ihre Ausscheidungen denen von 70 Millionen Menschen. Das große Problem ist der Harn der Kühe, der in starker Konzentration an einer Stelle im Boden versickert und über das Grundwasser in Flüsse und Seen gelangt. Ein schädliches Überangebot an Nährstoffen in den Gewässern lässt Unkräuter und Algen gedeihen.

Kiwis sind es von Kindheit an gewohnt, in ihren Flüssen und Seen zu schwimmen und zu planschen, zu rudern, zu kajaken, zu schnorcheln und zu tauchen. Viele, vor allem Maori, holen sich ihre Nahrung aus dem Wasser. Sie angeln nach Fischen und Aalen, sammeln Muscheln und andere Schalentiere. Meinungsumfragen zeigten in den vergangenen Jahren immer wieder, dass eine große Mehrheit der Neuseeländer die Wasserverschmutzung als das größte Umweltproblem des Landes betrachtet. Das Milchprodukte-Exportunternehmen Fonterra, in dem über 10 000 Milchbauern organisiert sind, erstellte daraufhin freiwillige Auflagen für seine Farmer, die jedoch nicht den gewünschten Erfolg brachten. Rechtliche Rahmenvorschriften, die am 1. August 2014 in Kraft traten, sollen nun die Gesundheit der Gewässer sicherstellen. Ökologen, Wasserexperten, Umwelt- und Naturschützern gehen die Richtlinien nicht weit genug. So seien die Grenzwerte für Nitrate so hoch angesetzt, dass sie für einen von fünf Fischen tödlich sind, sagen sie. Die Wasserqualität soll nur gut genug sein, damit man darin mit einem Boot fahren und darin waten kann, nicht jedoch schwimmen. »Wenn man von diesen Qualitätsvorschriften ausgeht, liegen nur wenige Seen und fast kein Fluss unterhalb der Grenzwerte«, sagt Mike Joy. Er meint, dass dahinter Absicht steckt. Dass die Regeln so gemacht wurden, dass sie den heutigen Werten entsprechen und einer weiteren Expansion der Landwirtschaft nichts im Wege steht. Damit einher geht auch der geplante Bau weiterer großer Bewässerungsdämme.

Die Milchwirtschaft ist zur wichtigsten Einkommensquelle geworden, gefolgt von der Tourismusindustrie, die »100 Prozent reine Natur« verspricht. Beides zu vereinbaren, ist die Herausforderung, vor die das Land gestellt ist. Unabhängige Ökologen wie Mike Joy sehen den Ausweg aus dem Dilemma nicht darin, dass Kühe, die bisher das ganze Jahr über im Freien weiden dürfen, in Ställe gepfercht werden, damit ihre Ausscheidungen besser kontrolliert werden können. Auch nicht im zusätzlichen Bau von teuren Talsperren für die Bewässerung in Dürreperioden. Sie plädieren stattdessen für eine nachhaltige Milchwirtschaft, die ihre Profite erhöht, ohne die Anzahl der Milchkühe zu erhöhen.

Einzelne Farmer suchen mit Unterstützung aus der Bevölkerung, von Kommunen, Universitäten und mit finanziellen Zuschüssen einen Ausweg. Überall im Land werden Restaurierungsprojekte ins Leben gerufen, die versuchen, die Wasserqualität zu verbessern und das ökologische Gleichgewicht wieder herzustellen. Zäune werden gebaut, die verhindern, dass Kühe in unmittelbarer Nähe von Flüssen und Seen weiden. Ufer werden weitläufig mit einheimischen Gewächsen neu bepflanzt und der

Natur wieder freien Lauf gelassen. Glückliche Kühe auf grünen Wiesen sollen auch in Zukunft das Aushängeschild für die Milchexporte sein. Ob es allerdings gelingen wird, die verschmutzten Seen und Flüsse wieder so herzustellen, dass man bedenkenlos in ihnen schwimmen kann, ist mehr als fraglich. Es ist das erklärte Ziel der Grünen Partei Neuseelands: »Flüsse sind unser Lebenselixier«, sagte ihr damaliger Vorsitzender, Russel Norman, als er saubere Flüsse und Seen 2014 zum Wahlkampfthema machte. Als »teuer und undurchführbar« verwarf die Umweltministerin, Amy Adams, den Vorstoß. Die konservative Regierungspartei sprach von Zugeständnissen, die an die Wirtschaft gemacht werden müssen. Die Grünen sagten ein ökologisches Desaster voraus, wenn nicht mehr getan würde. Auf das Wahlverhalten hatte die Unzufriedenheit der Bevölkerung mit der Wasserqualität keinen Einfluss, denn die National Party ging als eindeutiger Sieger bei der Wahl hervor.

Neuseelands einzigartige Natur

Geologische und mythische Ursprünge des Landes

Das heutige Neuseeland besteht aus einer Gruppe von über 700 Inseln, von den Kermadec-Inseln im Norden bis zum subantarktischen Campbell Island im Süden. Die drei größten, die Nordinsel, die Südinsel und Stewart Island, machen fast 99 Prozent der insgesamt 270 000 Quadratkilometer des Landes aus. Neuseeland ist erdgeschichtlich ein recht junges Land, das erst spät besiedelt wurde. Wissenschaftler gehen heute davon aus, dass die ersten Polynesier, die Vorfahren der indigenen Maori, gegen Ende des 13. oder zu Beginn des 14. Jahrhunderts kamen. Europäer, vor allem Briten, siedelten sich gezielt erst ab 1840 an. Diese beiden Wellen der Einwanderung veränderten innerhalb einer sehr kurzen Zeitspanne das Land und die Umwelt radikal. Aber wie hatte alles begonnen?

Neuseeland war einst Teil des urzeitlichen Superkontinents Gondwana. Davon zeugen heute noch einige Gesteine auf der Südinsel, deren Alter Geologen auf über 680 Millionen Jahre schätzen. Der Tuatara, eine neuseeländische Brückenechse, hat einen Stammbaum von 240 Millionen Jahren. In einem Naturschutzgebiet in Wellington sah ich dieses als lebendes Fossil bezeichnete Reptil zum ersten Mal. Es sieht wirklich aus wie ein kleiner Dinosaurier mit seinem stacheligen Rückenkamm und plumpen, kräftigen Beinen. Auch die vier überlebenden einheimischen Froscharten und die Weta, eine Heuschreckenart, können auf eine Hunderte Millionen Jahre lange Geschichte zurückblicken.

Als der Urkontinent Gondwana auseinanderzubrechen begann, löste sich eine riesige Landmasse, die die Kontinente Zealandia, das spätere Australien und die Antarktis umspannte. Auch dieser Landblock driftete vor etwa 80 Millionen Jahren auseinander und Zealandia mit dem heutigen Neuseeland versank zu über 90 Prozent im Wasser. Seit dieser Zeit gibt es keine Landbrücke mehr zwischen Neuseeland und anderen Kontinenten. Anfangs zogen auch in Neuseeland noch Dinosaurier durch die Wälder und in den Gewässern lebten Krokodile. Aber nach ihrem weltweiten Aussterben entwickelte sich auf den Inseln, abgetrennt von anderen Landmassen, eine einzigartige Tier- und Pflanzenwelt. Viele Arten sind endemisch, es gibt sie nirgendwo sonst.

Die ursprünglichen Gebirgszüge wurden durch Erosionsprozesse abgetragen. Verwerfungen, Erdbeben, Vulkane und Gletscher haben die heutige Landschaft mit ihren Bergketten, Hügeln und Tälern in relativ junger Zeit geformt und verändern sie fortwährend weiter. Erst 1991 ist der Gipfel von Neuseelands höchstem Berg, Aoraki Mt. Cook, abgebrochen. Gewaltige Mengen an Fels und Eis stürzten damals in den Tasman-Gletscher. In den folgenden zwanzig Jahren erodierte die Eiskappe weiter und im Januar 2014 war der Berg anstatt 3754 Meter nur noch 3724 Meter hoch.

In der Mythologie der Maori finden sich Parallelen zur geologischen Entstehungsgeschichte Aotearoas. Jeder Kiwi kennt die Geschichte von Papatuanuku, der Mutter Erde, und Ranginui, dem Himmelsvater. Sie waren einst in liebevoller Umarmung in völliger Dunkelheit eng miteinander verbunden. Wie Leben und Licht in die Welt gekommen sind, ließ ich mir von Arapata Hakiwai, dem wissenschaftlichen Leiter für Maori-Angelegenheiten am Nationalmuseum Te Papa Tongarewa in Wellington, erklären. »Am Anfang der Welt, so heißt es, hielten sich Ranginui und Papatuanuku, unsere Ureltern, eng umschlungen. Sie hatten 70 Söhne, die in der Finsternis zusammengepfercht waren, kein Licht, keinen Platz hatten. Die Kinder beschlossen, sie wollten nicht nur mehr Platz schaffen, sondern auch mehr erleben. Einer nach dem anderen versuchte, die Eltern zu trennen, sie auseinanderzuziehen. Tane Mahuta, dem späteren Gott des Waldes, ist es schließlich gelungen. Er lag mit dem Rücken auf Papatuanu-ku, der Erdmutter, und schob mit seinen Beinen Ranganui nach oben.« So kam das Licht in die Welt.

Die Erde blieb eine fürsorgliche Mutter, aber der Vater war verärgert. Einer der Söhne war von Anfang an gegen die Trennung gewesen und zog mit seinem Vater in die Himmelssphäre. Von dort aus wütete er gegen seine Brüder. Das war Tawhiri, der Gott des Windes und des Regens. Er lässt seitdem seinen Zorn in Form von Stürmen an Tane Mahuta und dessen Kindern, den Bäumen, Vögeln und Insekten des Waldes, aus, entwurzelt Bäume und Pflanzen und verwüstet das Land. Regenstürme gelten aber auch als die Wehklagen des Himmelsvaters, der sich nach seiner geliebten Erdmutter sehnt. Tane Mahuta schuf aus der Erde die erste Frau, hauchte ihr Leben ein und zeugte mit ihr eine Reihe menschenähnlicher Götter und götterähnlicher Menschen.

In einem weiteren Schöpfungsmythos geht es um den Halbgott Maui, der eines Tages im Beisein seiner Brüder die Nordinsel aus dem Meer fischt. Maui hatte sich im Kanu versteckt, weil seine Brüder ihn nicht dabeihaben wollten. Auf hoher See zeigte er sich. Er hatte einen Angelhaken mitgebracht, den er mit Blut aus seiner Nase beschmierte. Ein Fisch biss an, der so riesig war, dass sie ihn gemeinsam an Land ziehen mussten. »Maui wusste, dass die Götter beschwichtigt werden mussten, bevor dieser gigantische Fisch geteilt werden konnte. Er suchte nach einem Priester, der das Ritual vollziehen sollte, und beschwor seine Brüder, den Fisch in der Zwischenzeit nicht anzurühren«, schreibt der Historiker Michael King in dem Geschichtsbuch »The Penguin History of New Zealand«. Aber die Brüder wurden ungeduldig und wollten nicht so lange warten. Sie begannen, ihn abzuschuppen und aufzuschneiden. Der Fisch krümmte sich vor Schmerzen. Als die Sonne aufging, wurde das Fleisch fest und die Verwerfungen blieben als Gebirge bestehen. »Der Name, dem man ihm gab, war Te Ika-a-Maui, der Fisch von Maui bzw. die Nordinsel von Neuseeland.«

Flora und Fauna und die ersten Siedler

Dichte Wälder bedeckten bis zur Ankunft der ersten Siedler fast das ganze Land. Mächtige Nadelbäume wie Kauri und Kahikatea, die in leuchtendem Rot blühenden Eisenhölzer, Pohutukawa und Rata, gehören zu den größten Exemplaren. Nikaupalmen mit ihren spitzen Blättern wachsen 15 Meter hoch. Die gelben Blüten der Kowhai-Bäume bringen etwas Farbe in die grüne Landschaft, aber leider blühen sie nur wenige Wochen lang im Frühjahr. Scheinbuchen sind höher gelegenen Bergregionen noch weitverbreitet. Spektakulär ist auch der Cabbage Tree (»Cordyline australis«), der oft vereinzelt oder auch in kleinen Gruppen mit seinen zahlreichen, palmenartigen Kronen wie eine gemeißelte Skulptur in der Landschaft steht.

80 Millionen Jahre lang konnte sich in Neuseeland, durch Ozeane von anderen Kontinenten und Landmassen getrennt, eine der außergewöhnlichsten Tier- und Pflanzenwelten entwickeln. Während anderswo Säugetiere das Land bevölkerten, waren es in Neuseeland Vögel, Reptilien und Insekten. Riesige Lauf- und Greifvögel, übergroße Gänse und Kraniche zogen bis in neuere Zeiten durch die Wälder. Ihre einzigen Feinde waren Raubvögel aus der Luft. Vor ihnen tarnten sie sich mit einem überwiegend grünlichgelben oder braunen Federkleid. Das hat dazu geführt, dass selbst die andernorts bunten Papageien hier ein relativ eintöniges Gefieder haben. Allerdings überraschen die Vögel dann auch oft wieder, wenn sie sich in die Lüfte erheben und unter ihren Flügeln oder am Bauch versteckt farbenprächtige Muster sichtbar werden. Da sie am Boden keine Feinde fürchten mussten, gaben viele Vögel im Laufe der Evolution das Fliegen auf, ernährten sich überwiegend am Erdreich und wurden dicker und größer. Riesengroße Moa, straußenartige Laufvögel, spazierten durch die Wälder und fraßen wie anderswo Hirsche die Blätter von den Bäumen ab.

245 Vogelarten gab es vor der Ankunft der Menschen in Neuseeland, die meisten waren endemisch. Drei einheimische Fle-

dermausarten waren die einzigen Säugetiere an Land. Aber es gab auch Insekten in der Größe von Mäusen, Urfrösche und Reptilien. Das Land ist umgeben von einer 18 000 Kilometer langen Küste, in deren Gewässern es damals nur so wimmelte von Fischen, Muscheln, Austern, Krebstieren, Seevögeln und Pinguinen sowie Meeressäugern wie Delfinen, Walen und verschiedenen Robbenarten. Der Historiker Michael King spricht von einem »larder of protein«, einer »Speisekammer voller Proteine«.

Das war die Welt, die die ersten Siedler des Landes vorfanden. Sie waren Seefahrer und kamen vor 700 Jahren in ihren *waka* oder Auslegerkanus von polynesischen Inseln aus nach Neuseeland. Mit dem Anbau tropischer Kulturpflanzen wie Bananen und Kokosnüsse hatten sie in dem rauen Klima ihrer neuen Heimat wenig Glück. Nur die Kumara, die Süßkartoffel, konnten sie nach einigen Jahren erfolgreich anpflanzen. Es dauerte auch, bis sie in den fremden Wäldern ausfindig gemacht hatten, was genießbar war. Die jungen Triebe, Wurzeln und Stämme des Cabbage Tree beispielsweise oder die Sprösslinge mancher Farnarten. Aber darauf waren die ersten Siedler, die sich später Maori nannten, anfangs überhaupt nicht angewiesen. Da sie bis dahin keine Bodenfeinde gekannt hatten, zeigten vermutlich weder die Moa noch andere Tiere große Scheu vor Menschen. Sie ließen sich problemlos einfangen, ja, sie spazierten sozusagen geradewegs in den Kochtopf bzw. in die Grube, in der sie gegart wurden. Schon bald gaben die Maori daher die missglückten Versuche mit der Landwirtschaft auf und verlegten sich auf die Jagd und Fischerei, wo die Ausbeute groß war. Sie brachten auch die ersten Säugetiere nach Neuseeland, Hunde und die pazifische Ratte, für die die flugunfähigen Vögel und ihre Eier ebenfalls ein im wahrsten Sinn des Wortes gefundenes Fressen waren. Damit begann die erste Welle der von Menschen verursachten Ausrottung einheimischer Tiere und Pflanzen.

Nummer eins auf dem Speiseplan der frühen Siedler waren die Moa, die es in neun verschiedenen Arten und Größen gab. Die meisten waren in etwa so groß wie Truthähne, andere wurden bis zu zweieinhalb Meter groß und brachten 250 Kilogramm auf die Waage. Ein einziges Ei eines solchen Vogels entsprach etwa 80 Hühnereiern. Paul Scofield, Forscher und Paläontologe am Canterbury Museum in Christchurch, geht davon aus, dass die Tiere sehr alt wurden, erst mit neun Jahren geschlechtsreif waren und das Weibchen vermutlich nur jeweils ein oder zwei Eier legte. Ihre einzigen Feinde waren bis dahin die Haast-Adler gewesen, die größten Raubvögel der Neuzeit.

Diese Riesenvögel hatten eine Flügelspannweite von drei Metern und ein Gewicht von 10 bis 18 Kilogramm. Sie flitzten mit einer Geschwindigkeit von bis zu 80 Stundenkilometern durch die Lüfte und stürzten sich von oben herab auf ihre Beute. Paul Scofield bezeichnet den Adler mit seinen gigantischen Krallen als den Löwen Neuseelands. Archäologen haben in den frühen Siedlungsstätten der Maori große Mengen von Moaknochen und Eierschalenfragmenten gefunden. Die Moapopulation war jahrtausendelang stabil gewesen. Innerhalb von 100 Jahren nach Ankunft der ersten Siedler waren sie so gut wie ausgerottet. Das hatte zur Folge, dass es nach weiteren 100 Jahren auch keine Haast-Adler mehr gab, denn die Raubvögel hatten sich überwiegend von Moa ernährt.

In den Legenden der Maori wird der Moa kaum erwähnt. Wahrscheinlich ging die Ausrottung viel zu schnell vor sich, meinen Historiker. Aber frühe Missionare schrieben Erzählungen der Maori von den Pouakai nieder, einem furchterregenden Vogel mit rotem Kopf, der in Gebirgspässen auf der Lauer nach seiner Beute gelegen haben soll. Gelegentlich sind angeblich auch kleine Kinder und Frauen seine Opfer geworden. Paul Scofield hält dieses Szenario, vor allem nach dem Aussterben der Moa, für durchaus möglich. »Das entspricht unseren wissenschaftlichen Erkenntnissen. Wir haben keine Beweise dafür, dass die Haast-Adler auch Kinder fraßen. Aber ein 15 Kilogramm schweres Kind konnte dieser Vogel leicht packen und damit davonfliegen.«

Auch stämmige Riesengänse, -kraniche und -enten wurden von den frühen Maori bis zu ihrem bitteren Ende gejagt. Vogelfedern dienten ihnen als Haarschmuck und wurden zu festlichen Gewändern verarbeitet. Ihre mitgebrachten Ratten und Hunde setzten den Reptilien, Fröschen, Würmern und Insekten schwer zu. Die zahlreichen Robben entlang den Küsten wurden stark dezimiert und 40 Prozent der Wälder für Ackerland, Siedlungen und Transportwege niedergebrannt oder gerodet.

Das war aber trotzdem noch harmlos im Vergleich dazu, was passierte, als Europäer ab Mitte des 19. Jahrhunderts das Land besiedelten. Sie brachten Katzen und Hunde mit, Schweine, Rehe, Ziegen, Kaninchen, Wiesel, Igel, Mäuse, Wander- und Hausratten und führten Possums aus Australien ein. Die einheimische Tierwelt war diesen Räubern größtenteils hilflos ausgeliefert. Eingeführte Pflanzen verbreiteten sich wie Unkraut und kämpfen seitdem mit den heimischen Arten um Lebensraum. Das Ökosystem in Neuseeland veränderte sich radikal, in einer Schnelligkeit und in einem Ausmaß wie fast nirgendwo sonst. Was in Europa 2000 Jahre gedauert hatte und in Nordamerika 400 Jahre, geschah in Neuseeland innerhalb eines einzigen Jahrhunderts.

Neuseeland ist heute das Land mit der höchsten Anzahl gefährdeter Spezies. Viele der einmaligen Tiere und Pflanzen sind vom Aussterben bedroht. »Seit der menschlichen Besiedlung haben wir 40 bis 50 Prozent unserer Land- und Seevögel verloren«, sagt Ben Bell, der an der Victoria Universität in Wellington das »Zentrum für biologische Vielfalt und Restaurationsökologie« leitet. »Eine große Anzahl von Arten sind in Neuseeland als bedroht eingestuft: Vögel, Fledermäuse, wirbellose Tiere, Eidechsen, Reptilien, Amphibien und andere Organismen. Viele Arten sind entweder vom Aussterben bedroht oder stark oder potenziell gefährdet.«

Wenn es um wirtschaftliche Interessen geht, ziehen bedrohte Arten leicht den Kürzeren. Ohne Intervention würden viele innerhalb kürzester Zeit nicht mehr existieren. Seit mehreren Jahrzehnten werden deshalb sowohl von öffentlicher wie auch von privater Seite enorme Anstrengungen unternommen, um ihren Erhalt zu sichern.

»Plant Natives« heißt es in den Gartenzentren, und anstatt Rosen und Geranien sind heute »Einheimische« die Stars in den Gärten. Als eine Besucherin aus Deutschland kürzlich die langstängligen Agapanthus, blaue Schmucklilien, am Straßenrand sah und ausrief: »Diese wunderschöne Pflanze habe ich auch in einem Topf in meinem Wohnzimmer stehen«, war meine automatische Reaktion darauf: »Ach, das ist doch ein ganz übles Unkraut, das sich leider nur schwer ausmerzen lässt.« Mit anderen Augen gesehen ist es natürlich eine sehr schöne Pflanze, die etwas Farbe in den einheimischen grünen Alltag bringt. Aber neuerdings habe ich sogar am Neuseeländischen Flachs, einer sehr widerstandsfähigen Pflanze mit sehr harten und steifen Blättern, Gefallen gefunden. Die Toetoe, meterhohe Gräser mit langen cremefarbenen, fedrigen Rispen, die oft in Grüppchen auf Schafweiden und Berghängen stehen und sich im Winde wiegen, haben mich schon immer fasziniert.

Es gibt inzwischen genauso viele eingeführte wie einheimische Pflanzenarten in Neuseeland. Sie haben die menschliche Besiedlung etwas besser überstanden als die Tiere. Obwohl über 100 Arten als stark gefährdet oder als vom Aussterben bedroht eingestuft werden, sind zumindest nur ganz wenige Arten ausgestorben. Dagegen gibt es fast die Hälfte der einheimischen Wirbeltiere und eine unbekannte Zahl an Insekten, Würmern und anderen wirbellosen Tieren heute nicht mehr.

Ein Abstecher zu Tane Mahuta, dem Gott des Waldes

Kauri-Wälder gehören zu den ältesten Urwäldern der Erde. Die Neuseeländischen Kauri-Bäume, auch Neuseeländische Kauri-Fichten oder Kauri-Kiefern genannt, sind die mächtigsten Kauri der Welt. Einst waren sie überall im Norden der Nordinsel, auf einer Fläche von über einer Million Hektar, zu finden. Heute sind nur noch vereinzelte, wenige Bestände vorhanden. Der größte und am besten erhaltene Kauri-Wald ist der Waipoua Forest nahe dem Hafen von Hokianga, etwa 250 Kilometer nordwestlich von Auckland. Das 9000 Hektar große Waldgebiet mit den beiden größten und ältesten Kauri-Bäumen steht seit 1952 unter Naturschutz.

Ein von Maori geleitetes Unternehmen bietet vor Ort Führungen zu diesen Baumriesen an. Sie versprechen eine mythologische und interaktive Darstellung des gesamten Ökosystems und der Bedeutung für die Maori und ihre Vorfahren. Ich hatte sehr viel Positives über diese Touren gehört und entschied mich, die »Twilight Encounter Tour« zu buchen, eine vierstündige »Begegnung in der Dunkelheit«.

Es nieselte, als wir uns in einem Bus mit einer Gruppe von zwölf Leuten auf den Weg machten. Heftige Regenfälle waren vorhergesagt, aber das hält Neuseeländer grundsätzlich nicht von irgendwelchen Aktivitäten im Freien ab, und die meisten Teilnehmer an der Tour waren Kiwis. Alle hatten Kopfleuchten und trugen Regenkleidung. Die Maori-Tourleiter, Billy und Matiu, hatten bereits jeden persönlich begrüßt und willkommen geheißen. In der Dämmerung fuhren wir auf der engen und kurvenreichen Straße hinauf und hinein in den Waipoua-Wald. Schon an den Straßenrändern glänzten die breiten, silbergrauen Stämme der Kauri-Bäume im Mondlicht, hoben sich von den grünen Farnen und Büschen deutlich ab. Matiu, ein junger Mann von vielleicht 35 Jahren, unterhielt uns mit Geschichten aus seinem Leben als Maori in London, erzählte, wie froh er sei, wieder zu Hause zu sein und wie viel Spaß es ihm mache, sein Wissen über einheimische Pflanzen und Tiere, über seine Kultur und seine Vorfahren weiterzugeben. Er zeigte uns sein »Tablet«: einen Plastik-Aktenordner mit Bildern und Informationstafeln über eine kleine Auswahl von den 300 Tieren und Pflanzen, die in diesem Wald leben.

»Ich erbitte für uns Schutz und Sicherheit«, deklamierte Billy, der ältere der beiden, auf Maori, bevor wir uns auf den Weg machten. Mit diesen *karakia,* Beschwörungen oder Gebeten, bitten Maori am Anfang einer Unternehmung um Sicherheit, Schutz und einen guten Ausgang. Auf ausgetretenen Pfaden und Holzstegen liefen wir in die Nacht und in den Wald hinein, einen typischen neuseeländischen Regenwald mit Farnen, Nikaupalmen, Rimu, Totara, Kohokohe, Kowhai, Rata und vielen weiteren Gewächsen. Von den neuseeländischen Farnen allein gibt es 200 verschiedene Arten. Matiu wies auf den Silberfarn hin, Neuseelands Nationalpflanze, dessen Wedel auf der Unterseite silbergrau sind. Zehn Meter wächst er hoch. Das ist aber nichts im Vergleich zum Mamaku, einem Baumfarn mit schwarzer Rinde, der sich zwanzig Meter in die Höhe erhebt. Nahe unseren Füßen stehen hauchdünne Farne in Millimetergröße. Alles ist üppig, feucht und saftig. Der Boden ist voll mit Schwämmen, Pilzen und Keimlingen, die in die Höhe streben. Baumstämme sind überwachsen mit Moosen und Flechten, andere Bäume und Pflanzen sprießen aus ihnen hervor, klettern nach oben, hängen nach unten oder nisten auf ihren Ästen. Alles ist voller Leben.

Immer wieder blieben wir stehen, lauschten den Worten unserer Führer, die uns von den Bewohnern des Waldes, den Pflanzen, Vögeln und Insekten erzählen. Wir erfuhren, wie verletzlich die Wurzeln der Kauri-Bäume sind, die dicht unter der Erdoberfläche liegen. Matiu deutete auf eine Baumrinde, die Knochenbrüche schneller heilen lässt, und zeigte uns verschiedene Pflanzen, die ebenfalls heilende Wirkung haben. Wir rochen an den Blättern des Manukabaumes, aus dem das Teebaumöl gewonnen wird und aus dessen Nektar Bienen den Manukahonig herstellen. Wir hörten die kraftvollen Töne der Tuis. Die metallisch grünblau und schwarz gefiederten Vögel mit weißer Halskrause trommeln am Abend mit ihren durchdringenden Rufen die tagaktiven Vögel ins Bett. Dann kommen die Nachtschwärmer hervor. »Morepork, morepork«, hörten wir die in Neuseeland Morepork genannte Kuckuckseule rufen. Der Streifenkiwi, eine der bedrohten Kiwiarten, ist hier noch relativ häufig. Zu sehen bekamen wir ihn aber leider nicht. Der Waipoua-Wald ist eines der letzten Refugien für bedrohte Tiere, darunter auch die Papageienarten Kakariki und Kaka.

Wir flüsterten nur noch, wenn wir redeten. Es lag etwas Weihevolles, Erhabenes und zugleich Geheimnisvolles in der Luft. »Der Kauri-Baum ist ein Hermaphrodit«, erklärte Billy und zeigte uns einen männlichen und einen weiblichen Zapfen, die vom gleichen Baum stammten. »Egal, wie klein etwas ist, alles ist Teil des Ganzen. Die Insekten ebenso wie die Blumen, die Vögel und natürlich auch dieser winzige Samen.« Damit deutete er auf einen Kauri-Samen und nannte ihn sehr wertvoll. Aus einem ähnlichen Samen ist auch der Baum entstanden, dem wir uns jetzt näherten: Te Matu Naghere, der Vater des Waldes. Billy stimmte ein *waiata* an, eine Hymne des Respekts und des Lobes. »Oh mächtiger Vater des Waldes, du stehst seit so vielen Jahren hier, mögest du weiterhin wachsen und gedeihen.« Te Matu Naghere ist der älteste unter den Kauri-Bäumen. Zwischen 2000 und 4000 Jahre soll er alt sein. Und er hat mit 16,4 Metern den größten Stammesumfang. Billy leuchtete ihn mit großen Taschenlampen an. Ein überwältigender Anblick. Ein Mensch wirkt daneben wie ein Streichholz.

Aber es sollte noch größer und noch gewaltiger kommen. Tane Mahuta, der Gott des Waldes, der größte aller Kauri-Bäume, war der Höhepunkt unseres Ausflugs. Langsam schritten wir in der Dunkelheit voran, alle Taschenlampen waren ausgeschaltet. Billy spielte auf einer traditionellen Maori-Flöte und sang ein kraftvolles *waiata*. Es war wie ein hochdramatisches Theaterstück, eine Prozession im Finstern. Und dann standen wir plötzlich vor ihm. »Tena koe, tena koe, tena koe o Tane Mahuta« – »Tane Mahuta, Herr des Waldes, wir begrüßen dich«, sagte Billy. In diesem Moment brach der Himmel auf und ein gewaltiger Wolkenbruch ergoss sich über uns. Aber niemand nahm davon Notiz. Gebannt standen wir alle vor dem Baum, der mit über 50 Metern majestätisch in die Höhe ragt. Man verliert leicht die Balance, wenn man auf der Besucherplattform direkt vor ihm steht und versucht, den Kopf in den Nacken gelegt, seine Krone zu sehen. Sie ragt weit über die anderen Baumwipfel in diesem Wald hinaus. Auch er ist an die 2000 Jahre alt und mit einem Volumen von 244 Kubikmetern der mächtigste unter allen noch lebenden Kauri-Bäumen. Auf ihm, in ihm und um ihn herum lebt eine ganze Welt von Pflanzen, Vögeln, Tieren und Insekten. Billy erzählte uns, wie Tane Mahuta in der Schöpfungsgeschichte seine Eltern, die Erdmutter und den Himmelsvater, getrennt und Licht und Leben in die Welt gebracht hatte.

Etwa vier Prozent des einstigen Bestandes an Kauri ist heute noch übrig. Schon die ersten Siedler fällten Kauri für den Bau ihrer Kanus und Versammlungshäuser. Aus dem Harz machten sie Tinte für ihre Tattoos. Als im 19. Jahrhundert die Europäer kamen, begann das Abholzen der Wälder im großen Stil. Kauri-Bäume eignen sich hervorragend für den Bau von Booten und Schiffen, für Häuser und Möbel. Schon bald entstand eine blühende Holzindustrie. Als Bauholz wurde Kauri vor allem nach Australien verschifft, aber auch nach Amerika und Europa. Das Harz wurde zur Herstellung von Lacken, Linoleum, Kunsthandwerk und Schmuckstücken verwendet. Dafür wurden die Stämme eingeritzt, sodass sie ausbluteten und abstarben. Die Bäume wurden aber auch abgebrannt, um Platz für Ackerland und Schafe zu schaffen. Bereits um 1900 waren drei Viertel des Bestandes gerodet. Aber irgendwann leuchtete es den Siedlern dann doch ein, dass es nicht sehr nachhaltig war, Bäume zu fällen, die mehrere Jahrhunderte brauchen, bis sie ausgewachsen und bereit zum Abholzen sind, und die in ihrem natürlichen Lebensraum ein wichtiger Bestandteil des Ökosystems sind.

Heute stehen Kauri unter Schutz. Das Abholzen wird bestraft und nur in Ausnahmefällen Maori für rituelle Zwecke, zum Bau von traditionellen Kanus, erlaubt. Allerdings sind sie einer neuen Gefahr ausgesetzt. In den 1970er Jahren wurde ein pilzartiger Krankheitserreger an Kauri-Bäumen auf Great Barrier Island entdeckt. »Kauri dieback« wurde die Krankheit genannt, die zum Absterben der Bäume führt. Der Erreger breitet sich immer weiter aus und bisher gibt es kein Mittel dagegen. In jedem Wald mit Kauri-Bäumen stehen daher Schilder mit Hinweisen auf die Gefahr, um die weitere Verbreitung zu verhindern. Zu Beginn unseres Weges mussten wir deshalb unsere Schuhe desinfizieren. Am Anfang des Pfades gab es ein Gitter am Boden und einen Hahn mit einer Dose, mit der wir unsere Schuhe besprühten.

Pohutukawa: Die Leibspeise der Possums und der Eingang zur Unterwelt

Am Cape Reinga, dem nordwestlichsten Punkt der Nordinsel, dort, wo die Tasmansee und der Pazifische Ozean aufeinandertreffen, steht ein schmächtiger Pohutukawa-Baum. Für die Maori ist dies der Eingang zur Unterwelt. Die Seelen ihrer Verstorbenen tauchen über die Wurzeln des Pohutukawa in eine Höhle ein, von der aus sie zurück nach Hawaiki, ihrer spirituellen Heimat, reisen. Wenn man den Baum sieht, kann man kaum glauben, dass an diesem windgebeutelten Ort, auf einer Felsspitze, die ins Meer hinausragt, irgendetwas überleben könnte. Aber der Baum lebt dort seit 800 Jahren.

Pohutukawa sind sehr widerstandsfähige Bäume, die bis zu 20 Meter groß werden und meist in mehrere kräftige, knorrige Stämme unterteilt sind. Eine weit ausladende Baumkrone bringt Stabilität und schützt das Wurzelwerk. Die Blüten sehen aus wie kleine Bälle mit Hunderten weicher Borsten. Im Sommer leuchten sie für kurze Zeit in den verschiedensten Rottönen, seltener auch in Gelb. Maori haben dem immergrünen Baum »Metrosideros excelsa« aus der Familie der Myrtengewächse den allgemein gebräuchlichen Namen Pohutukawa gegeben. Pohutukawa-Wälder säumten einst auch die nördlichen Küstengebiete Neuseelands. Heute findet man meist nur noch Einzelbäume vor. Die Pohutukawa wurden ebenfalls für den Schiffsbau und für Acker-

und Weideland gerodet. In den 1970er Jahren wurden dann die Possums mit einer Population von etwa 80 Millionen zu ihrer größten Bedrohung. Possums oder Fuchskusus sind flauschige Beuteltiere in der Größe einer Katze mit langem, buschigem Schwanz. Erste Siedler hatten sie 1837 aus Australien eingeführt, um eine Pelzindustrie aufzubauen.

»Die Possums sind sehr wählerisch, wenn es um Bäume geht, und leider sind Pohutukawa wie Eiskrem für sie. Es ist etwas in den Blättern, das sie ganz stark anzieht«, erzählt Bridget Abernethy, die Vorsitzende von Project Crimson, einer gemeinnützigen Stiftung, die 1990 zum Schutz der Pohutukawa und seiner nahen Verwandten, der ebenfalls rot blühenden Rata-Bäume, ins Leben gerufen wurde. Nur zehn Prozent des ursprünglichen Bestands waren zu diesem Zeitpunkt noch vorhanden. »Unsere ganz speziellen einheimischen Baumarten waren im Begriff, ausgerottet zu werden. Ein einziges Possum kann einen 100 Jahre alten Baum innerhalb von drei Jahren völlig vernichten.« Das Problem ist, dass die Possums oft jede Nacht an den gleichen Baum zurückkehren, seine Blätter fressen, seine Knospen, Blüten und vor allem die neuen Triebe. Die Bäume haben also keine Chance, sich zu regenerieren. Mit zwei Meter hohen Stahlgürteln um den Baum, sodass das Possum nicht hochklettern kann, versucht man einen Baum zu schützen.

Seit einigen Jahren ist es gelungen, die Possums einigermaßen in Schach zu halten. Aber es gibt eine neue Bedrohung: der Bauboom an den Küsten. Mancherorts fallen die feuerroten Weihnachtsbäume Häuserblocks zum Opfer oder werden gefällt, weil sie den Blick aufs Meer versperren. Es gibt aber auch Regionen, wo das Fällen von Pohutukawa unter Strafe steht. Tausende von ihnen und auch die artverwandten Rata-Bäume, die auf der Südinsel beheimatet sind, wurden in den vergangenen Jahren neu angepflanzt. Der Erhalt ihrer eigenen Flora und Fauna ist vielen Neuseeländern zu einer Herzensangelegenheit geworden.

Projekte zur Rettung der Natur

Töten für die Natur: Die systematische Ausrottung von Possums & Co.

Als ich erfahren hatte, wie gefährlich Possums für die einheimischen Pflanzen und Tiere sein können, wollte ich mehr darüber wissen. Ich erkundigte mich beim örtlichen Naturschutzverband »Royal Forest and Bird Protection Society«, von den Neuseeländern kurz Forest and Bird genannt. Sie machten mich mit Bill Milne bekannt, einem damals überaus fitten 81-Jährigen. Er war schon als Kind durch die Regenwälder Neuseelands gestreift. Seine Mutter hatte in ihm die Liebe für den *bush*, den Wald und die Natur, geweckt. Während seines Berufslebens als Wollinspektor für ein großes Auktionshaus besuchte er Schafzüchter auf der Nord- und Südinsel des Landes. In seiner Freizeit engagierte er sich im Wanderclub. In den 1960er Jahren wurde er mit Frau und Kindern aktives Mitglied von Forest und Bird.

Nach seiner Pensionierung widmete sich Bill Milne voll und ganz der Aufgabe, die heimische Tier- und Pflanzenwelt zu erhalten bzw. sie so weit wie möglich wieder in ihren ursprünglichen Zustand zu bringen. Dazu gehörte unter anderem, im Rimutaka Forest Park, einem großen Waldgebiet nahe der Hauptstadt Wellington, auf Possum-, Wiesel- und Rattenjagd zu gehen. Er lud mich ein, ihn zu begleiten. Gleich in der ersten Falle fanden wir ein totes Possum. Die Falle war um seinen Nacken zugeschnappt. Bill öffnete sie und nahm das Possum heraus. »Es ist ein junger Bock, wie es aussieht, ein junges, männliches Possum. Und ab geht's in den *bush* mit ihm.« Mit Schwung warf er das Tier ins Gebüsch. »Da wird es jetzt verrotten und zum Dünger werden.

Dann muss ich noch die Falle neu setzen, ein Stück Apfel hin-einlegen, und wenn ich morgen wiederkomme, wird ein neues Possum darin sein«, sagte er.

Possums haben sich in Neuseeland zu einer der schlimmsten Plagen entwickelt. 20 000 Tonnen heimischer Vegetation können sie in einer Nacht vertilgen. Sie fressen aber auch Vogeleier und junge Vögel sowie gefährdete Insekten, Schnecken und Fleder-mäuse. Kein Neuseeländer hat ein gutes Wort für sie übrig. Schäd-lingsbekämpfer Ian McFadden hatte als Naturliebhaber 1974 einen Job beim Department of Conservation (DOC), der Umwelt- und Naturschutzbehörde, angenommen. »Damals war mir nicht klar, dass ich mein Berufsleben mit dem Töten von Tieren verbringen würde. Es geht eigentlich darum, die Natur zu retten, aber dafür müssen wir töten. Mir liegt das überhaupt nicht, aber ich bin dazu bereit. Wer Kiwi-Vögel will, kann keine Wiesel dulden – so ein-fach ist das im Grunde genommen.« Ian McFadden hat sich das Töten im Namen der Natur nie leicht gemacht. Er setzte sich da-für ein, dass die Tiere zumindest einen »humanen Tod« erleiden. Aber am Töten führt kein Weg vorbei, wenn die heimische Tier- und Pflanzenwelt eine Überlebenschance haben soll.

Der Biologe Ben Bell berichtet von einem Versuch mit einem Stichbird oder Hihi, einem sehr zahmen einheimischen Vogel. Studenten konfrontierten ihn mit dem Modell eines Fressfeindes. »Als sie die Wieselattrappe sahen, haben sie sie untersucht, sind darübergeklettert und zeigten keinerlei Scheu. Einige der einge-führten Vögel waren dagegen instinktmäßig viel vorsichtiger. Die heimischen Vögel haben so lange ohne Säugetiere gelebt, dass sie kein natürliches Fluchtverhalten haben. Deshalb sind sie stark gefährdet.«

Der Kiwi, Neuseelands inoffizielles Wappen- und Nationaltier, schützt sich vor seinen natürlichen Feinden durch Tarnung, in-dem er sich nicht vom Fleck rührt und nur nachts aktiv ist. Des-halb ist er dem ebenfalls nachtaktiven Wiesel, das ihn riechen kann, völlig ausgeliefert.

Wiesel, Ratten und Possums gelten unter den eingeführten Tieren als die schlimmsten Plagen, wobei das Possum als Nationalfeind die Spitzenstellung innehat. Das an sich possierliche Tierchen, das in seiner Heimat Australien unter Schutz steht, wird in Neuseeland gehasst wie die Pest und auch als solche bezeichnet. Aufrufe und Kampagnen zum Töten von Possums gibt es seit Jahrzehnten. Auf den Straßen werden sie von Autofahrern gern plattgewalzt, in den Wäldern gejagt, in Fallen gefangen und eiskalt getötet.

Chris Mitchell, ein 18-jähriger Schüler, verdiente sich sein Taschengeld mit dem Verkauf der Felle. Er legte im Wald Trittfallen aus, Lebendfallen, die zuschnappen, wenn die Tiere darauftreten. Innerhalb von 24 Stunden – so die amtliche Vorschrift – müssen die auf diese Art gefangenen Tiere getötet werden. Mir wurde fast schlecht, als ich ein Possum in so einer Falle sah. Chris packte es am Schwanz, legte das zitternde Tier auf einen Baumstumpf und schlug ihm mit einem Hammer auf den Kopf. Für mich war es grauenvoll und brutal. Der hilfsbereite und sanftmütig wirkende Teenager hatte dagegen keinerlei Probleme, den verschreckten Possums den Todesschlag zu versetzen. Natürlich käme es gelegentlich auch vor, dass Ratten, Hermeline, Wiesel, Wildschweine oder auch verwilderte Katzen in die Fallen treten, ganz selten auch mal ein Kiwi, sagte er. Mitleid habe er jedoch nur mit Kiwis, erzählte er mir, während er dem noch warmen Possum das Fell abzog.

Für ein Kilo Fell, das sind etwa 18 tote Possums, bekam Chris damals 75 Dollar, rund 4 Euro. Die geplante Possum-Pelzindustrie ist in Neuseeland nie so richtig in Schwung gekommen. Ende der 1980er Jahre führten die weltweiten Anti-Pelzkampagnen zum Aus. Heute wird das Fell mit Merinowolle gemischt und zu sehr warmen, leichten und flauschigen Decken, Pullovern, Handschuhen und Schals verarbeitet. Possumfleisch wird als Hundefutter verwertet, und mancherorts wird auch versucht, es in Pastetenform als Delikatesse zu verkaufen.

Den Kampf gegen das Possum führen die Neuseeländer mit vielen verschiedenen Waffen. Umstritten ist der Einsatz eines Gifts, das als 1080 bekannt ist und in schwer zugänglichen Gegenden als Köder flächendeckend aus Hubschraubern abgeworfen wird. »Das große Problem, das viele Leute mit 1080 haben, ist der unbeabsichtigte Tod anderer Tiere, die vom Kadaver eines an 1080 verstorbenen Tiers fressen. Und dann bestehen auch Zweifel, ob 1080 nicht doch in der Umwelt, in Flüssen aktiv bleibt. Aber das ist überhaupt nicht bewiesen. Ich halte das für Haarspalterei«, sagte Bill Milne. Auch der Naturschutzverband Forest and Bird und die Umweltschutzbehörde DOC weisen Bedenken zurück. 1080, das als Wirkstoff die hochgiftige Substanz Natriummonofluoracetat enthält, wird in den USA hergestellt. 90 Prozent der Gesamtproduktion gehen nach Neuseeland. In vielen Ländern, einschließlich den USA, ist die Verwendung des Gifts stark eingeschränkt oder ganz verboten. In Neuseeland wird es als wirksames und sicheres Mittel zur Eindämmung der Possum- und Rattenplage propagiert. Es ist angeblich biologisch leicht abbaubar und soll daher keine Bedrohung für die Umwelt oder die menschliche Gesundheit darstellen. Possums sind auch Überträger der Rindertuberkulose. Sie gefährden also auch die riesigen Rinder- und Schafherden des Landes und damit das Herz der neuseeländischen Exportwirtschaft. 1080 ist sowohl effektiv als auch kostengünstig. Und bisher gibt es kein besseres Mittel, um die Possums in Schach zu halten.

Rund 150 Millionen Dollar bringt Neuseeland jährlich für die Schädlingsbekämpfung auf. Eine Menge Geld, aber trotzdem nicht genug. Schädlingsexperte Ian McFadden vergleicht den Erfolg mit dem Löschen von Waldbränden: Wenn ein Feuer gelöscht ist, bricht woanders das nächste aus.

DOC verwaltet ein Drittel der Landfläche Neuseelands. Nur ein Bruchteil davon kann tatsächlich so weit von Schädlingen befreit werden, dass die heimischen Arten geschützt sind. Ohne Unterstützung aus der Bevölkerung hätte die Behörde keine

Chance. Voller Stolz zeigte der zehnfache Großvater Bill Milne von seinem Wohnzimmerfenster auf eine 25 Hektar große Insel in der Bucht von Wellington.

1981 hatte er mit einem Freund begonnen, dort wieder heimische Bäume und Sträucher anzupflanzen. »Wir haben Pflanztage dort drüben. Im Winter sind manchmal an die 50 Leute da. Uns fehlt es nie an freiwilligen Helfern. Manche bringen Setzlinge von zu Hause mit. Das ist ein sehr erfolgreiches, ein sehr befriedigendes Projekt. Wenn man sieht, wie das alles wieder wächst – das tut so richtig gut.« Matiu/Somes Island ist seit den späten 1980er Jahren schädlingsfrei und zu einem Refugium für heimische Pflanzen und Tiere geworden. Auf der Insel leben, in unmittelbarer Nähe zur Hauptstadt Wellington, Zwergpinguine, Geckos, die Urzeitechse Tuatara und eine Vielzahl bedrohter Vogelarten. Hier haben sie eine Überlebenschance.

Ähnliche Projekte gibt es auch auf vielen anderen der Küste vorgelagerten Inseln Neuseelands, erläutert Ben Bell. »Durch die Programme zur Schädlingsbekämpfung hat Neuseeland viele Inseln in so was wie ihren ursprünglichen Zustand zurückführen können. Gefährdete Pflanzen und Tiere von anderswo können dann dort ausgesetzt und das Risiko gestreut werden. Die Inseln bieten diesen biologischen Flüchtlingen, die auf dem Festland mit den eingeführten Säugetieren nicht koexistieren können, eine Heimat.« In einer zweiten Projektphase wurden auf dem Festland solche schädlingsfreien Inseln geschaffen. Ein ganzes Netzwerk dieser Inseln soll das Überleben gefährdeter Arten garantieren.

Neuseeland kann in der Bekämpfung eingeführter Schädlinge beeindruckende Erfolge vorweisen, und es exportiert mittlerweile sein Know-how. Viele Inseln im pazifischen Raum kämpfen mit genau den gleichen Problemen. Neuseeland schickt Experten und Berater aber nicht nur nach Fidschi und Samoa, sondern auch auf Inseln im Indischen Ozean, nach Mauritius und auf die Seychellen, nach Mexiko, Hawaii, Schottland und Wales.

Der Erhalt der Artenvielfalt ist zum erklärten Ziel der neuseeländischen Regierung, der Naturschutzbehörde und der meisten
Neuseeländer geworden. Die Rede ist auch von einer moralischen
Verpflichtung der Menschheit gegenüber, diese außergewöhnli-
chen Tiere und Pflanzen zu erhalten. Die Frage ist jedoch, zu wel-
chem Preis. Gift ist im Moment noch unumgänglich, damit die
eingeführte Plage einigermaßen in Schach gehalten werden kann.
Langfristig setzen die Naturschützer und die Forscher jedoch ihre
Hoffnung auf genetische Manipulation, auf eine Sterilisation der
Unheilbringer. Aber das sind bisher noch Zukunftsträume.

Zealandia: Eine säugetierfreie Festlandinsel in der Hauptstadt

Bei Einbruch der Dämmerung zwitschert und piepst es in »Zealandia«, einem Schutzgebiet für einheimische Tiere und Pflanzen in Wellington. Die Vögel treibt es zu ihren Futterplätzen. Die
braun-roten Kaka, neuseeländische Waldpapageien, kreischen
am lautesten. Sie übertönen die Bellbirds, Tuis und Hihis, die
Weißköpfchen und die Sattelstare. Manche der Vögel hier wurden seit über 100 Jahren auf dem Festland nicht mehr gesehen. In
diesem Reservat, nur zwei Kilometer von der Innenstadt Wellingtons entfernt, nehmen ihre Populationen stetig zu.

Zealandia ist eine säugetierfreie urbane Festlandinsel, die
1999 geschaffen wurde und zum Vorbild für viele weitere wurde. Es ist ein weltweit einmaliges Experiment. Ein 225 Hektar
großes Tal wurde zu einer ökologischen Insel, auf der die ursprüngliche Tier- und Pflanzenwelt Neuseelands wieder hergestellt werden soll. Das Gebiet ist von einem Zaun umgeben, der
alle Schädlinge abhält. Ziegen, Schweine, Hunde und Katzen
wurden aus dem Gebiet verjagt; Wiesel, Possums, Ratten und
Mäuse ausgerottet. Heute kommen bis zu 100 000 Besucher im
Jahr in den Stadtteil Karori, um Kiwis und andere seltene Tiere
in der Wildnis zu sehen.

Ich machte eine Führung in der Dämmerung mit, als gerade ein junger Tuatara in den internationalen Schlagzeilen war. Es war seit zweihundert Jahren das erste Mal, dass ein solches Reptil aus der Zeit der Dinosaurier auf dem Festland in freier Wildbahn geschlüpft war. Die Biologin und Park-Managerin Raewyn Empson war noch ganz euphorisch von dem Fund: »Einen neugeborenen Tuatara hier zu finden war extrem aufregend. Wir wussten, dass es Eier gab und dass manche der Jungen in dieser Saison schlüpfen würden. Aber wir haben uns zurückgehalten, wir wollten keine Nester ausgraben. Wir lassen der Natur hier freien Lauf.« Ein Besucher hatte den jungen Tuatara, der über einen niedrigen Zaun innerhalb des Geländes geklettert war, entdeckt.

Raewyn Empson nahm seine Maße und setzte ihn dann wieder aus.

Tuatara sind Brückenechsen und werden bis zu 70 Zentimeter lang. Sie haben ein legendäres drittes Auge, mit dem sie vermutlich sehen können, wie hell oder dunkel es gerade ist. 200 dieser faltigen, olivgrün bis grauen Brückenechsen wurden in Zealandia ausgesetzt, in der Hoffung, dass sich der Bestand vergrößert. »Unser Ziel ist es, eine überlebensfähige Population zu bekommen. Die Tiere leben sehr lange, sie werden an die 100 Jahre alt. Aber sie brauchen zehn bis fünfzehn Jahre, bis sie geschlechtsreif werden.« Es wird also noch einige Zeit dauern, bis diese Babys ihre eigenen Nachkommen haben werden.

Es gibt noch mehr solche »lebenden Fossilien« in diesem Schutzgebiet. Die kleinen Maud-Insel-Frösche und die hässlichen Weta, zu denen viele Neuseeländer eine Art Hassliebe entwickelt haben. Die heuschreckenartigen Tiere, von denen es über 70 Arten gibt, sind braun und haben lange Fühler oder Antennen und meist keine Flügel. Manche sehen wirklich grotesk aus mit ihren großen schwarzen Augen. Wetapunga haben die Maori die größte Art der elf verschiedenen Riesenweta genannt. Übersetzt wird dies oft als »Gott der hässlichen Dinge«. Punga war der Sohn des Meeresgottes Tangaroa, und alle seine Nachfahren sind in der Mythologie der Maori abstoßend und ekelerregend. Der Wetapunga wird an die zehn Zentimeter lang und bringt bis zu 35 Gramm auf die Waage, das heißt, er kann größer und schwerer als ein Spatz oder eine Maus werden. Als ich meinen ersten Weta in unserem Garten entdeckt habe, war mir zunächst etwas mulmig zumute. Aber ich habe mich daran gewöhnt, ihnen ab und zu zu begegnen. Die Riesenweta sind allerdings seit 100 Jahren auf dem Festland ausgestorben. In Zealandia hat man sie wieder angesiedelt und hofft, eine stabile Population aufzubauen. Im Schutzgebiet gibt es auch Baumweta, die in Baumstämmen leben, und Höhlenweta sowie Leuchtkäferchen, bedrohte Geckos und Skinke.

Raewyn Empson kennt jeden Vogel, der in Zealandia zwitschert. »Das war ein Sattelstar«, sagt sie und erzählt von seiner Rettung, einer der ersten großen Erfolgsstorys des Naturschutzes in Neuseeland. »Der Sattelstar ist im späten 19. Jahrhundert auf dem Festland ausgestorben. Die Vögel nisten gern in Löchern in Bäumen und suchen auf dem Boden nach Futter. Für Raubtiere sind sie daher leichte Beute. 39 von ihnen haben wir im Jahr 2002 ausgesetzt. Heute sind es mindestens 100. Sie haben sich im ganzen Tal verbreitet.«

Der flugunfähige Südinseltakahe ist ein ganz seltener Vogel, der bereits 50 Jahre lang als ausgestorben galt, bevor er 1948 wieder entdeckt wurde. Es ist ein Kranichvogel, ein Purpurhuhn in der Größe einer Hausgans. Mit seinen türkisfarbenen, bräunlichgrünen und purpur-blauen Federn und leuchtend roten Beinen gehört er zu den farbenfroheren Tieren Neuseelands. Seinen pinkfarbenen Schnabel mit der roten Hornplatte über dem Gesicht versteckt er gern im Boden, um nicht gesehen zu werden. Trotz eines aufwendigen Schutzprogramms ist es bisher nicht gelungen, in ganz Neuseeland eine autarke Population von 500 Takahes zu etablieren.

Einer der seltensten Vögel überhaupt ist der Kakapo. Er ist weltweit der größte Papagei und der einzige, der nicht fliegen kann. Trotz enormer Schutzmaßnahmen ist er vom Aussterben bedroht. Im Jahre 1995 gab es trotz bereits jahrzehntelang laufender Rettungsaktionen nur noch 51 Kakapos. Seitdem ist es zumindest gelungen, den Bestand auf über 130 zu erhöhen. Die Eulenpapageien leben in freier Wildnis auf drei raubtierfreien Inseln. Jeder Vogel und jedes Ei wird von einem Team professioneller und freiwilliger Naturschützer bewacht und umsorgt. Sirocco, ein von Menschenhand aufgezogener Kakapo, hat die Spezies international bekannt gemacht. In einer Fernsehsendung der BBC über »Die Letzten ihrer Art« versuchte er, sich vor laufender Kamera mit einem Zoologen zu paaren. Er dient als Sprecher für die missliche Lage seinesgleichen und reist durch die Zoos und Wildparks von Neuseeland, wo die Besucher Schlange stehen, um ihn zu sehen. So war es auch im Jahr 2011, als er zum ersten Mal nach Zealandia kam. »Eine fantastische Gelegenheit für die Bewohner von Wellington und für Besucher, einem der seltsamsten, seltensten und charismatischsten unter unseren einheimischen Arten persönlich zu begegnen«, sagte Raewyn Empson.

Kaum war die Dunkelheit hereingebrochen, meldete sich auf unserem Spaziergang auch schon ein erster Kiwi zu Wort. »Psst«, flüsterte Raewyn Empson. »Das war ein Männchen. Wahrscheinlich hören wir jetzt gleich ein Weibchen.« Und so war es. Auf die hohen Pfeiftöne des Männchens antwortete das Weibchen mit tiefen, krächzenden Rufen. 40 der vom Aussterben bedrohten Zwergkiwis wurden im Schutzgebiet ausgesetzt und zeugten bereits im ersten Jahr Nachwuchs. Wir haben sie an diesem Abend nur gehört, aber manchmal begegnet man ihnen auch auf den Pfaden.

Zealandia ist es zu verdanken, dass einheimische Singvögel seit nunmehr vielen Jahren wieder in den meisten Gärten und Parkanlangen Wellingtons zu hören und zu sehen sind. Ein ganz großes Comeback haben die Tuis gemacht, blauschwarze Vögel mit weißer Halskrause. Ihr Repertoire an Tönen ist enorm und sie können auch sehr gut andere Vögel und Geräusche imitieren.

Vor ein paar Jahren machte uns ein Tui ganz konfus, als er originalgetreu die Ankündigung einer SMS auf unseren Smartphones nachahmte.

Zealandia hat im Tierreich enorme Erfolge vorzuweisen. Bis sich allerdings die Pflanzenwelt vollständig regeneriert hat, wird es noch lange dauern. »Wir blicken bei diesem Projekt 500 Jahre in die Zukunft«, erklärte Raewyn Empson. »So lange wird es ungefähr dauern, bis die Setzlinge, die wir jetzt pflanzen, ihre volle Größe erreicht haben und zu Riesen des Waldes werden.«

Mit Hilfe privater Initiativen von Natur- und Umweltschützern sind mittlerweile überall im Land säugetierfreie Festlandsinseln entstanden – mit und ohne schädlingssichere Zäune. In großen Waldgegenden werden ausgesuchte Gebiete durch intensives Fallenlegen und Jagen von Schädlingen freigehalten und mit heimischen Bäumen bepflanzt, sodass bedrohte Tiere dort eine Zuflucht finden können. Eine dieser Inseln ist der Rimutaka Forest, wo ich mit Bill Milne und Chris Mitchell auf Possumjagd ging. Tausend Hektar Land wurden in diesem Gebiet von freiwilligen Helfern schädlingsfrei gemacht, sodass DOC den Naturschützern schließlich die Erlaubnis erteilte, Kiwis dort auszusetzen.

Koste es, was es wolle: Der Kiwi darf nicht aussterben

»Wir haben für den Kiwi-Schutz mehr Geld als für jede andere Art in Neuseeland. Der politische und der Wille in der Bevölkerung sind da, für Kiwi Gelder auszugeben«, sagt Avi Holzapfel, der deutschstämmige Koordinator für die Schutzmaßnahmen zur Rettung des Kiwi. Neuseelands Maskottchen und inoffizielles Nationaltier darf nicht aussterben. Darin sind sich die Neuseeländer einig. Ihr Nationalstolz würde das nie zulassen. Es gibt mehrere Kiwi-Arten, und sie gelten entweder als gefährdet oder stark in ihrer Existenz bedroht. Ohne Rettungsmaßnahmen würden sie langsam, aber sicher dem Aussterben entgegengehen. Die Gesamtpopulation ist von einst über zehn Millionen auf etwa

70 000 geschrumpft. Zum Schutz dieses einmaligen Vogels sind seit Mitte der 1990er Jahre landesweit Projekte ins Leben gerufen worden, die zum großen Teil auf die Mithilfe der Bevölkerung angewiesen sind.

Ich durfte zweimal als Journalistin freiwillige Helfer bei ihrer Arbeit zur Rettung der Kiwis im Rimutaka-Wald begleiten. Diese Exkursionen begannen damit, dass ich mich jedes Mal durch Wanderungen auf die steilsten Hügel rund um Wellington fit machen musste. Denn die Kiwis leben natürlich in den am schwersten zugänglichen Gebieten dieses Walds, dort, wo nur selten Menschen unterwegs sind, weitab von den Wanderpfaden. Das erste Mal ging ich mit zum Eierstehlen. Den Kiwi-Schützern gefällt dieser Begriff zwar nicht so gut, aber das ist es, was sie tun. Sie holen die Eier aus den Nestern der Kiwis, um sie vor ihren Feinden zu schützen. Aber alles der Reihe nach.

An einem Samstagabend, etwa drei Stunden vor Einbruch der Dunkelheit, traf ich mich mit Peter Cooper vom »Rimutaka Forest Park Trust«, einer Stiftung zum Schutz des Rimutaka-Waldes, und drei weiteren Helfern, die er gerade als Fährtensucher und/oder Eierdiebe ausbildete. Der schmale Pfad schien mehr oder weniger senkrecht nach oben zu gehen und schon nach einer halben Stunde war ich, trotz wochenlangem Training am ganzen Körper schwitzend und völlig außer Puste, nahe daran, aufzugeben. Aber das wollten die freundlichen Neuseeländer natürlich gar nicht zulassen und so durfte ich die nächsten anderthalb Stunden vorweglaufen und somit das Tempo bestimmen.

Das Nest von Marcel, einem Kiwi-Männchen, war unser Ziel. Marcel hat einen winzigen Funksender am Bein, der Signale aussendet. Damit können seine Beschützer seine momentane Position bestimmen, mit wem er sich paart, wo er sein Nest baut, wie lange er nachts durch die Wälder streift. Peter Cooper erklärte: »Dieses Tonsignal hier sagt uns, wie es um die Batterie steht, um welche Uhrzeit er letzte Nacht sein Nest verlassen hat, und wie lange er in der Nacht zuvor unterwegs war.

Vorsichtig hangelten wir uns daraufhin die steile Böschung hinunter, stolperten über Wurzeln, suchten Halt an Lianen, Baumstämmen und Gestrüpp. Unterhalb und in gebührendem Abstand von Marcels Nest schlugen wir in der einbrechenden Dämmerung unser Lager auf. Das heißt, jeder suchte sich einen einigermaßen ebenen Sitzplatz auf dem mit Gräsern, Farnen, Moosen und Schwämmen bewachsenen Hang, legte seine Regenjacke unter und packte die mitgebrachten Sandwiches und die Thermoskanne mit Tee aus. Da saßen wir dann in der Dunkelheit und lauschten auf die Funksignale von Marcel, der den ganzen Tag über auf seinen Eiern gesessen hatte. Der braun gefiederte Vogel, der ungefähr so groß ist wie unser Haushuhn, musste irgendwann hungrig werden. »Wenn wir Pech haben, kann das noch einige Stunden dauern«, warnte uns Peter Cooper. Wir waren darauf eingestellt, dass wir uns möglicherweise die ganze Nacht um die Ohren schlagen würden. Die Nacht war klar und zwischen den Baumwipfeln sahen wir den Sternenhimmel. »Morepork«, hörten wir eine Eule rufen und dann das Zwitschern und Trillern einer Maorigerygone, eines endemischen Singvogels. Und dann kamen sie, laut und durchdringend, die schrillen Pfiffe von Marcel. Sie sind das Zeichen für seine Partnerin, Huia, dass er für das nächtliche Treffen bereit ist. Es dauerte auch nicht lange, bis sie ihm antwortete und sie dann gemeinsam auf Nahrungssuche gingen, nicht ahnend, dass vier Menschen auf der Lauer lagen, die ihr Nest plündern wollten.

Peter Cooper war mit dabei, als im Rimutaka Forest Park 2006 die ersten sechs Kiwis ausgesetzt wurden. Wie die meisten Neuseeländer hatte er noch nie einen Kiwi in freier Natur gesehen. Die flauschigen Tiere mit ihren superlangen Schnäbeln und birnenförmigen Körpern hatten es ihm sofort angetan. Seit diesem Zeitpunkt setzte er sich im Rahmen des Kiwi-Projekts der Rimutaka-Wald-Stiftung tatkräftig für ihr Überleben ein. Er machte sich zunächst als Webdesigner nützlich, wurde dann aber sehr schnell in den Arbeitsablauf eingebunden und Vizepräsident. »Heute kümmere ich mich unter anderem um die akustischen Aufzeichnungen und das Waldrestaurierungsprojekt. Jedes Jahr unterstützen mich große Unternehmen beim Bäumepflanzen. Es gefällt mir sehr gut und irgendwie finde ich auch noch Zeit für meinen eigentlichen Job. Den mache ich aber hauptsächlich nachts.«

Das Interesse am Kiwi-Schutz ist groß. Mittlerweile gibt es neuseelandweit mindestens 80 private Kiwi-Projekte, von Landbesitzern, Interessenverbänden, Umweltschutzgruppen. Ihr Beitrag zur Rettung des Kiwis ist inzwischen größer als der von Naturschutzbehörden und anderen staatlichen Institutionen. Dank dieses starken Engagements der Bevölkerung ist es gelungen, den Rückgang des Gesamtbestands der Kiwis auf etwa zwei Prozent pro Jahr zu reduzieren. Der Biologe Avi Holzapfel: »Wir haben fünf Arten von Kiwis in Neuseeland, und alle diese Arten sind in ganz verschiedenen Umständen. Von manchen leben nur noch 300 oder 400 Individuen. Andererseits ist unsere Arbeit gerade mit dieser Art so gut, dass deren Zahl nun wieder zunimmt. Dann gibt es andere Arten von Kiwis, von denen es noch vielleicht 15 000 oder 20 000 Individuen gibt. Deren Zahl schrumpft aber. Sicher ist nur, dass der Artenschutz von Kiwis sehr positive Ergebnisse zeigt, wir aber weiter dranbleiben müssen.«

Dem Kiwi das Überleben zu sichern heißt in erster Linie, seine Feinde zu bekämpfen. Das sind vor allem Hermeline, Frettchen und Hunde, aber auch verwilderte Katzen und Wildschweine. Im 19. Jahrhundert wurden Kiwi-Federn überdies als Hut- und Kleidungsschmuck nach Europa exportiert. Das hatte der damals noch riesigen Kiwi-Population bereits einen gewaltigen Schlag versetzt. Die Jagd auf Kiwis wurde zwar 1896 verboten, sagt Neuseelands Kiwi-Experte Hugh Robertson von DOC. »Aber Hunde, Frettchen und Katzen wissen das natürlich nicht. Kiwis werden sehr alt, 40 bis 50 Jahre, manche sogar 80 bis 100 Jahre. Uns ist es bis vor 30 Jahren überhaupt nicht aufgefallen, dass ihre Zahl zurückging. Bis die Naturschutzbehörde von Jägern und Wanderern erfuhr, dass sie keine Kiwi-Rufe mehr hörten. Das hat die Behörde schlagartig aktiv werden lassen.«

Der erste Schritt war damals eine Bestandsaufnahme. Das Ergebnis war deprimierend: Die Bestände aller Kiwi-Arten waren stark dezimiert. Es war klar, dass der Kiwi dem Aussterben entgegenging. Diese Situation war für das Selbstverständnis der Neuseeländer völlig unannehmbar, sagt Avi Holzapfel: »Neuseeländer identifizieren sich mit dem Kiwi. Kiwi heißt unsere Währung. Neuseeländer nennen sich Kiwi. Das ist historisch gesehen ein Zufall. Aber es hat sich einfach so entwickelt, dass dieser kleine Vogel, der nicht fliegen kann, der kaum zu sehen ist, der seine ganz eigene, seltsame Art hat zu leben, ein Symbol geworden ist für die Eigenart von Neuseeländern. Neuseeländer sehen sich schon so als ein bisschen was Besonderes, und das ist ein ungewöhnlicher Vogel und das passt schon zusammen.«

Dieser Vogel, der nicht gut sehen, aber ausgezeichnet hören und riechen kann, hat seine Nasenlöcher vorne am Schnabel. Mit ihm stochert er in der Nacht im Boden herum, auf der Suche nach Würmern, Insektenlarven, Körnern und Früchten. Sein braunes Gefieder erinnert mehr an Haare als an Federn. Er hat keinen Schwanz, aber starke Beine und scharfe, kräftige Krallen. Mit ihnen kann sich ein erwachsener Vogel gegen Kleinräuber wie Hermeline verteidigen, nicht aber ein Küken von 600 Gramm. Um die Überlebenschancen der Jungtiere zu erhöhen, werden daher angebrütete Eier der Kiwis aus ihren Nestern geholt und in ein Brutzentrum gebracht.

»Vorsicht!«, »Aufpassen!«, warnte Peter Cooper immer wieder, als wir zu Marcels Nest aufbrachen. »Da geht's tief runter!« Er hatte den Weg noch bevor es dunkel wurde mit fluoreszierenden Wäscheklammern abgesteckt. Es ist ziemlich abenteuerlich, mit Stirnlampen in der Nacht durch den dicht bewachsenen Urwald zu stapfen. Das Nest war tief unter Wurzelwerk versteckt. Peter Cooper musste seinen ganzen Arm in den Bau stecken, bis er schließlich in der hintersten Ecke ein Ei ertastete. »Der hat sich seinen Bau ganz schön tief hineingegraben. Es scheint aber schon der richtige zu sein. Ja, ja, ich spüre ein Ei –

und das Ei ist warm«, rief er schließlich. Ganz vorsichtig holte er es aus dem Nest. Es war riesig – fast so groß wie seine Hand. 30 Tage lang tragen die Kiwi-Weibchen ein oder zwei im Verhältnis zu ihrem Körpergewicht gigantisch große Eier aus. Danach brüten bei den meisten Arten die Männchen die Eier aus.

In der mitgebrachten Thermobox wurde das Ei warm und sicher verstaut und auf schnellstem Weg in eine Brutstation gebracht, die vorher informiert wurde, dass mitten in der Nacht ein Kiwi-Ei geliefert würde. Wenn die Küken ausgeschlüpft sind, kommen sie in ein Freilandgehege oder auf eine raubtierfreie Insel. Sie bleiben da so lange, bis sie ein Gewicht von mindestens einem Kilogramm erreicht haben und sich gegen Feinde zur Wehr setzen können. Dann werden sie wieder dort ausgesetzt, wo die Eier herkamen. Ihre Überlebenschancen in der Wildnis sind dann um ein Vielfaches höher. »Operation Nestegg« heißt diese Strategie, die sich für bestimmte Arten bewährt hat und für Gegenden wie den Rimutaka-Wald, wo der Kiwi-Bestand erst wieder aufgebaut werden musste.»›Operation Nestegg‹ ist sehr arbeitsintensiv und ziemlich teuer. Es kann nur im kleinen Rahmen stattfinden, aber es hat sich als die beste Art herausgestellt, den Bestand der seltensten Arten zu steigern«, sagt Hugh Robertson. »In anderen Gegenden mit einem größeren Bestand auf einem großen Gebiet ist der Einsatz von Fallen und Gift gegen die räuberischen Säugetiere effektiver. Wir versuchen auch, die Bevölkerung über die Gefahr, die von Hunden ausgeht, aufzuklären.«

Hunde sind in manchen Gegenden zur größten Bedrohung für Kiwis geworden. Den flugunfähigen Vögeln fehlt ein Brustbeinkamm und eine schützende Flugmuskulatur. Wenn ein Hund sie mit dem Maul packt, zerquetscht er ihnen daher sofort den Brustkorb, und sie sind auf der Stelle tot. Da sie sehr intensiv riechen, sind sie leicht aufzuspüren. »Wenn ein Hund sich erst einmal daran gewöhnt hat, Kiwis zu jagen, kann er sehr, sehr viele Kiwis in sehr kurzer Zeit erlegen. Es gab diesen schrecklichen Vorfall im Waitangi-Wald in den 1980er Jahren, wo ein einziger Hund vermutlich innerhalb von sechs Wochen 500 Kiwis getötet hat. Das war über die Hälfte des ganzen Bestandes in diesem Wald.«

Zu solchen Rückschlägen kommt es immer wieder. Aber es gibt auch viele erfolgreiche Projekte. Im Rimutaka-Wald, einem 22 000 Hektar großen Gebiet, wurde auf einem Siebtel der Fläche eine Festlandinsel geschaffen. Auf die ersten 30 Kiwis, die dort ausgesetzt wurden, folgten weitere aus verschiedenen Genpools. Ihre Population ist inzwischen auf etwa 100 gewachsen. Während anfangs alle Eier in Brutstationen gebracht wurden, werden die meisten Küken heute in der Wildnis ausgebrütet. Es stellte sich heraus, dass ihre Überlebenschancen gar nicht so schlecht sind.

Die arbeitsintensive und mühsame Überwachung mit Antennen und Funksendern wird schrittweise durch neuere Technologien unterstützt und ersetzt. Peter Cooper hat acht wetterfeste, digitale Aufnahmegeräte im Einsatz. »Das vermittelt uns einen ständigen Nachweis über die akustischen Signale im Wald, einen fantastischen Einblick in das, was dort los ist. Die Software ermöglicht es uns, Tausende von Aufnahmestunden sehr schnell zu analysieren.« In einem weiteren Pilotprojekt ist geplant, bewegungsempfindliche Kameras mit Infrarotsensoren im Wald und in Kiwi-Bauten auszulegen. Eine große Arbeitserleichterung sind auch neue, im Auftrag der Naturschutzbehörde entwickelte Fallen, mit denen bis zu 24 Hermeline, Possums, Wiesel oder Frettchen getötet werden können, bevor sie neu ausgelegt werden müssen.

Ich spürte meine Zehen von dem steilen Abstieg in jener Nacht noch tagelang. Aber als Peter Cooper mich dazu einlud, ein zweites Mal mit ihm auf Kiwi-Suche zu gehen, sagte ich voller Begeisterung sofort zu. Dieses Mal sollte ich einen Kiwi tatsächlich zu sehen bekommen. Colin hieß das Kiwi-Männchen, das wir aufspüren wollten. »Wir sind sehr stolz auf Colin«, klärte mich Peter Cooper auf. »Er war einer der ersten, die im Wald geboren wurden und jetzt selbst Vater geworden sind. Wir haben uns oft über sein mickriges Stimmchen lustig gemacht, aber seitdem er Vater geworden ist, kräht er richtig laut. Fantastisch.« Peter

Cooper sollte an diesem Vormittag seinen Bau finden und die Eingänge markieren, falls es nötig würde, die Eier zu evakuieren und in eine Brutstation zu bringen. »Das machen wir aber nur noch im Notfall.«

Wir suchten lange nach einem Signal von Colin, aber irgendwann war es so weit. Es war ein sehr steiler, dicht bewachsener Abhang, den wir uns hinunterhangeln mussten. Wir flüsterten nur noch, um Colin nicht zu verschrecken. Sein Nest war extrem gut getarnt. Es lag in einem vollkommen überwachsenen Teil eines hohlen Baumstumpfs auf einem kleinen Vorsprung auf dem Steilhang. Peter Cooper markierte es mit einem orangefarbenen Plastikbändchen auf einem Ast und hoffte sehr, dass niemand hierherkommen musste, um Colins Eier herauszuholen. Dann sah er Anzeichen eines Wildschweins, das ganz in der Nähe den Boden aufgekratzt hatte. »Das ist kein gutes Zeichen«, meinte er und drückte mir die Taschenlampe mit Rotlicht in die Hand. Wir quetschten uns vorsichtig aneinander vorbei und dann stand ich vor dem Eingang zum Nest, leuchtete hinein und Colin saß direkt vor mir auf seinem Ei. Ein absolutes Glücksgefühl durchdrang mich in diesem Augenblick. Ehrfürchtig und wie gebannt schaute ich ihm in die Augen – und schlich mich leise wieder davon. Ich war überwältigt. Die Euphorie hielt Stunden an. Meine Mundwinkel hatten sich nach oben verzogen und verharrten dort.

Erst am nächsten Tag merkte ich, dass ich mir beim Abstieg zum Nest die Schulter ausgerenkt haben musste. Die Schmerzen blieben mir mehrere Wochen lang erhalten und der Traum, zum Kiwi-Schützer im Rimutaka Forest Park zu werden, nahm im gleichen Maße ab wie auch mein Fitnesslevel.

Manche mögen's warm: Pinguine in Neuseeland

»Es ist schwer zu sagen, warum Pinguine diese Anziehungskraft auf uns Menschen haben. Vielleicht hat es damit zu tun, dass sie gewisse Ähnlichkeiten mit uns haben. Sie gehen aufrecht, sie wissen sich besser zu kleiden als wir – sie sehen so aus, als würden sie immer im Smoking unterwegs sein. Einerseits versuche ich ja, Wissenschaftler zu sein und meinen Studienobjekten neutral gegenüberzustehen. Aber dann geht es mir auch wie einem Kind, das in einem Pinguin ein flauschiges Spielzeug sieht. Ich liebe sie einfach.« Diese Worte von Lloyd Spencer Davis, einem Pinguinforscher an der Otago Universität in Dunedin, sind mir aus dem Herzen gesprochen. Ich war hellauf begeistert, als ich hörte, dass es auch in Neuseeland Pinguine gibt. Meistens verbindet man sie doch mit riesigen Kolonien von Kaiser- und Königspinguinen im endlosen Eis der Antarktis. Offensichtlich schätzen aber auch Pinguine ein wohltemperiertes Klima.

Wer weiß schon, dass in Neuseeland mehr Pinguinarten leben als in irgendeinem anderen Land – insgesamt sechs oder sieben von den 16, 17 oder auch 18 Pinguinarten, je nachdem, welcher Forschungsrichtung man sich anschließen will. Zahlreiche Fossilienfunde weisen auch darauf hin, dass Neuseeland im Mittelpunkt der Pinguinevolution stand.

Ähnlich wie Kiwis haben auch Pinguine eine ziemlich große Lobby. Ich war mit dabei, als der ehemalige Manager des neuseeländischen Beringungsprogramms auf Matiu/Somes Island vor mehreren Jahren freiwilligen Helfern zeigte, wie man Ringe an den Flossen der Zwergpinguine anbringt. »Die Hand um den Hals und über die Augen legen. Mit der anderen Hand den Körper nach unten halten, sodass nur die Flosse durchkommt«, erklärte Rod Cosse. Als er den neu beringten Pinguin niedersetzte, drehte dieser sich um und biss seinen Peiniger so kräftig in den Finger, dass es blutete. Daraufhin ergriff er ganz schnell die Flucht.

In Oamaru, einer Kleinstadt auf der Südinsel, kann man mit ein wenig Glück Gelbaugenpinguine sehen. »Sie sind den ganzen Tag auf See fischen, schwimmen vielleicht 15 Meilen hinaus«, erzählte Jim Caldwell, ein ehrenamtlicher Ranger der Naturschutzbehörde DOC. Er sorgt seit vielen Jahren dafür, ihre Feinde,

Hermeline, Frettchen und Wiesel, verwilderte Katzen sowie frei laufende Hunde, vom Strand fernzuhalten.

»Da kommt einer aus dem Wasser«, rief er. »Er hat hoffentlich einen vollen Magen und geht jetzt zu seinem Platz, wo er jede Nacht hingeht.« Aber nein, der Pinguin ging zurück ins Nasse. »Da ist noch einer. Deshalb ist er zurückgegangen. Das könnte sein Partner sein. Aber das lässt sich schwer sagen. Erst, wenn wir die Ringnummer an ihren Flossen sehen, wissen wir, ob die beiden ein festes Paar sind.«

Die Yellow-Eyed Penguins gibt es heute nur noch im Süden der Südinsel Neuseelands und auf zwei seiner subantarktischen Inseln. Forscher schätzen die Gesamtpopulation der vom Aussterben bedrohten Tierart auf 5000 bis 6000. Der Name kommt von dem gelben Streifen, der von den gelben Augen ausgehend den Kopf des Pinguins umringt. Bis zu 70 Zentimeter wird er groß und bringt bis zu acht Kilo auf die Waage. Er ist der drittgrößte Pinguin der Welt. Die Maori nennen ihn Hoiho – Schreihals.

Am Bushy Beach schritt er an diesem Tag ganz gemächlich über den Strand und kletterte durch das struppige Gebüsch die Klippe hoch zu seinem Nistplatz. »Vor einigen Jahren hat sich kein Pinguin am Strand aufgehalten, weil die Menschen mit Hunden unterwegs waren«, erzählte Jim Caldwell. »Deshalb sind die Pinguine, sobald sie aus dem Wasser kamen, schnurstracks über den Strand gelaufen und im Gebüsch verschwunden. Aber seitdem hier ein Schutzgebiet ist, kratzen sie sich gern erst ein bisschen und begrüßen sich am Strand.« Jim Caldwell legt Fallen für die Fressfeinde der Pinguine aus und pflegt verletzte Vögel. Ende der 1980er Jahre wurde Bushy Beach zum Schutzgebiet erklärt. Schilder fordern jetzt dazu auf, den Strand am Nachmittag zu meiden, denn das ist die Zeit, wenn die scheuen Gelbaugenpinguine von ihrem Seegang an Land kommen. Von einem Pfad, der oben an der Klippe entlangführt, kann man sie jedoch beobachten, ohne sie zu stören.

In Oamaru leben aber nicht nur etwa 30 der seltenen Gelbaugenpinguine, sondern auch an die 3000 Zwergpinguine. Die Stadt präsentiert sich gern als Pinguin-Hauptstadt Neuseelands. Dabei ist es noch gar nicht so lange her, dass die Tiere von manchen als Plage betrachtet wurden. Die Zwergpinguine scheuen nämlich nicht davor zurück, ganz cool über die Straßen zu schreiten und ihre Nester unter Wohnhäusern oder Hotels zu bauen. »In den 1980er Jahren war der Stadtrat gar nicht glücklich, dass einige Pinguine am Hafen nisteten und beschuldigten sie sogar, unbefugt städtischen Grund zu betreten«, berichtete David Houston, ein weiterer DOC-Mitarbeiter. »Über die Jahre hat sich diese Einstellung langsam ins Gegenteil gewendet. Denn jetzt sind sie eine Touristenattraktion und ziehen an die 35 000 Besucher pro Jahr an.«

David Houston ist auch wissenschaftlicher Berater der »Blue Penguin Colony«, einem Zwergpinguin-Informations- und Beobachtungszentrum am Hafen von Oamaru. Dort hatten sich die Vögel früher in einem alten Steinbruch unter abgelagerten Pfeilern, Bauholz und Stacheldrähten ihre Nester gebaut. Doch der Müll wurde weggeräumt, ein Rasen angelegt und der Platz eingezäunt. Houston und seine Helfer haben Büsche und Bäume angepflanzt und Nistkästen ausgelegt. Die blaugrauen Pinguine, die jedes Jahr an den gleichen Orten brüten, hatten gegen die Modernisierung nichts einzuwenden.

Von einer Holztribüne aus können Besucher jetzt beobachten, wie sie jeden Abend in der Dämmerung vom Fischfang nach Hause kommen. »Der Zwergpinguin ist mit einer Größe von 30 Zentimetern und einem Gewicht von einem Kilogramm der kleinste Pinguin der Welt.« Mit diesen Worten beginnt Jenny Aitkin vom Informationsbüro eine kurze Einführung, bevor sie die Touristen aus aller Welt dem täglichen Spektakel überlässt. Mit Quaken kündigen die Zwergpinguine ihre Ankunft an. Langsam klettert einer nach dem anderen am Felsstrand aus dem Wasser. In Zehnergrüppchen stehen sie beieinander, breiten ihre Flügel zum Trocknen aus und schnattern um die Wette. Bis schließlich einer die Initiative ergreift und weiter nach oben klimmt. Vorn-übergebeugt watscheln die anderen hinterher. Ganz geschäftig überqueren sie noch ein kleines Stück Weg, klettern durch die Abzäunung und dann geht es flugs zu ihren Nistplätzen. Wehe, wenn sich dort ein Fremdling zu schaffen macht. Dann kann es mitunter hoch hergehen und das Quaken sehr laut werden. Bei diesem Lärm wundert es mich nicht, dass sich manche Leute darüber beklagen, wenn sich die Tiere bei ihnen unterm Haus einquartieren.

Zwerg- und Gelbaugenpinguine sind relativ gut erforscht. Über die meisten anderen Pinguinarten, die Dickschnabel-, Felsen-, Kronen- oder Snarespinguine ist vergleichsweise wenig bekannt. Das kommt daher, dass sie in schwer zugänglichen Küstengegen-den oder auf Inseln nisten. »Auf die subantarktischen Inseln zu gelangen, kann ein logistischer Albtraum sein und ist auf jeden Fall sehr teuer«, erklärt Lloyd Spencer Davis. »In Neuseeland wird es problematisch, wenn allein der Schiffstransport für ein Forschungsprojekt 50 000 oder 60 000 Dollar kostet.«

Paarungsstrategien, Brutverhalten, die Entwicklungsbiologie der Pinguine und ihre Nahrungsbeschaffung stehen im Mittel-punkt der Forschungen von Lloyd Spencer Davis. Er räumt mit dem Mythos auf, dass Pinguinpaare sich ein Leben lang treu blei-ben. Beide kümmern sich zwar fürsorglich um die Aufzucht ihres Nachwuchses, wechseln sich mit dem Ausbrüten der Eier ab und gehen abwechselnd auf See, um Nahrung für die Küken zu su-chen. Aber die Scheidungsrate schätzt Davis auf 50 Prozent. Viele Arten sind auch jederzeit für einen Seitensprung zu haben. »Sie sind rund um die Uhr aktiv, haben überall Affären.«

Von den meisten neuseeländischen Pinguinen ist über ihre Aktivitäten an Land wenig bekannt. Fast gar nichts weiß man jedoch über ihre Zeit im Ozean, wo sie den weitaus größten Teil ihres Lebens verbringen. Wo gehen sie auf Nahrungssuche, was fressen sie, wie tief tauchen sie? Mit diesen Fragen beschäf-tigt sich der deutsche Meereszoologe Thomas Mattern in einer

Langzeitstudie an der Universität von Otago. Er befestigt dafür Action-Camcorder auf dem Rücken von Pinguinen. Schon seit Jahren experimentiert er mit Datenloggern und GPS-Sendern, die Aufschluss über ihr Tauchverhalten geben. »Das ist natürlich toll, dass wir jetzt genau wissen, wo sie langgetaucht sind.« Neuerdings erkennt man auch die Möglichkeit, Pinguine zur Erforschung der Ökologie der Meere einzusetzen. Lloyd Spencer Davis: »Pinguine haben das Potenzial, unsere biologischen Monitore zu werden. Wenn wir diese Geräte auf ihnen anbringen, die die Meerestemperaturen messen und den Salzgehalt und wissen, in welcher Tiefe sie sich befinden und wo sie sich genau aufhalten, dann können wir damit auch die Gesundheit des Ozeans überwachen.«

Die Forscher klagen, dass es an der politischen Bereitschaft fehle, Gelder für die Grundlagenforschung zur Verfügung zu stellen. Die Pinguine auf Snares Island zum Beispiel haben keine natürlichen Feinde, die neuseeländische Naturschutzbehörde erteilt praktisch keine Besuchererlaubnis für die Insel und ihre Population von 28 000 scheint ziemlich stabil zu sein. Thomas Mattern fürchtet, dass dies nicht genug ist, um den Schutz der Vögel sicherzustellen. »Die fischen genau in dem gleichen Ozean, in dem auch enorme Fischereiflotten unterwegs sind. Wenn die Fischerei den Snarespinguinen die Nahrungsgrundlage entzieht, dann ist diese Art sofort ausgestorben.«

Zu denken gibt den Forschern in diesem Zusammenhang auch, dass die Population der Felsenpinguine stark zurückgegangen ist. »Es mag durchaus sein, dass die Veränderungen, denen die Pinguine im Meer zweifellos ausgesetzt sind, außerhalb unserer Kontrolle liegen. Wenn eine globale Erwärmung die Veränderungen im Meer hervorruft, dann gibt es sehr wenig, das wir auf kurze Sicht für die Pinguine tun können und dann sind ihre Aussichten zumindest für die kommenden Jahre nicht sehr rosig«, sagt David Thompson, Meeresbiologe am Nationalen Institut für Wasser und Atmosphärenforschung (NIWA) in Wellington.

Ölunfälle sind eine ständige Gefahr für Pinguine auf offener See. Schon kleinste Ölflecken auf ihren Federn können für sie tödlich sein. Ein zunehmender Pinguintourismus macht ihnen ebenfalls zu schaffen. Aber selbst, wenn alle Pinguine Neuseelands aussterben würden, hätte das für das Ökosystem der Meere keine katastrophalen Folgen, sagt Lloyd Spencer Davis. Obwohl sie in der Nahrungskette ziemlich weit oben stehen und trotz ihrer Vielfalt. Ihre Gesamtzahl ist zu gering.

Katzen raus aus Aotearoa?

»Dieser kleine Fusselball, den du besitzt, ist von Natur aus ein Killer.« So heißt es auf der Webseite des neuseeländischen Unternehmers, Millionärs und Philanthropen Gareth Morgan. Anfang 2013 startete er eine Kampagne mit dem reißerischen Titel: »Cats to go« – »Katzen müssen weg«. Katzen seien Serienkiller und töteten die einheimischen Vögel, schrieb er und rief dazu auf, Hauskatzen nicht unbedingt gleich zu töten, aber nach ihrem Ableben auf keinen Fall zu ersetzen. Der Vorstoß machte international Schlagzeilen und brachte Katzenfreunde und ihre Gegner gegeneinander auf.

Die 26-jährige Nicki Fuller ist nicht gut auf Gareth Morgan zu sprechen. Die Erinnerung an Übergriffe auf Katzen in den Wochen und Monaten nach dem Aufruf nimmt sie sichtlich mit. »Für manche Leute sind Katzen wie Kinder, und es ist schrecklich, wenn sie hören, dass andere ihnen den Tod wünschen.«

Katzen wurden damals in tödliche Possumfallen gelockt, aufgehängt, erschossen, erschlagen oder mit durchschnittenen Kehlen aufgefunden. Die Stimmung war explosiv. Katzenfreunde und ihre Gegner lieferten sich aggressive Wortgefechte in Funk und Fernsehen. Als ich Gareth Morgan danach befragte, lächelte er zufrieden. »Mir ging es darum, das Thema ins Gespräch zu bringen. Das ist gelungen. Obwohl ich in den zwei Wochen plötzlich der meistgehasste Mensch Neuseelands war. Ich hatte das ja selbst verursacht.« Gareth Morgan ist überzeugt davon, dass er mit der Zeit viel mehr Leute auf seine Seite gebracht hat. »Der Schutz und die Wiederherstellung der Natur sind den Neuseeländern ein großes Anliegen, und es ist eine äußerst schwierige Aufgabe.«

Neuseeländer lieben ihre Natur. Sie zählen aber auch zu den größten Katzenliebhabern der Welt. Fast jeder zweite Haushalt hat mindestens eine Katze. Nicht einmal der Vogelschutzverband, »Forest and Bird«, hatte es bis dahin gewagt, die Hauskatze als Vogelmörder zu brandmarken. Biologen bestätigen zwar, dass Katzen Vögel jagen, Ökologen wie John Flux bezweifeln aber, dass es Sinn hat, sie auszumerzen. Er hält diese Idee sogar für gefährlich. »Man muss die Konsequenzen eines jeden Schritts sehr sorgfältig bedenken. Wenn eine Art weniger wird, vermehrt sich eine andere, und man weiß nie, wie sich das entwickeln wird. Wenn man irgendetwas in Neuseeland ausrotten will, dann sollte man mit den Mäusen am Ende der Nahrungskette anfangen oder mit den Possums, die gar nicht in der Nahrungskette sind. Dann sollte man sich die Kette hinaufarbeiten: Mäuse, Ratten, dann Wiesel und Hermeline und dann Katzen. Bis dahin helfen die Katzen, die anderen unter Kontrolle zu halten, weil sie an der Spitze der Nahrungskette stehen.«

Da auch manche eingeführten Vögel schädlich für das Ökosystem sind, kann es sogar von Vorteil sein, dass Katzen Vögel fressen, meint John Flux. Er hat eine Studie über das Jagdverhalten seiner eigenen Katze im Lauf von 17 Jahren veröffentlicht und kam zu dem Resultat, dass sie Schädlinge in Schach hielt und insgesamt von Nutzen war. Unterdessen arbeiteten Tierschutzvereine und Universitäten an weiteren Katzenstudien. Gareth Morgan ließ in 100 Gärten in der Hauptstadt Webcams installieren, die Tag und Nacht alles aufzeichneten, was sich bewegt. »Es wird interessant für die Leute sein, den direkten Beweis vor Augen zu haben, wie viele Katzen jede Nacht über ihr Grundstück laufen, es unbefugt betreten. Wir haben in Neuseeland keine Vorschriften, die das unerlaubte Betreten fremder Grundstücke durch Katzen regeln. Katzen können herumwandern und tun und lassen, was sie wollen – in deinem Garten koten und Tiere töten. Und die Toxoplasmose (eine Krankheit, die durch Katzenkot übertragen werden kann) habe ich noch gar nicht erwähnt, weil ich nicht vom Umweltschutz ablenken wollte. Aber das ist ein ernsthaftes Problem, wenn die Katzen in deinem Garten, da, wo die Kinder spielen, ihr Geschäft erledigen.« Auch das wollte Gareth Morgan zur Sprache bringen. Er erhoffte sich einen ähnlichen Aufschrei, wenn die Beweise vorlägen, wo die Katzen sich jede Nacht herumtreiben. Aber der Aufschrei blieb aus. Die Medien räumten der Geschichte keinen großen Platz mehr ein.

Gareth Morgan arbeitet weiter darauf hin, dass Hauskatzen nicht mehr ins Freie sollen. Vor dem Parlament plädierte er dafür, dass alle mit einem Mikrochip registriert werden. Dann sollte jeder Grundstücksbesitzer streunende Katzen in einem Käfig fangen und verpflichtet werden, sie in städtische Zwinger zu bringen, wo registrierte Tiere an ihre Besitzer zurückgegeben und unregistrierte getötet würden.

Die Praxis des nationalen Tierschutzvereins, streunende Katzen zu kastrieren und dann wieder auszusetzen, führte zu erbitterten Auseinandersetzungen zwischen dem Vorsitzenden des Vereins und Gareth Morgan. Sie gipfelten in der Forderung »Keine Spenden mehr an den Tierschutzverein«. Aber das ging den friedfertigen Neuseeländern nun doch zu weit, und das Gegenteil trat ein – es gab mehr freiwillige Zuwendungen für die organisierten Tierschützer. Gareth Morgan hindert dies nicht daran, weiterhin viel Geld in seine Kampagne für ein katzenfreies Neuseeland zu stecken. »Man muss nur die Beweise zusammentragen und wenn die Öffentlichkeit voll informiert ist, dann ist sie auch vernünftig«, meint er.

Zu diesem Zeitpunkt die Katzen zu verteufeln, erscheint jedoch verfrüht. Neuseeland von allen eingeführten Raubtieren zu säubern, ist eine Idealvorstellung, die sicherlich in der Theorie ihre Anhänger findet. In der Praxis erweist es sich jedoch als äußerst schwierig, auch nur im Kampf gegen Possums, Ratten, Frettchen, Wiesel und Hermeline die Oberhand zu gewinnen. Die Kosten sind hoch, der Aufwand ist riesig. Und trotz großer Bemühungen sind noch viel zu viele einheimische Arten in ihrer Existenz bedroht. Die große Hoffnung ruht darauf, dass mit Hilfe weiterer technischer und wissenschaftlicher Fortschritte die außergewöhnliche Tier- und Pflanzenwelt erhalten bleiben kann.

Vom britischen Außenposten im Pazifik zur pazifischen Nation

Der Vertrag von Waitangi

»Dieser Vertrag war größtenteils das Ergebnis der menschenfreundlichsten Ideen des britischen Humanismus. Diejenigen, die ihn an jenem 6. Februar unterzeichneten, hofften auf das Beste, doch wurde das Dokument schließlich zum umstrittensten Problem des politischen Lebens Neuseelands.« Michael King über den Vertrag von Waitangi in »The Penguin History of New Zealand«.

Der am 6. Februar 1840 zwischen Großbritannien und 40 führenden Maori-Häuptlingen unterzeichnete Vertrag, dem sich 500 weitere Häuptlinge in den folgenden acht Monaten anschlossen, gilt heute als das Gründungsdokument Neuseelands. Er war von britischer Seite ohne die Hilfe von Juristen in größter Eile verfasst und in buchstäblich letzter Minute von Missionaren auf Maori übersetzt worden. Nach einer nur eintägigen Debatte unterzeichneten die Maori-Häuptlinge den Vertrag, der sie zu britischen Bürgern machte und Neuseeland zur britischen Kolonie.

Um 1840 lebten etwa 2000 Europäer und 100 000 Maori in Neuseeland. »Die Maori waren eine sehr gut organisierte und höchst effektive militärische Kraft. Sie lernten den Gebrauch europäischer Waffen sehr schnell, und sie lernten auch sehr schnell lesen«, sagt der Historiker und Autor Jock Phillips. »Die Situation unter den europäischen Siedlern war dagegen ziemlich chaotisch. Es waren vorwiegend Männer in sehr unsteten Verhältnissen. Die Europäer glaubten daher, Recht und Ordnung herstellen zu müssen. Und sie brauchten vor allem auch die Erlaubnis, mehr Briten anzusiedeln. Das war nur durch einen Vertrag mit der einheimischen Bevölkerung machbar. So gesehen war der Vertrag viel mehr ein Zeichen der Stärke der Maori als eine gute Tat von Seiten der Europäer. Die Europäer handelten im Grunde genommen aus einer Position der Schwäche heraus.«

Die meisten Maori hatten damals grundsätzlich nichts gegen die weißen Siedler, mit denen sie bis dahin relativ gut ausgekommen waren. Die im Handel mit ihnen erworbenen Gewehre hatten ihre Stammeskriege auf eine ganz andere Basis gestellt. Der Vertrag schien ihnen das Eigentum ihrer genutzten Ländereien, Wälder und Fischgründe zu garantieren, den Erhalt ihrer Kultur und eine Teilhabe an der Macht. Die Maori unterzeichneten aber einen Vertrag, dessen Übersetzung sich in einem wesentlichen Punkt von der englischen Version unterschied. »Sie gingen davon aus, dass der Vertrag ihnen ihren Landbesitz garantierte und die *rangatiratanga*, was sie als die Amtsgewalt ihrer Häuptlinge interpretierten, das Recht ihrer Häuptlinge, bedeutete Macht auszuüben«, erläutert Jock Phillips. In der englischen Fassung war jedoch von *sovereignty* die Rede und das beinhaltete, dass die Staatshoheit der Königin von England, Queen Victoria, übertragen wurde. Die Briten waren daher davon überzeugt, dass sie das Recht hatten, Gesetze zu erlassen, die von allen befolgt werden mussten.

In den folgenden Jahren trafen Zehntausende neuer Siedler ein. Im Vertrag hieß es, dass nur die britische Krone berechtigt war, den Maori Land abzukaufen. Daran hielt sich jedoch schon bald niemand mehr. Da Grundbesitz bei den Maori der Gemeinschaft gehörte und nicht einer Einzelperson – was den Briten fremd war –, führte dies zu Streitereien unter den Maori und zu ernsthaften Konflikten zwischen Maori und Pakeha, den europäischen Einwanderern.

Im Norden erkannte der Maori-Krieger Hone Heke als einer der Ersten, dass es ein Fehler gewesen war, den Vertrag zu unterzeichnen. Als Akt des Widerstands fällte er den Mast mit der britischen Flagge, das Symbol der britischen Macht. »Innerhalb von fünf Jahren brach im Norden aufgrund von Landkonflikten Krieg aus. Zur Verteidigung ihres Landes und ihrer Rechte schlossen die dortigen Maori ein Bündnis gegen den Verkauf von Land. 18 000 britische Soldaten landeten daraufhin in Neuseeland. Die Maori sind sehr, sehr gute Krieger, und es kam zu blutigen und schrecklichen Zusammenstößen«, sagt Jock Phillips. In den kommenden Jahren folgten weitere Kämpfe mit anderen Stämmen, in anderen Gegenden. Die sogenannten Neuseelandkriege dauerten von 1845 bis 1872. Am Ende waren Maori in weiten Teilen des Landes enteignet worden, selbst Stämme, die sich der Regierung gegenüber loyal verhalten hatten. Ihre politische und wirtschaftliche Macht war gebrochen. »Die meisten Neuseeländer erinnern sich nicht gern an die Neuseelandkriege und halten sie auch nicht für besonders wichtig. Aber die meisten Maori würden sagen, dass sie ein wichtiges Ereignis waren.«

Ende des 19. Jahrhunderts war die Anzahl der Maori aufgrund der Kriege und eingeschleppter Krankheiten auf 42 000 geschrumpft. Von weißen Siedlern wurden sie schon als aussterbende Rasse bezeichnet. Aber sie täuschten sich. Junge Maori organisierten sich in der Young Maori Party und bildeten eine neue politische Kraft, aus der die bedeutendsten Maori-Führer der ersten Hälfte des 20. Jahrhunderts hervorgingen. Sie versuchten, ihre Kultur neu zu beleben, indem sie westliches Wissen und neue Erkenntnisse integrierten, und setzten sich für Verbesserungen im Gesundheitswesen und im Kampf um Landrechte ein. Eine radikale Veränderung ergab sich nach dem Zweiten Weltkrieg, als viele Maori auf der Suche nach Arbeit vom Land in die Städte zogen. Traditionelle Stammesstrukturen lösten sich auf, und kulturelle Identitäten gingen verloren. Gleichzeitig schärfte sich ein Bewusstsein für die Folgen der Kolonisation. Die Protestbewegung der 1970er Jahre begann schließlich, Rechte für Maori einzufordern.

»In den 1970er Jahren rebellierten Maori öffentlich«, erklärt Peter Adds, Professor für Maori-Studien an der Victoria Universität in Wellington. »Es gab eine politische Bewegung von Maori-Aktivisten, die sehr lautstark um ihre Rechte kämpften. Der Vertrag von Waitangi wurde wieder politisiert.« 1975 machte sich Whina Cooper mit ihrer Enkelin von der Nordspitze des Landes aus auf einen über 1000 Kilometer langen Protestmarsch nach Wellington. Er ging als »Maori-Landmarsch« in die Geschichte ein und gilt als Beginn der Bewegung für die Landrechte der Maori. Sie forderten, dem Verkauf von Maori-Land sowie weiterer Landnahme und Enteignungen Einhalt zu gebieten. Mit 5000 Unterstützern traf die 79-jährige Whina Cooper in Wellington ein und überreichte der Regierung eine Liste mit 60 000 Unterschriften.

Im gleichen Jahr wurde das »Waitangi Tribunal« eingerichtet. Vor diesem Tribunal werden seitdem Rechtsfragen geklärt, die auf den Vertrag zurückgehen. Das Tribunal trifft zwar keine bindenden Entscheidungen, aber es spricht Empfehlungen aus, die es Maori später ermöglicht haben, Landrechte einzuklagen und Entschädigungen einzufordern. »Die Einrichtung des Waitangi Tribunals war ein wichtiger und bedeutsamer Versuch, den Vertrag zum ersten Mal wirklich ernst zu nehmen«, sagt Jock Phillips. Seitdem wurden auch aktive Fördermaßnahmen für Maori eingeführt, Land wurde zurückgegeben und Wiedergutmachungen ausgehandelt. Die bisherigen finanziellen Abfindungen liegen in Milliardenhöhe. Einige Stämme erhielten mehrere hundert Millionen Dollar. »Es hat den Stämmen eine Basis für ihre wirtschaftliche Entwicklung gegeben«, erläutert Jock Phillips. »Das war wichtig. Aber noch viel wichtiger war die offizielle Anerkennung ihrer Klagen. Der Verlust ihres Landes und ihrer Kultur hatte sie seit drei oder vier Generationen sehr gekränkt. Dass dies von der Gesellschaft als Unrecht anerkannt wurde, war extrem wichtig.«

1974 wurde der 6. Februar zum offiziellen Feiertag erklärt. Gedenkveranstaltungen in Waitangi, dort, wo der Vertrag unterzeichnet wurde, gab es schon früher. Sie gehen einher mit kulturellen Vorführungen, Ansprachen und Debatten. Maori-

Aktivisten nutzen den Tag oft für Protestaktionen. Dazu gehört das Hissen der *tino-rangatiratanga*-Flagge, die seit 1990 als Symbol für die Autonomie der Maori steht. Während der Feier zum 150. Jahrestag des Vertrages warf eine junge Maori-Frau ein nasses T-Shirt auf Königin Elizabeth II., die im offenen Wagen angerollt war. Der ehemalige Führer der National Party Don Brash wurde während einer Rede mit Schlamm beworfen. Als Labour-Partei-Führerin fühlte sich Helen Clark einmal so gedemütigt, dass ihr Tränen in den Augen standen. Die Polizeipräsenz ist jedes Jahr groß, und Verhaftungen sind häufig.

Für die meisten Neuseeländer ist Waitangi-Day dagegen nichts weiter als ein freier Tag mitten im Sommer. Sie gehen an den Strand, zu einem Kricketspiel oder zu einem der vielen Freiluftkonzerte, die gewöhnlich an diesem Tag stattfinden. Seit einigen Jahren halten Maori ihre *marae,* ihre Versammlungshäuser, an diesem Tag für Besucher offen und bieten einen Einblick in ihre Kultur. In London ansässige Kiwis feiern den Waitangi-Day mit einer Kneipentour und einem Haka vor dem britischen Parlament. Die wenigsten machen sich wirklich Gedanken über die Bedeutung dieses Nationalfeiertages. Jock Philipps ist der Meinung, dass ein angemessenes Ritual, das diesem Tag wirklich gerecht würde, bisher noch nicht gefunden wurde. »Es gibt Bestrebungen, Gemeinden Gelder für Waitangi-Day-Feiern zur Verfügung zu stellen. Aber dann kommen immer Bedenken und es gibt Auseinandersetzungen darüber, ob es ein Tag nur für Maori und Pakeha sein sollte, oder ob man einen multikulturellen Tag daraus macht und alle Bewohner Neuseelands mit einbezieht.«

Neuseelands Gründungsdokument führt bis auf den heutigen Tag zu Zwistigkeiten und Reibereien. Aber zumindest findet eine öffentliche Debatte statt. Ein Weg nach vorne wäre, über die Wiedergutmachungen hinaus, den Vertrag von Waitangi als Grundlage für eine neue neuseeländische Verfassung zu nehmen, als Basis für ein Regierungssystem, das sich auf eine echte Partnerschaft gründet, so wie es die Verfasser des Dokuments angeblich vorgesehen hatten. Eine Partnerschaft, die auf gegenseitigem Respekt beruht, bei der den Werten der Maori das gleiche Recht zugesprochen wird wie den Werten der europäischen Siedler.

Starke Frauen

»Wo sonst auf der Welt regieren Amazonen? Du könntest die Premierministerin töten – sicherlich gibt es einen Vizepremier –, aber nach unseren Gesetzen bildet der Parlamentssprecher die Zwischenregierung. Danach kommt der Generalgouverneur. Wenn diese drei weg sind, dann folgt als Nächstes der Leiter des Obersten Gerichtshofs – alle sind Frauen. Ich habe nichts dagegen, dass ›front bums‹ (wörtlich übersetzt: Vorderhintern) gefördert werden, aber dass sie Frauen sind, sollte keine Rolle spielen. Diesen Krieg haben sie doch gewonnen.« Das sagte John Tamihere in einem Interview mit dem christlich-konservativen *Investigate Magazine* am 4. April 2005.

Als wir nach Neuseeland auswanderten, schien es tatsächlich so, als hätten die Frauen in Neuseeland die Macht übernommen. Helen Clark war Premierministerin, Silvia Cartwright Generalgouverneurin, Sian Elias Vorsitzende des Obersten Gerichtshofes. Margaret Wilson hatte als Generalstaatsanwältin einen der wichtigsten Kabinettsposten inne. Theresa Gattung war CEO des größten Telekommunikationsunternehmens Telecom. Die Anzahl von Frauen in gehobenen Managementpositionen war damals doppelt so hoch wie in Deutschland.

Georgina Beyer, eine Labour-Abgeordnete, war das erste offen transsexuelle Parlamentsmitglied weltweit, der Grünen-Politiker Nándor Tánczos Neuseelands erster und einziger Rastafari im Parlament. Es war Mai 2003, und der Krieg im Irak war angeblich bereits zu Ende. Helen Clark hatte sich geweigert, sich mit den USA gegen den Irak zu verbünden, und die Invasion offiziell verurteilt. Ich freute mich, in ein augenscheinlich so fortschrittliches Land gezogen zu sein.

Konnte es damit zusammenhängen, dass Neuseeland das erste Land war, in dem Frauen 1893 das aktive Wahlrecht erhielten? 20 Jahre lang hatten sie dafür gekämpft. Den männlichen Ureinwohnern war dieses Recht bereits 1867 gewährt worden – auch das war unter Ländern mit indigener Bevölkerung einmalig. Maori waren zur gleichen Zeit vier Sitze im Parlament zugesichert worden.

Diese erste Welle der Frauenbewegung in Neuseeland wurde von Suffragetten wie der schottischstämmigen Kate Sheppard getragen, deren Porträt noch heute die Zehn-Dollar-Banknote ziert. Sie legte dem Parlament 1893 eine Petition vor, die von einem Drittel aller volljährigen Frauen Neuseelands unterzeichnet war. Die Sozialreformerin und Frauenrechtlerin war Anhängerin der »Women's Christian Temperance Union« (WCTU), einer aus der Abstinenzbewegung hervorgegangenen Frauenorganisation, die von Europa und den USA auch nach Neuseeland geschwappt war. Ihre Mitglieder hofften, den weitverbreiteten Alkoholismus eindämmen zu können, wenn Frauen das Wahlrecht hätten. 1893 wurde auch die erste Frau im gesamten britischen Empire in einer Kleinstadt in Neuseeland zur Bürgermeisterin gewählt. Bald darauf gab es die erste promovierte Ärztin und die erste Juristin. »Sie mussten sich endlose Witze über ihre Berufswahl anhören und ständige Andeutungen, wenn nicht gar Anschuldigungen, die ihre Kompetenz aufgrund ihres Geschlechts in Frage stellten«, schreibt Michael King in »The Penguin History of New Zealand«. »Allein die Tatsache, dass sie taten, was sie taten, und professionell und privat überlebten, war eine enorme Ermutigung für andere Frauen, ähnliche Berufswege einzuschlagen.« Frauenorganisationen schossen zu dieser Zeit überall aus dem Boden, und die Lage der Frauen wurde durch ein Scheidungsgesetz 1898 weiter gestärkt.

Der indigenen Bevölkerung war mit der Kolonisation ein patriarchalisches System übergestülpt worden. Missionare und die ersten Siedler hatten ein bestimmtes Verständnis von der Rolle der Frau und schrieben die Geschichte der Maori dementsprechend um. »Die Vorstellung von Frauen als Führerinnen und Sprecherinnen für ihre Großfamilie und ihren Stamm überstieg das Begriffsvermögen der Siedler oder der Repräsentanten der Krone, die den Vertrag von Waitangi aushandeln sollten. Sie konnten sich nur vorstellen, dass man mit Männern verhandelte«, schreibt die Juristin Annie Miakaere in der juristischen Fachzeitschrift *Waikato Law Review* 1994. Maori-Frauen waren aufgrund der Kolonisation der gleichen Diskriminierung ausgesetzt wie Pakeha-Frauen. Sie kämpften mit ihnen für das Wahlrecht, aber darüber hinaus auch um die Selbstbestimmung der Maori und ihre Landrechte.

Whina Cooper ist eine von vielen Maori-Frauen des 20. Jahrhunderts, die sich für die Rechte der Frauen und der Maori im Allgemeinen engagierten. Als erste Vorsitzende des Wohlfahrtsverbands »Maori Women's Welfare League« setzte sie sich für ein besseres Bildungs-, Wohnungs- und Gesundheitswesen ein. Unter ihrer Leitung wurde die Organisation zu einem einflussreichen Interessenverband für Maori und Whina Cooper entwickelte sich zu einer führenden Kraft. Sie wurde später unter ihresgleichen als Mutter der Nation gefeiert.

Zu einem zweiten Aufschwung der neuseeländischen Frauenbewegung kam es gegen Ende der 1960er, Anfang der 1970er Jahre. Sie war geprägt von den Bürgerrechtsbewegungen in den USA und Europa. Eine Vielzahl neuer Fraueninitiativen entstanden. Feministinnen schlossen sich mit Maori zusammen, die um Landrechte und die Anerkennung ihrer Kultur kämpften. Sie verbündeten sich mit Vertretern der Friedensbewegung und der Gegenkultur, wandten sich liberalen, sozialistischen und anarchistischen Gruppen zu. Frauen forderten Gleichberechtigung. Sie erstritten sich den Zugang zu Kneipen, die »nur für Männer« waren, kämpften gegen die Diskriminierung am Arbeitsplatz und gegen männliche Gewalt. Die Wirtschaftswissenschaftlerin Marilyn Waring erklärte die Berechnung des Bruttoinlandsprodukts für sexistisch, da es die unbezahlte Arbeit, die Frauen verrichten, nicht berücksichtigt. Mit ihrem Buch »If Women Counted« (Wenn Frauen zählten) schuf sie ein Werk, das zur Begründung der feministischen Ökonomie als akademische Fachrichtung beitrug. Waring war 1975 mit 23 Jahren das jüngste Parlamentsmitglied und in ihrer zweiten Amtszeit die einzige Frau in der Regierungsfraktion. 1984 brachte sie den Premierminister Robert Muldoon zum Sturz, als sie drohte, mit der Labour-Opposition für ein atomwaffenfreies Neuseeland zu stimmen. Er rief daraufhin Neuwahlen aus und verlor.

1990 lag der Frauenanteil im Parlament bei 15 Prozent, 1996 bei 30 Prozent. Das war eine spektakuläre Errungenschaft und erfolgte ohne Quotenregelung. Nur leider hat sich an diesem Prozentsatz seitdem nicht mehr viel geändert. Auch die Anzahl von Frauen in gehobenen Führungspositionen in der Wirtschaft stagniert bei etwa 30 Prozent. Die Forderung nach gleichem Lohn für gleiche Arbeit wird immer wieder erhoben. Frauen verdienen hier rund 12 Prozent weniger als Männer und stehen damit im internationalen Vergleich relativ gut da, aber die Verhältnisse sind trotzdem nicht ideal. Frauen sind überproportional in Niedriglohn-Jobs vertreten. Es gibt zu wenig Kindergartenplätze und häusliche Gewalt ist weiterhin ein Problem. Auch hier wird sexuelle Belästigung am Arbeitsplatz noch immer verharmlost und bei Vergewaltigungen Opfern leicht die Mitschuld gegeben.

Neuseeland gilt als vorbildlich in der frühkindlichen Erziehung und hat seit 2013 die Homo-Ehe legalisiert. Es hat den Trend zu weniger Eheschließungen erkannt und bereits im Jahr 2000 im »Property Relations Act« verankert. Dieses Gesetz verhilft sogenannten De-facto-Partnern zu gleichen Rechten wie Ehepartnern. Als eheähnliche Gemeinschaft gilt eine Beziehung, die mehr als drei Jahre andauert, wobei eine gemeinsame Wohnung nicht unbedingt eine Voraussetzung dafür ist. Sollte die Beziehung auseinandergehen, dann wird der gemeinsame Besitz nach diesem Gesetz »fair geteilt«. Das heißt, eine Frau, die ihre eigene Berufstätigkeit unterbrochen hat, um die Kinder großzuziehen oder dem Partner eine Ausbildung zu gewährleisten, hat im Falle einer Trennung einen rechtlichen Anspruch auf die Besitztümer des Partners. Diese progressive Gesetzgebung ermöglichte es auch mir, mit meinem De-facto-Partner in Neuseeland einzuwandern.

Inzwischen habe ich mich daran gewöhnt, dass das Barbecue in Neuseeland eine Männersache ist. Da stehen sie vereint mit dem Bier in der Hand, diskutieren und drehen dabei sachkundig Würstchen und Steaks von einer Seite auf die andere. Und obwohl meine neuseeländischen Freunde nichts davon hören wollen, fällt mir doch immer wieder auf, dass selbst in Wellingtons intellektuellen Kreisen auf Partys Frauen zumindest in Grüppchen zusammensitzen und anderswo die Männer zueinandergefunden haben. In konservativen Gegenden auf dem Land ist das sicherlich noch viel häufiger der Fall.

Unangenehm überrascht war ich, als ein Elektriker, der schon mehrmals bei uns im Haus war, mich auf einmal mit »love« ansprach und offensichtlich mit mir zu flirten versuchte, als er mich alleine antraf. Entsetzt war ich, als der Politiker John Tamihere seine Kolleginnen einschließlich der Premierministerin als »front bums« bezeichnete. Aber was ist ein »front bum« überhaupt? Wörtlich übersetzt bedeutet es vorderes Hinterteil und ich vermutete zunächst, dass damit der Busen gemeint sei. In den folgenden Tagen stellte ich fest, dass viele andere das auch angenommen hatten, aber dass es sich in Wirklichkeit um die Scheide handelte. Mich wunderte, dass Tamihere seinen Posten behalten durfte. Bis dahin war er sogar als möglicher erster Maori-Premierminister im Gespräch gewesen. Beim nächsten Kostümfest – Kiwis nehmen jede Gelegenheit wahr, sich zu verkleiden – machte ich mir einen Abdruck meines Hinterteils aus Pappmaché und band ihn mir, in Anlehnung an die wörtliche Übersetzung, vor den Bauch. Ich gewann dafür einen Preis.

John Tamihere leistete sich noch einige Ausrutscher, bevor

seine politische Karriere dann doch beendet war. Helen Clark gewann eine dritte Legislaturperiode und blieb bis 2008 Premierministerin. Danach wurde sie als Leiterin des Weltentwicklungsprogramms der Vereinten Nationen die mächtigste Frau innerhalb der UN. Sie war die erste Premierministerin in Neuseeland und die erste Frau, die das dritthöchste Amt der Vereinten Nationen innehatte. Es wird nicht ausgeschlossen, dass sie sich als Nachfolgerin von Ban Ki-Moon um das Amt des Generalsekretärs der UN bewerben wird. Das wäre das erste Mal, dass eine Frau an der Spitze der UN stehen würde, und Neuseeland würde wieder einmal Geschichte machen.

An der Situation der Frauen in Neuseeland hat sich dagegen, seitdem die konservative National Party 2008 an die Macht kam, nicht mehr viel verbessert. Die Drohung, das Frauenministerium abzuschaffen, machte die Regierung zwar nicht wahr, aber bezeichnend sind vielleicht doch einige Ansichten der 2014 ins Amt gekommenen neuen Frauenministerin. Louise Upton sagte in einem Zeitungsinterview, dass sie keinesfalls als Feministin bezeichnet werden möchte und Schönheitswettbewerbe befürworte, »weil sie jungen Frauen helfen würden, Selbstbewusstsein und Selbstvertrauen zu entwickeln«. Im internationalen Gleichstellungsbericht des Weltwirtschaftsforums lag Neuseeland immer unter den ersten zehn. 2014 war es auf Platz 13 abgerutscht. Aber das sind hoffentlich nur vorübergehende Rückschläge.

ANZAC-Day

25. April 2014: Im Morgengrauen ein Aufmarsch von uniformierten Männern in allen Städten und Gemeinden des Landes. Mit Paraden von Kriegsveteranen, des Militärs, der Polizei und Feuerwehr wird gefallener Soldaten gedacht. Familien mit ihren Kindern, Großeltern, Mütter, Väter, Jugendliche säumen die Straßen. Viele sind schon in der Dunkelheit gekommen, um sich die

besten Plätze zu sichern. In den größeren Städten sind es Zehntausende, die sich versammeln, Tausende in den kleineren.

Vor 100 Jahren landeten an diesem Tag um 4:30 Uhr australische und neuseeländische Truppen, das »Australian and New Zealand Army Corps« (ANZAC), auf der türkischen Halbinsel Gallipoli am Hellespont, der Einfahrt ins Marmarameer. Auf der Seite Großbritanniens kämpften sie gegen Deutschland und seine Verbündeten im Ersten Weltkrieg.

Im Jahr 2014 trägt ein zehnjähriger Junge in Wellington die Originaluniform seines Großvaters, der im Ersten Weltkrieg gefallen ist. Überall sind braune, schwarze und blaue Uniformen zu sehen, an denen die Medaillen glänzen. Es ist noch dunkel, als eine Militärkapelle mit Dudelsackpfeifern die Parade eröffnet. Reden, Ansprachen, Gedenkzeremonien. Der Premierminister legt einen Kranz nieder. Das Kriegerdenkmal ist übersät mit Mohnblumen aus Papier. Als Anstecknadeln werden die Erinnerungs-Poppies an diesem Tag überall im Land verkauft. Der Erlös geht an die »Returned Services Association« (RSA), Neuseelands größte Wohlfahrtsorganisation für Kriegsveteranen.

2015 übertreffen die Hundertjahrfeiern alle vorangegangenen. Jeder Neuseeländer erinnert sich an sein eigenes Stück Geschichte. Filmemacher Peter Jackson, der angeblich die größte Privatsammlung an Flugzeugen aus dem Ersten Weltkrieg, Originale und Nachbildungen, besitzt, ist an zwei Museumsprojekten beteiligt. Darüber hinaus baut er mit dem nationalen Militärmuseum in Waiouru, im Zentrum der Nordinsel, bis 2016 ein Schlachtfeld naturgetreu nach: mit ausgebombten Ruinen, Schützengraben, festgefahrenen Panzern, abgestürzten Flugzeugen, Schutt und Trümmern – Erinnerungen an einen grauenvollen Krieg. Bei der Vorstellung des Projekts in Wellington sagte die Museumsleiterin Jeanette Richardson: »Eine Warnung vorab: Es handelt sich um ein voll funktionsfähiges Schlachtfeld. Der Besucher muss mit Schrapnells rechnen und notfalls auch in Deckung gehen.« Peter Jackson meinte dazu: »Kein anderes Museum in der Welt kann so etwas auf die Beine stellen. Niemand hat einen so großen Hinterhof wie wir. Es wird großen Spaß machen.« Spaß machen? Ein originalgetreues Schlachtfeld? Die Museumsleiter hoffen jedenfalls, dass es eine Touristenattraktion werden wird.

1915 waren neuseeländische Männer in Scharen freiwillig in einen Krieg gezogen, der am anderen Ende der Welt ausgefochten wurde. Das Land war jung, wollte sich profilieren, dem Heimatland Großbritannien seine Loyalität beweisen. Neuseeländer wollten die »besseren Briten« sein. Maori zogen zunächst bereitwillig mit ins Verderben. In den Schützengräben hätten die Soldaten gemerkt, dass sie anders als die Briten waren und zum ersten Mal Solidarität und Verbundenheit mit den Australiern gespürt, heißt es. Als sie zurückkamen, wären sie zu Neuseeländern und Gallipoli zur Geburtsstunde der Nation geworden. Das ist der Mythos. Aber die Realität ist eine andere, sagt der Historiker Jock Phillips: »Die Einstellung der Soldaten hatte keinen großen Einfluss auf die damalige Gesellschaft. Es dauerte noch ein ganzes Jahr, bevor sie überhaupt zurückkamen, und dann waren sie gebrochene Menschen, deren Ansichten oftmals unterdrückt wurden. Der Erste Weltkrieg hatte vielmehr den Effekt, dass Neuseeland sich noch enger mit Großbritannien verbunden fühlte und ihm noch ergebener war als vorher.« Die Verluste für das Land waren enorm: Eine ganze Generation war stark ausgedünnt worden. Von über 100 000 Neuseeländern, die in den Ersten Weltkrieg gezogen waren, verloren 18 000 ihr Leben, über 50 000 wurden verwundet.

Je mehr bekannt wurde, wie hoch die Verluste waren, desto mehr ließ auch die Kriegsbegeisterung nach. Bald musste die Wehrpflicht eingeführt werden. Verweigerer wurden ins Gefängnis geworfen und gesellschaftlich geächtet. Bei einer Bevölkerung von nur einer Million Menschen kannte am Ende jeder jemanden, der im Krieg gefallen war. Manche Gemeinden verloren alle ihre jungen Männer, manche Familien alle ihre Söhne. Denkmäler wurden im ganzen Land errichtet. Am ANZAC-Day wird seit

1916 ihrer gedacht. Später erinnerte man sich aller Männer und Frauen, die an Militäraktionen Neuseelands beteiligt waren, u. a. im Zweiten Weltkrieg, in Vietnam, im Irak oder Afghanistan. Seit 1920 ist der 25. April ein Nationalfeiertag. Seine besondere Bedeutung zeigt sich daran, dass die Geschäfte an diesem Tag laut Gesetz bis 13 Uhr geschlossen bleiben müssen. Das ist sonst nur, dann allerdings ganztags, am Karfreitag, Ostersonntag und am ersten Weihnachtstag der Fall.

In den 1960er und 1970er Jahren kam die Gegenreaktion. Eine junge Generation demonstrierte gegen den Krieg in Vietnam, gegen Krieg im Allgemeinen und eine angebliche Kriegsverherrlichung am ANZAC-Day. Es gab Ausschreitungen und Verhaftungen. Die Teilnehmerzahlen an den ANZAC-Day-Paraden gingen stark zurück, die alten Veteranen starben weg und das Ende schien nahe. Aber dann kam unerwartet ein neuer Aufschwung. Seit den 1990er Jahren ist die Anzahl der Teilnehmer an den Feierlichkeiten wieder ständig gestiegen. Als im Jahr 2007 zwei einsame Protestler in Wellington eine Rede mit einem Megaphon störten und eine Flagge verbrannten, wurden sie sofort verhaftet und abgeführt. Die allgemeine Empörung war groß. Junge Neuseeländer, die in Europa ihre *overseas experience* machen, pilgern seit einigen Jahren in wachsender Zahl am 25. April nach Gallipoli.

Hängt es mit einem gewachsenen Nationalstolz zusammen, einem neuen nationalen Identitätsbewusstsein? Ist es ein Erinnern an Verwandte, Vorfahren, derer man gedenken will? Laut einer Umfrage im Jahre 2013 hat der ANZAC-Day für eine Mehrheit der Neuseeländer einen höheren Stellenwert als der Waitangi-Day. Die Begründung ist, dass an diesem Tag Einheit herrscht, die Nation als Ganzes vereint ist. Der Waitangi-Tag ist dagegen von Protesten geprägt, war es von Anfang an. Der Überdruss und die Abwendung davon mag mit dem nach Harmonie strebenden neuseeländischen Gemüt zusammenhängen, der Überempfindlichkeit gegenüber Kritik. Oder ist es vielleicht auch eine

Müdigkeit von Seiten des Pakeha-Kiwis, der nicht mehr an das begangene Unrecht an den Maori erinnert werden will? Dazu passt auch eine konservative Hinwendung an unantastbare moralische Werte im Sinne von: Wir gedenken unserer Großeltern, unserer Vorfahren. Wir verurteilen nicht, dass sie sich kopfüber und zumindest am Anfang mit großer Begeisterung ob ihres bevorstehenden Heldentums in ein Abenteuer gestürzt haben, in einen sinnlosen Krieg, der eigentlich nichts mit ihnen zu tun hatte und der viele das Leben kostete. Nein, wir gedenken ihrer, weil sie unsere Ahnen sind, unsere Vorfahren, die es nicht besser wussten damals. Weil es unsere Geschichte ist. Maori legen großen Wert auf die Anerkennung ihrer Vorfahren, ihrer Ahnen, ihrer Geschichte. Wir Pakeha haben auch ein Recht darauf. Und am Ende ist es unsere gemeinsame Geschichte als Neuseeländer.

Eine kurze Geschichte der neuseeländischen Politik

Schon gleich nach unserer Ankunft in Neuseeland erhielten wir ein Schreiben mit der Aufforderung, uns als Wähler registrieren zu lassen. Eine freudige Überraschung nach fast 14 Jahren USA, wo ich trotz Greencard keine Chance hatte, mich an den Wahlen beteiligen zu dürfen. Ein Stimmrecht zu haben vermittelt das Gefühl, dazuzugehören, mitsprechen zu dürfen – und das, obwohl wir gerade erst eingewandert waren und unsere Aufenthaltsberechtigung zunächst noch auf zwei Jahre begrenzt war.

Neuseeland hat seit 1996 ein gemischtes Verhältniswahlrecht, das sogenannte »Mixed Member Proportional«-System, kurz MMP. Es löste das nach britischem Vorbild geschaffene relative Mehrheitswahlrecht ab, das ein Zweiparteiensystem unterstützt und bei dem der Kandidat bzw. die Partei mit der einfachen Mehrheit in einem Wahlkreis gewinnt. Das neuseeländische MMP-Wahlsystem ist dem deutschen sehr ähnlich. Auch hier hat man zwei Stimmen und gibt eine der Partei und eine seinem Wahlkreiskandidaten. Es gibt auch eine Fünf-Prozent-Klausel, allerdings mit dem Unterschied, dass eine Partei, die ein Direkt-mandat gewonnen hat, auch mit weniger als fünf Prozent, gemäß ihrem Stimmenanteil, ins Parlament einziehen kann. Eine weitere Besonderheit sind die speziellen Sitze, die seit 1867 für Maori re-serviert sind. Sie wurden von damals vier auf heute sieben erhöht und deren Abgeordnete werden in besonderen Maori-Wahlkrei-sen bestimmt. Maori können individuell entscheiden, ob sie in den Maori-Wahlkreisen oder in den normalen Wahlkreisen zur Wahl gehen wollen. Gewählt wird alle drei Jahre.

Die beiden großen Volksparteien National, was in etwa der CDU/CSU entspricht, und Labour, eine SPD-Variante, erhal-ten gewöhnlich die meisten Stimmen. Seit der Einführung des Verhältniswahlrechts haben auch die kleineren Parteien Einzug ins Parlament gehalten und ihren Einfluss geltend machen kön-nen. Bis zu acht Parteien sind seitdem gewöhnlich im Parlament vertreten, darunter die Grünen, New Zealand First, United Fu-ture und seit 2004 auch die damals neu gegründete Maori-Par-tei. Regierungen werden meist entweder in Koalition mit einer oder mehreren kleineren Parteien gebildet oder auch mit Hilfe von sogenannten »Confidence and Supply Agreements«. Das sind Vereinbarungen, nach denen die Parteien der Regierung ihre Unterstützung in parlamentarischen Vertrauensfragen und bei Abstimmungen über den Haushalt zusichern, sich jedoch das Recht vorbehalten, in anderen Bereichen gegen sie zu stimmen. Im Gegenzug erhalten sie oft Ministerposten, ohne aber im Ka-binett zu sein.

Eine der schillerndsten Figuren unter den Vorsitzenden der kleineren Parteien ist Winston Peters, der 1993 New Zealand First gründete, eine Partei, die oft als nationalpopulistisch und rechts der Mitte beschrieben wird und, wie der Name sagt, Neuseeland bzw. Neuseeländer an erster Stelle sehen will. Winston Peters, der unter verschiedenen Regierungen diverse Ämter bekleidet hat, darunter die des Vizepremiers, Finanz- und Außenministers, war mir schon vor unserer Einwanderung unangenehm aufgefallen. Aufgrund einer seiner Lieblingskampagnen, die sich gegen Immigranten, vor allem asiatische, richtet, wurden kurz vor der Unterzeichnung unserer Einwanderungspapiere die Gesetze rückwirkend (!) verschärft. Ich werde nie den Anruf unserer Immigrationsberaterin vergessen, die mir völlig aufgelöst mitteilte, ich müsste mich sofort ins Flugzeug setzen und mir in Neuseeland eine Arbeitsstelle suchen, sonst wären ein Jahr Nerven- und Papierkrieg umsonst gewesen. Dank Internet und alten Freunden konnte ich mir die Reise sparen und mit einem Arbeitsangebot in der Tasche doch noch meine Aufenthaltsberechtigung erhalten. Beziehungen helfen eben auch in Neuseeland weiter. Winston Peters war mir von da an schon aus der Ferne suspekt. Wie Peter Dunne von der ebenfalls konservativen, familienorientierten United-Future-Partei, hält er seine Partei durch seine Persönlichkeit am Leben.

Prominente Einzelkämpfer, die als Unabhängige ins Parlament gewählt wurden, waren im 19. Jahrhundert in Neuseeland die Norm. Wohlhabende Landbesitzer bestimmten damals die Politik. Die erste offizielle Partei war die Liberal Party, die 1891 die Regierung bildete. In den folgenden Jahren entstanden rechts und links von ihr weitere Parteien: Die Reform Party vertrat die Interessen der Bauern und Geschäftsleute und die Labour Party die der Arbeiter und Gewerkschaften. Als 1935 Labour allein die Regierung stellen konnte, schlossen sich die konservativen Parteien im folgenden Jahr zur National Party zusammen. In den kommenden 60 Jahren wurde die politische Landschaft größtenteils von zwei Parteien bestimmt, wobei die Konservativen jedoch häufiger die Regierung innehatten.

Neuseeland etablierte sich bereits im ausgehenden 19. Jahrhundert als ein Land mit innovativen Ideen, das vor politischen Experimenten nicht zurückschreckt. Das Wahlrecht für Frauen und die indigene Bevölkerung war weltweit bahnbrechend, ebenso eine Arbeitsgesetzgebung mit Mindestlöhnen und verpflichtenden Schlichtungsverfahren für Tarifpartner. Mit der Einführung der Altersversorgung für Bedürftige im Jahre 1898 legte es die Grundlage für den Wohlfahrtsstaat, den die Labour-Regierung in den 1930er Jahren weiter ausbaute. Sie versprach die soziale Absicherung »von der Wiege bis zum Grab«. Sie führte das nationale Gesundheitssystem ein, den sozialen Wohnungsbau, die staatliche Unterstützung für die Älteren, Kranken und Arbeitslosen sowie eine Rente für alle über 65-Jährigen. An vielen dieser sozialen Errungenschaften wird bis heute in der einen oder anderen Form festgehalten. Labour sicherte sich durch diese Gesetzgebung auch über Jahrzehnte die Unterstützung der Maori-Wähler.

Da das neuseeländische Parlament nur eine Kammer hat, war es für eine Regierung schon immer einfacher, ihre Vorhaben durchzusetzen, erklärt der Historiker Jock Phillips: »Das politische System machte es einfacher, in der Sozialpolitik Experimente zu machen. Neuseeland hat auch von den 1890er Jahren bis in die 1970er von sich selbst geglaubt, dass es anders sei, vor allem anders als die alte Welt, weil es weniger traditionsgebunden war. Es hat sich gern als frei von angeborenen Ungleichheiten wie Klassenzugehörigkeiten und so weiter gesehen. Aus diesem Grund hat es sich selbst gern als Vorbild für den Rest der Welt verstanden.«

Aber obwohl sich Neuseeland schon in frühen Jahren durch Innovationen auszeichnete und dadurch eine gewisse Eigenständigkeit unter Beweis stellte, hielt es noch lange am britischen Rockzipfel fest. Das Land war mit dem Vertrag von Waitangi 1840 zur britischen Kolonie geworden und von da an zunächst planmäßig mit Briten besiedelt worden. Sie kamen aus England, Schottland, Irland und Wales und wollten fern der Heimat ein »Britannien des Südens« errichten. Die Abnabelung vom Mutterland erfolgte schrittweise und oft eher unfreiwillig. Die politische Unabhängigkeit lässt sich daher auch nicht auf ein einziges Datum festlegen. 1907 wurde Neuseeland zum Dominion, einer selbst verwalteten Kolonie des Britischen Reiches. Als das britische Parlament 1931 den Dominions die gesetzgeberische Unabhängigkeit gewährte, ließ sich Neuseeland mit der Ratifizierung des Vertrags 16 Jahre Zeit. Erst im Jahre 1986 kappte es seine letzten Verbindungen mit dem britischen Parlament und im Jahre 2004 richtete es schließlich seinen eigenen Obersten Gerichtshof in Wellington ein. Staatsoberhaupt ist allerdings noch immer der jeweilige britische Monarch. Als der damalige Premierminister Jim Bolger in den 1990er Jahren den Mut hatte, von Neuseeland als einer künftigen Republik zu sprechen, soll ihn das möglicherweise sein Amt gekostet haben. Laut Meinungsumfragen ist ungefähr die Hälfte der Kiwis dafür, dass Neuseeland eine neue Flagge erhält, sich von der Krone löst und sein Schicksal als Nation in die eigenen Hände nimmt. Aber das war vor dem umjubelten Besuch von Prinz William, Herzogin Kate und Sohn George im Jahre 2014.

Und doch ist Neusceland im 21. Jahrhundert zur eigenständigen Nation mit ureigener Identität geworden. Großbritannien und Europa stehen im Denken und Handeln schon lange nicht mehr an vorderster Stelle. Wirtschaftliche Gründe hatten ein Umdenken und eine Neuorientierung zwingend notwendig gemacht. Als Großbritannien im Jahre 1973 der Europäischen Wirtschaftsgemeinschaft beitrat, verlor Neuseeland seinen wichtigsten Handelspartner. Es musste seine Exporte, die bis dahin hauptsächlich Fleisch, Wolle und Milchprodukte waren, breiter fächern und neue Märkte erschließen. Neuseeland begann, Handelsverträge mit anderen Ländern zu schließen. Australien machte den Anfang. Es folgten freie Handelsabkommen mit Singapur, Thailand und schließlich China. Der pazifische Raum war näher gerückt.

Unabhängig davon erfolgte zur gleichen Zeit die kulturelle Wiedergeburt der Maori. Neuseeland erkannte und bekannte sich zu seiner bikulturellen und später auch multikulturellen Identität. Jock Phillips hält die 1987 in Kraft getretene neue Immigrationsgesetzgebung für »die wahrscheinlich bedeutendste Entwicklung. Damit war Schluss mit der althergebrachten Annahme, dass die Leute, die wir nach Neuseeland einwandern lassen, gute Angelsachsen sein müssen. Zum ersten Mal waren für die Immigration einzig und allein fachliche Kompetenzen ausschlaggebend. Das hat die Zusammensetzung der Bevölkerung, vor allem in Auckland, radikal verändert. Die Zahl der Asiaten bzw. der Menschen mit asiatischen Wurzeln ist in die Höhe geschossen, und das hat die Stadt verändert.« Man braucht sich nur eine der umjubelten Heldinnen Neuseelands im Jahre 2015 ansehen. Lydia Ko, die beste Golfspielerin der Welt, wurde in Südkorea geboren. 2013 machten Maori und die Immigranten von den pazifischen Inseln 22 Prozent der Bevölkerung aus. Die Asiaten 12 Prozent. Ihre Zahl wird in den kommenden Jahren weiter steigen. Die Zeit Neuseelands als Außenposten des britischen Empire ist vorbei. Neuseeland ist auf bestem Weg, zur pazifischen Nation zu werden.

Rogernomics und die Wirtschaft

»In Neuseeland eine Firma zu gründen ist sehr sehr einfach«, sagt Tami Louisson, CEO und Mitbesitzerin von Shott, einer Sirupfirma in Wellington. »Das ist übers Internet in ein paar Minuten getan. Du gibst deinen Namen an, sagst, wer der Geschäftsführer ist und dann kannst du anfangen.« Neuseeland ist bekannt dafür, dass eine Geschäftsgründung mit minimaler Bürokratie verbunden ist. Die Bank richtete auch ohne viel Aufhebens ein Geschäftskonto für Tami ein und finanzierte den Kredit. Als ich sie kennenlernte, war Tami Glaskünstlerin. Sie arbeitete mit Farben und Licht, gestaltete Fenster für Kirchen und Architektenhäuser. Ihr Mann war Wirtschaftsjournalist und träumte davon, einmal eine eigene Firma zu besitzen. Zu Tamis 50. Geburtstag kauften sie sich gemeinsam eine Fruchtsaftfirma. Die früheren Besitzer hatten von einer Zehn-Stunden-Woche bei sehr guten Umsätzen gesprochen, aber das war wohl eher eine geschickte Verkaufsstrategie. Die Anfangszeit war hart, die Geschäfte gingen schlecht. Tami musste die Firma mit einem weiteren Geschäftspartner von Grund auf neu aufbauen, der Ehemann weiter in seinem Beruf arbeiten. Zehn Jahre später ist aus der Klitsche mit 600 000 Dollar Umsatz ein internationales Unternehmen mit einem Jahresumsatz von sieben Millionen Dollar geworden. Rückblickend sagt Tami: »Ein Geschäft zu betreiben ist in Neuseeland einfach. Jeder ist hilfsbereit, selbst, wenn er dein Konkurrent ist. Das kommt daher, weil es so ein kleines Land ist, wo jeder jeden kennt und jeder weiß, was du vorher gemacht hast.«

Der Unternehmergeist ist im heutigen Neuseeland stark ausgeprägt. Aber das war nicht immer so. Bis in die 1960er Jahre hatten die Neuseeländer einen zuverlässigen Abnehmer für ihre Waren. Sie verschifften über 65 Prozent, manche sprechen sogar von 90 Prozent, ihrer Agrarprodukte, Wolle, Lammfleisch, Milch, Butter und Käse, Äpfel und Zwiebeln nach Großbritannien. Landwirte erhielten großzügige Subventionen, hohe Importzölle schützten die einheimische Wirtschaft, die in großem Maße von den wirtschaftlichen und politischen Gegebenheiten in der fernen Heimat abhängig war.

In den 1930er Jahren litt Neuseeland unter der Weltwirtschaftskrise, aber als es in den 1950er Jahren in Großbritannien wieder aufwärtsging, erstarkte auch in Neuseeland die Wirtschaft. Das kleine Land am Ende der Welt entwickelte sich sogar zu einer der wohlhabendsten Industrienationen. Es wurde zum Vorzeigeland im Pazifik, zum ersten Wohlfahrtsstaat mit einem sozialen Netz für alle. »Und dann brach 1967 der Wollpreis ein. Wolle machte zu der Zeit 40 Prozent des Exports aus, und der Preis der Wolle fiel um fast 40 Prozent.« So beschreibt der Wirtschaftswissenschaftler und Autor Brian Easton den Anfang vom Ende des Nachkriegsbooms. 1973 erschütterte die Ölpreiskrise die Welt und Großbritannien trat der Europäischen Wirtschaftsgemeinschaft bei. »Plötzlich war ein sicherer Markt verschwunden und Neuseeland geriet Anfang der 1970er Jahre in eine schwere Wirtschaftskrise. Der Wohlstand schwand dahin. Neue Exportgüter und neue Märkte mussten gefunden werden. Das machte eine grundlegende Umwälzung der Gesellschaft erforderlich.«

Neuseeland war hoch verschuldet und dem Bankrott nahe. Die Wirtschaft war stark reguliert, das Wachstum gering, die Arbeitslosenzahlen hoch. Im Kampf ums Überleben war das Land gezwungen, neue Wege zu gehen. Rinder und Kühe gesellten sich zu den Schafen. Das traditionelle Warenangebot wurde darüber hinaus um Fische, Kiwifrüchte und Wein erweitert. Anstatt in Europa suchte Neuseeland in der näheren Umgebung, in Australien und Asien, nach Abnehmern. Als 1984 eine neue Labour-Regierung an die Macht kam, krempelte deren Finanzminister, Roger Douglas, die Wirtschaft radikal um. Zölle wurden abgebaut, Steuern gesenkt, Subventionen gestrichen, Staatsunternehmen privatisiert und Sozialausgaben gekürzt, Regulierungen zum Mindestlohn und Ladenschluss aufgehoben. Aus einer staatlich gelenkten Volkswirtschaft wurde eine der am stärksten deregulierten Marktwirtschaften. Was anderswo mehrere Jahre dauerte, geschah in Neuseeland in wenigen Monaten. Die Reformpolitik ging als »Rogernomics« in die Geschichte ein. Die Liberalisierung der Wirtschaft wurde von der National Party zu Beginn der 1990er Jahre fortgesetzt.

Das Land stand zunächst unter Schock. Die Arbeitslosenzahlen schnellten noch weiter in die Höhe, die Selbstmordrate unter Jugendlichen nahm erschreckende Ausmaße an, die Anzahl der Armen stieg. Am schlimmsten betroffen waren die Bauern, deren Subventionen von einem Tag auf den anderen gestrichen wurden. »Die Umstellung war verdammt hart. Viele Bauern waren hoch verschuldet und gingen unter«, sagt Brian Easton. Manche griffen zu Antidepressiva, andere nahmen sich das Leben. Kleine Höfe wurden aufgekauft und in Großbetriebe umgewandelt. Die Wirtschaft stagnierte sieben Jahre lang, bevor sie sich langsam wieder erholte.

1999 machte die wiedergewählte Labour-Regierung unter Helen Clark einen Teil der Reformen rückgängig: Der Spitzensteuersatz wurde von 33 auf 39 Prozent erhöht, Sozialleistungen wurden wieder verbessert und die Rechte der Arbeitnehmer gestärkt. Privatisierte Staatsunternehmen wurden zurückgekauft, nachdem die Folgen deutlich wurden: 1998 war im Norden des Landes ganze 66 Tage lang das Stromnetz zusammengebrochen, die Infrastruktur begann zu zerfallen und die Fluglinie Air New Zealand stand vor dem Konkurs. Die Fluggesellschaft wurde wieder verstaatlicht, ebenso die Post, die Bahn und die Fähren.

»Die radikalen Einschnitte haben eine Menge Probleme verursacht, unter deren Folgen wir zum Teil noch heute leiden«, sagt Brian Easton. Er verweist auf das Telekommunikationswesen, das vom Staatsmonopol zum Privatmonopol wurde und jahrzehntelang der internationalen Entwicklung hinterherhinkte. »Wir haben rechtliche Rahmenvorschriften in allen möglichen Industrien abgeschafft und es Privatfirmen überlassen, für die Sicherheit am Arbeitsplatz zu sorgen.« Mangelnde Arbeitsschutz- und Sicherheitsmaßnahmen führten 2010 zum Pike-River-Minenunglück, bei dem 29 Kohlebergarbeiter ums Leben kamen. »Aufgrund einer unzureichenden Bauaufsicht schlagen wir uns jetzt mit undichten Häusern herum, die vermodern und von Pilz befallen sind. Die entstandenen Kosten belaufen sich auf 11 bis 33 Milliarden Dollar. Eine Reihe von Finanzunternehmen sind bankrottgegangen und haben uns Milliarden Dollar an verlorenen Einnahmen gekostet. Das alles resultiert aus der Idee, dass weniger Regulierung besser ist.« Arbeitsschutzbestimmungen, Bauvorschriften und Bankenaufsichten werden jetzt wieder eingeführt, um weitere Katastrophen zu verhindern.

Die Organisation für wirtschaftliche Zusammenarbeit und Entwicklung (OECD) veröffentlichte Ende 2014 einen Bericht, demzufolge Neuseelands Wirtschaft um zehn Prozent besser dastehen würde, wenn die Kluft zwischen Arm und Reich nicht so groß wäre. Auch das ist eine Folge von Rogernomics, meint Brian Easton. »Die Ungleichheit ist zweifellos in den vergangenen 30 Jahren nach oben geschossen. Das passierte aber vor allem in den späten 1980er und 1990er Jahren. Damals gab es erhebliche Steuererleichterungen für die Reichen und nichts deutet darauf hin, dass die Wirtschaft davon profitiert hätte. Die Reichen haben davon profitiert. Die Steuersenkungen mussten finanziert werden, und das taten wir, indem wir die Sozialausgaben für die Armen kürzten.« Die Leidtragenden sind vor allem die Kinder. Beihilfen für Alleinerziehende und Familien wurden gekürzt, mit dem Ergebnis, dass heute der Großteil der Armen Kinder und ihre Familien sind. Dieser Trend hat sich weiter verstärkt, als die National Party nach ihrem Wahlsieg 2008 die Steuern in der höchsten Einkommensklasse erneut senkte und Sozialleistungen kürzte.

Die Liberalisierung der Wirtschaft war nötig, sagen auch ihre Kritiker. Aber die Deregulierung ging zu schnell vor sich und war zu extrem. Einer der Vorteile ist, dass sie das unternehmerische Handeln gefördert und den Unternehmergeist in der Bevölkerung geweckt hat. Als Musterbeispiel dafür gelten die Bauern, die auch ohne Subventionen weiterhin das große Standbein der neuseeländischen Wirtschaft sind. Heute möchte kein Farmer mehr zu den früheren Verhältnissen zurückkehren. Neuseelands Bauern haben es geschafft, effizienter zu wirtschaften und ihre Produktivität zu steigern. Sie haben in den vergangenen Jahrzehnten verstärkt auf Milchkühe gesetzt und damit enorme Gewinne erzielen können. Neuseeland ist inzwischen wirtschaftlich eng mit Australien verflochten. Milchprodukte sind zu einem der größten Devisenbringer geworden. Seine wichtigsten Handelspartner liegen im pazifischen und asiatischen Raum, allen voran China, mit dem Neuseeland als erstes westliches Land ein Handelsabkommen geschlossen hat. »Wir sind immer auf der Suche nach neuen Handelsverträgen, um nicht zu abhängig von einem Markt zu werden«, sagt Brian Easton. »Wir haben bereits eine Reihe von Abkommen und sind eigentlich mehr an multilateralen als an bilateralen Deals interessiert. Im Moment sind wir wahrscheinlich etwas zu sehr von China abhängig und von zu wenigen Produkten, vor allem Milch.«

Die Milchwirtschaft verschmutzt die Umwelt und schadet dem Ruf des Landes, sagen die Kritiker schon seit Jahren. Das könnte die Tourismusindustrie gefährden. Und trotz fallender Milchpreise wird eine weitere Expansion der Milchwirtschaft vorangetrieben.

»Niemand ist in der Mainstream-Kultur Neuseelands so angesehen wie der wortkarge, auf sich selbst gestellte Hochland-Farmer. Viele von uns möchten gern diesem Klischee entsprechen und von anderen so gesehen werden. Unsere Zukunft liegt jedoch darin, smart zu sein und als smart angesehen zu werden. Um das zu erreichen, müssen wir unser wissenschaftliches Erbe genauso hoch schätzen wie unsere landwirtschaftliche Vergangenheit. Wir sollten unsere Erfolge als erste Seefahrer des Pazifiks und als diejenigen, die das Atom gespalten haben, genauso feiern wie unsere Bauern«, schrieben die Physiker Shaun Hendy und Paul Callaghan in »Get off the Grass« (Runter von der Weide) im Jahre 2013. Es scheint, als wäre Neuseeland schon auf bestem Weg dazu. Der standortunabhängige Informations- und Kommunikationstechnologie-Sektor (ICT) hat sich in den vergangenen Jahren zu dem am schnellsten wachsenden Wirtschaftsbereich entwickelt. Hinter der Landwirtschaft und dem Tourismus steht ICT inzwischen auf Platz drei der Devisenbringer. Xero, das Software für die Buchhaltung von kleinen Unternehmen entwickelt, gehört laut dem US-Magazin *Forbes* zu den innovativsten Wachstumsunternehmen. Die Wynyard Group exportiert ihre Software zur Verbrechensbekämpfung in alle Welt. Die Mitarbeiter der Spezialeffekte-Unternehmen Weta Workshop und Weta Digital sind für ihre hochprofessionellen, kreativen Leistungen weltweit bekannt.

»Der Wirtschaft geht es ziemlich gut«, bestätigt Brian Easton. »Pro Kopf sind wir zwar nicht ganz so wohlhabend wie die mitteleuropäischen Volkswirtschaften, aber wir führen ein angenehmes Leben hier.« Der Lifestyle ist es, mit dem das Land punkten kann. Ihn zu erhalten ist wichtig, damit dringend benötigte Arbeitskräfte ins Land kommen und um zu verhindern, dass die klugen Köpfe, wie so oft in der Vergangenheit, ins Ausland abwandern. Damit sie, so wie Tami Louisson, von Neuseeland aus die Welt zu erobern versuchen.

Für Tami hat sich bestätigt, dass sich in Neuseeland gut Geschäfte machen lassen. Sie hat Preise und Auszeichnungen gewonnen und staatliche Zuschüsse erhalten, um in Südkorea und Großbritannien Fuß zu fassen. Ja, sogar Subventionen für vielversprechende Unternehmen sind wieder eingeführt worden. Tami exportiert inzwischen auch nach Australien, Singapur, Hongkong und Taiwan. Malaysia, Indien und die Vereinigten Arabischen Emirate sollen folgen. Ihr Angebot wird ständig erweitert. Dem Fruchtsirup folgten Kaffeezusätze wie Haselnuss oder Ingwer und wilde Pfefferminze für heiße Schokoladengetränke. Und darin liegt auch für Neuseelands Wirtschaft die Zukunft: in einem breitgefächerten Angebot an Gütern und dem Export in alle Welt.

Wenn dann auch noch die Einkommensschere zwischen Arm und Reich wieder geschlossen werden könnte, Neuseeland wieder vorbildhaft in seiner Umweltpolitik würde und die notwendigen Arbeitsschutzbestimmungen gesetzlich verankert würden, hätte dies sicherlich gute Auswirkungen nicht nur für die Wirtschaft, sondern für die soziale Gemeinschaft schlechthin. Im Moment sieht es allerdings nicht so aus.

Die Anti-Atompolitik und das Attentat auf die Rainbow Warrior

»Willkommen in Wellington, Hauptstadt des atomwaffenfreien Neuseelands«. Mit diesen Worten grüßt eine Plakattafel den Besucher, der vom Flughafen kommend in Wellingtons Innenstadt fährt. Die Tafel ist leicht zu übersehen und auf den ersten Blick mit ihrem Silberfarn, Ruderern und einem Blasmusiker kaum von einem Werbeplakat der Tourismusindustrie zu unterscheiden. Aber sie zeugt davon, dass in Neuseeland Kernwaffen und Atomkraftwerke ein unwiderrufliches Tabu sind. Und das ganz offiziell seit 1987, zwei Jahre nach dem Anschlag des französischen Geheimdienstes am 10. Juli 1985 auf das Greenpeace-Schiff Rainbow Warrior.

»Ich habe es noch ganz deutlich vor Augen, wie das Schiff halb unter Wasser auf der Seite lag, mit den Stahlmasten auf dem Dock.« Bunny McDiarmid, die heutige Geschäftsführerin von Greenpeace Neuseeland, war damals Deckhelferin auf der Rainbow Warrior, die für Reparaturarbeiten im Hafen von Auckland ankerte. Danach sollte sie eine Friedensflotte von Segelschiffen anführen, die gegen französische Atomtests auf dem Mururoa-Atoll im Pazifik demonstrieren wollten. »Ich hatte bei meinen Eltern übernachtet, als mitten in der Nacht der Anruf kam, dass das Schiff gesunken sei«, erzählt Bunny. Sie hatten vorher noch an Bord einen Geburtstag gefeiert. Um halb zwölf waren die meisten schon im Bett, als plötzlich die Lichter ausgingen, Glas zersplitterte und lautes Wasserrauschen zu hören war. Es folgte eine zweite Explosion, und die Mannschaft brachte sich so schnell wie möglich auf der Werft in Sicherheit. Alle, außer dem portugiesischen Fotografen Fernando Pereira, der im Inneren des Schiffes ertrank. Das Loch, das die beiden Bomben in den Schiffsrumpf gerissen hatten, war so groß, dass ein Lastwagen hindurchgepasst hätte, sagt Bunny McDiarmid.

Der Anschlag, der, wie sich alsbald herausstellen sollte, vom französischen Geheimdienst ausgeführt worden war, vereinte die Neuseeländer mehr denn je gegen die Atomkraft. Noch im gleichen Jahr wurde Neuseeland zur atomwaffenfreien Zone erklärt und zwei Jahre später wurde dies auch gesetzlich verankert.

Die Anti-Atombewegung hatte bereits Anfang der 1970er Jahre einen sehr starken Zulauf gefunden. Sie war zum einen aus dem Protest gegen den Krieg in Vietnam hervorgegangen, wo eine der Forderungen lautete, »dass wir unsere eigene, unabhängige Beziehung mit den Menschen in Asien haben und nicht nur das tun sollten, was die Amerikaner und die Australier uns vormachen«, sagt der Historiker Jock Phillips. Hinzu kam eine Umweltbewegung, die Neuseeland als ein unberührtes Eden der

Südsee betrachtete. »Das waren die beiden Eckpfeiler der Anti-Atombewegung. Sie machten sie so ungewöhnlich stark, weil sie zwei grundlegende nationale Gefühle ansprachen: das Streben nach Unabhängigkeit und den Schutz des schönen Neuseelands.«

1973 reichte Neuseeland gemeinsam mit Australien beim Internationalen Gerichtshof eine Klage gegen Frankreichs andauernde oberirdische Atomtests ein. Ein Jahr später schickte die damalige Labour-Regierung in einer Protestaktion zwei Marinefregatten nach Mururoa.

Aber die Franzosen testeten weiter. Die Anti-Atombewegung wurde zur Massenbewegung und spaltete die Gesellschaft wie noch nie zuvor. Zehntausende gingen auf die Straße und protestierten dagegen dass nuklearbetriebene oder mit Atomwaffen ausgestattete amerikanische Kriegsschiffe vor Neuseeland ankerten. Hafenarbeiter legten die Arbeit nieder. Es gab aber auch andere, die am Status quo festhalten wollten, denen das Engagement Neuseelands in Vietnam nicht weit genug ging, die Schutz bei den Verbündeten suchten. Als Labour 1984 die Wahl gewann, setzte sich ihr Vorsitzender David Lange für einen atomwaffenfreien Südpazifik ein und verweigerte US-Kriegsschiffen das Anlegen in neuseeländischen Häfen, solange sie nicht versicherten, dass sie weder Atomwaffen an Bord führten noch atomar angetrieben waren.

Die Amerikaner reagierten mit enormem Druck auf verschiedenen Ebenen. Amerikanische Supermärkte räumten neuseeländische Produkte aus den Regalen. Washington lieferte keine Geheimdienstinformationen mehr an Neuseeland und sagte gemeinsame Militärmanöver ab. Schließlich kündigten die USA auch ihre Verpflichtungen gegenüber Neuseeland laut dem im Jahre 1951 abgeschlossenen Verteidigungsbündnis ANZUS (Australia, New Zealand, USA) auf. Doch die Labour-Regierung unter David Lange ließ sich nicht einschüchtern, und 1987 wurde die Atompolitik zum Wahlkampfthema. Die National Party, die den Krieg in Vietnam unterstützt hatte, wollte das Gesetz, das

Neuseeland zur atomwaffenfreien Zone machte, wieder aufheben und verlor die Wahlen. Seitdem ist es, trotz kontinuierlicher Einschüchterungsversuche der USA, nie mehr ernsthaft in Frage gestellt worden. »Als sich Großbritanniens Empire nach dem Zweiten Weltkrieg langsam auflöste, ging Neuseeland, weil es sich unsicher fühlte und nach Unterstützung suchte, eine sehr enge Beziehung mit den USA und Australien ein. Wir dachten, wir könnten allein nicht überleben, wir bräuchten die Unterstützung einer Großmacht und wollten loyale Mitglieder eines Bündnisses sein. Daher war der ANZUS-Bruch und die Anti-Atompolitik das erste Mal, dass Neuseeland in einer großen Sache wirklich seinen eigenen Weg ging. Und in diesem Sinne war es ein größerer Schritt in Richtung Unabhängigkeit als alles andere davor«, sagt Jock Phillips.

Nach dem Anschlag auf die Rainbow Warrior waren alle Differenzen ausgeglichen und die Neuseeländer wieder einer Meinung. Die französische Regierung unter François Mitterrand musste aufgrund der Beweislast zugeben, dass sie den Anschlag sanktioniert hatte. Neuseeland war zutiefst getroffen, »dass keine der beiden befreundeten Regierungen (Großbritannien und die USA) bereit waren, den Bombenanschlag zu verurteilen, selbst dann nicht, als bestätigt wurde, dass die französische Regierung ihn in Auftrag gegeben hatte«, schreibt Michael King in »The Death of the Rainbow Warrior« (Der Tod der Rainbow Warrior).

Die Beziehungen zu den USA blieben lange Zeit gespannt, tauten erst unter der Obama-Regierung langsam wieder auf. 2010 lud Präsident Barack Obama den neuseeländischen Premierminister John Key zu seinem ersten Atomgipfel, der dem Nuklearterrorismus den Kampf ansagen sollte, nach Washington. John Key erklärte gegenüber der Presse: »Es steht außer Frage, dass Neuseeland aufgrund seiner Kompetenzen auf diesem Gebiet zu dieser Konferenz eingeladen wurde. Wir sind wahrscheinlich das einzige Land weltweit, dass das Ziel einer atomwaffenfreien Welt gesetzlich verankert hat, und es besteht kein

Zweifel daran, dass dies auch das langfristige Bestreben dieses US-Präsidenten ist.«

Die beiden Länder sind sich wieder nähergekommen. In den neuseeländischen Medien geht jeder Annäherungsschritt der USA mit der Frage nach einem möglichen Handelsabkommen einher. Jock Phillips meint, dass Neuseeländer ein starkes Bedürfnis nach Anerkennung haben. »Neuseeländer sind nicht gern isoliert und wollen geschätzt werden. Es zeigt einfach die Unsicherheit der Nation. Weil wir ein kleines Volk sind, möchten wir gern an den Gesprächen der Großmächte teilnehmen. Die Amerikaner sind interessiert, weil sie sich mehr und mehr nach Asien orientieren und sich zunehmend Sorge wegen des wachsenden Einflusses von China machen. Sie möchten Neuseeland auf ihrer Seite haben.«

Neuseeland ist Teil des Five-Eyes-Agreements, das die Bündnispartner USA, Kanada, Großbritannien, Australien und Neuseeland zum gegenseitigen Austausch von Geheimdienstinformationen verpflichtet. Nachdem 2013 bekannt wurde, dass der neuseeländische Geheimdienst, das Government Communications Security Bureau (GCSB), 88 Neuseeländer illegal ausspioniert hatte, wurden die Gesetze im Nachhinein so abgeändert, dass dies künftig legal sein wird. Ende 2014 verschärfte die konservative Regierung unter John Key mit fadenscheinigen Vorwänden und extremer Dringlichkeit die Anti-Terrorgesetze erneut. Bunny McDiarmid sagte dazu: »Ich bin einer der ganz wenigen Leute, die in Neuseeland Ziel eines Terroranschlags waren, und ich bin absolut gegen John Keys Geheimdienstgesetz. Es ist ein Anschlag auf die Privatsphäre, der es der Regierung erlaubt, Leute wie dich und mich auszuspionieren. Das geht einen Schritt zu weit.«

Der Anschlag auf die Rainbow Warrior und Neuseelands Anti-Atompolitik ist zum identitätsstiftenden Element für das Selbstverständnis der Neuseeländer geworden. Und auch, wenn die jüngere Generation wenig interessiert daran scheint, ob nuklearbetriebene Kriegsschiffe in Neuseelands Häfen anlegen dürfen oder nicht, so steht doch fest, dass Atomkraft als »saubere« Alternative auch im Zeitalter des Klimawandels in Neuseeland nicht zur Debatte steht.

Wärmer und stürmischer:
Neuseeland und der Klimawandel

Im Jahr 2100 oder auch schon früher wird der Stadtteil, in dem ich lebe, möglicherweise eine Insel sein. Ein Fährbetrieb könnte Seatoun und andere neu geschaffene kleine Inseln mit dem Rest der Stadt verbinden. Vielleicht könnten wir dann ja sogar mit unseren Kajaks zum Supermarkt fahren? Die Vorstellung, Wellington könnte zu einem kleinen Venedig werden, mag manchen ganz idyllisch erscheinen. Eine vom Stadtrat in Auftrag gegebene Analyse über die Auswirkungen des steigenden Meeresspiegels auf Wellington stellte dies im Oktober 2014 als eines der möglichen Szenarien vor.

Wie viele Küstenstädte ist Wellington durch den Anstieg des Meeresspiegels besonders gefährdet. Gewaltige Stürme, für die die Stadt bereits bekannt ist, werden sich aufgrund des Klimawandels noch verstärken. Damit einhergehende große Niederschlagsmengen und hohe Sturmfluten werden zu Überflutungen und weiterer Erosion der Küsten führen. Kleine Kostproben dessen, was auf uns zukommen wird, erleben wir fast jeden Winter. Im Juni 2013 wurde es etwas dramatischer als gewöhnlich. Die *southerlies*, die berüchtigten Winde aus dem Süden, waren gigantisch, Sturmböen erreichten über 200 Kilometer pro Stunde. Zwei Kilometer vor Wellingtons Südküste wurden 15 Meter hohe Wellen gemessen. 31,8 Millimeter Niederschlag fielen in einer Nacht – was mehr als ein Viertel des Durchschnitts im Juni, dem nassesten Monat des Jahres, ist.

Ich saß an diesem Abend in meinem Arbeitszimmer, als das Sturmtief aus der Antarktis Wellington erreichte. Endlose Regenmassen stürzten herab, Fensterscheiben und Türen rüttelten, Wände wackelten. Im Internet verfolgte ich, was auf den Straßen los war: Garagentüren und Dächer fegten durch die Gegend, umgestürzte Bäume versperrten die Wege. Die Bevölkerung war aufgerufen, die Häuser nicht zu verlassen. Mir schauderte bei der Vorstellung, dass das eigene Dach über meinem Kopf davonfliegen könnte oder der Hang hinter dem Haus auf uns herabstürzen könnte.

30 000 Haushalte waren in der Nacht ohne Strom, 200 mussten über eine Woche warten, bis sie wieder ans Netz angeschlossen waren. Strände und Dünen waren verwüstet und weggespült worden. Die Küstenstraße war an mehreren Stellen eingebrochen, die Fluten hatten große Teile mit sich gerissen. Häuser standen unter Wasser, Straßen waren überflutet und übersät mit Geröll, Treibholz, Sand und toten Fischen. Entwurzelte Bäume blockierten Wanderwege wochen- oder auch monatelang.

Bevor das Sturmtief über die Nordinsel hereinbrach, hatte es auf der Südinsel bereits riesige Schneemassen hinterlassen. In Christchurch fielen innerhalb von 48 Stunden 90 Millimeter Regen, über die Hälfte der Niederschläge, die für den ganzen Juni erwartet worden waren. Ein ungewöhnlich langer und heißer Sommer war vorausgegangen. Von Januar bis April wurde in weiten Teilen Neuseelands eine extrem hohe Zahl an Sonnenstunden gemessen. In mehreren Regionen regnete es bedeutend weniger als sonst. Wir Städter freuten uns, dass es endlich einmal so heiß war, dass man sich selbst in Wellington gern in den kalten Meeresfluten erfrischte. Aber die Klagen der Bauern wurden immer lauter. Es sollte die schlimmste Trockenperiode seit 65 Jahren werden. Die Dürre erstreckte sich auf ein ungewöhnlich großes Gebiet. Weideflächen dorrten aus, Wiesen wurden braun, Farmer mussten Tiere früher als sonst zum Schlachthof bringen, Wasser wurde rationiert.

Neuseeland erlebte im Jahr 2013 eine der schlimmsten Dürren, eines der heißesten Jahre und den wärmsten Winter der letzten

100 Jahre. Klimaforscher sagen voraus, dass ähnliche Witterungsverhältnisse in Zukunft als Normalfall oder als milde Wetterunbill gelten werden. Im langfristigen Jahresmittelwert ist es in Neuseeland im vergangenen Jahrhundert um fast ein Grad wärmer geworden. Laut dem Sachstandsbericht des »Intergovernmental Panel on Climate Change« (IPCC), der Anfang 2014 veröffentlicht wurde, werden die Temperaturen bis 2100 noch einmal um 0,5 bis 5 Grad ansteigen. Extreme Wetterereignisse werden länger andauern und intensiver sein. Eine wärmere Atmosphäre enthält mehr Wasserdampf, der sich oft in sehr heftigen Niederschlägen und über ein relativ kleines Gebiet ergießt. Für Neuseeland bedeutet das, dass es im Westen des Landes, wo es sowieso schon viel regnet, noch mehr regnen wird, während es im Osten trockener wird. Insgesamt steigt das Überflutungsrisiko von Flüssen und Seen.

Überschwemmungen, Küstenerosion und mehr Waldbrände aufgrund der längeren Dürreperioden – das sind die drei Hauptrisiken, die im IPCC-Bericht für Neuseeland identifiziert wurden. Ich befragte den federführenden Mitautor des IPPC-Berichts über Australasien, den deutschen Wissenschaftler Andy Reisinger, wie sich das Land auf den Klimawandel vorbereiten und anpassen kann. »Überflutungen sind jetzt schon ein großes Problem in Neuseeland. Wir sehen regelmäßig, dass schon bei einer 10- oder 20-Jahres-Flut große Schäden entstehen: Straßen werden weggeschwemmt, Häuser stehen unter Wasser. Das heißt, wir sind schon jetzt nicht gut genug vorbereitet. Wenn das Klima sich weiterhin ändert, dann wird das Defizit noch größer.« Es ist ein Risiko, an das man sich etwa durch den Bau höherer Dämme anpassen könnte. Aber je höher man die Dämme baut, desto größer wird auch das Überflutungsrisiko für die Häuser, die dahinter stehen, wenn der Damm dann doch brechen sollte. Strukturelle Änderungen brauchen Zeit, und Vorkehrungen müssen schon jetzt geplant und getroffen werden. Wirtschaftliche Interessen stehen dem jedoch ebenso im Wege wie die Grundhaltung des

Kiwis, der sich ungern den Blick auf den See, den Fluss oder das Meer durch eine Betonwand versperren lassen will. »Das Ziel einer dynamischen Anpassung ist, strukturelle Änderungen vorzunehmen, bevor sie der Klimawandel unabdingbar macht«, sagt Andy Reisinger.

Die meisten Kommunalregierungen sind sich des Problems bewusst. »In Neuseeland liegt die Verantwortung für Entscheidungen in Bezug auf den Klimawandel im Wesentlichen bei den Kommunen. Die staatliche Regierung erteilt nur Weisungen. Es gibt eine bindende Anweisung, dass mit Klimawandel umzugehen ist, aber wie und wie sehr, ist den Kommunen überlassen.« Es ist für eine Kommunalregierung relativ einfach, bestimmte Auflagen zu machen, wie etwa, dass bei Neubauten der Boden eine bestimmte Mindesthöhe über dem Grund liegen muss. Aber wenn es um kostenintensivere Beschlüsse wie die Erweiterung eines Damms geht, wenn wirtschaftliche Interessen im Widerstreit mit dem Schutz von Ökosystemen stehen oder ein privater Bauträger seine Investitionen im Küstenbereich zu Geld machen will, dann werden häufig Entscheidungen getroffen, die langfristig nicht unbedingt im Interesse der Kommunen bzw. der Bevölkerung sind.

Ein weiterer Konflikt besteht über den nachhaltigen Umgang mit den Wasserressourcen. »Neuseeland hat eine sehr intensive, auf Gras basierende Landwirtschaft. Daher kann eine Dürreperiode, die auch nur fünf Monate dauert, massive Auswirkungen haben und deshalb besteht heute schon ein so hoher Druck, mit Bewässerungsanlagen und Wasserreservoirs besser umzugehen. Das wird sich verschärfen, wenn mit dem Klimawandel die Dürreperioden länger und häufiger werden. Auch da muss man eine Balance finden. Will ich mein Wasser nehmen, um die einheimischen Ökosysteme zu schützen und zu fördern, oder will ich das Wasser nehmen, um die Landwirtschaft zu fördern?«

Die mit Dürren einhergehende erhöhte Feuergefahr ist für Neuseeland ein neues Risiko, auf das es kaum eingestellt ist. Die natürlichen Ökosysteme, die für den Erhalt der Arten wichtig sind, entstammen einem feuchten, eher kühlen Klima. Während in Australien Brände auch der Erneuerung dienen, haben sie in Neuseeland immer einen zerstörerischen Charakter. Hinzu kommt, dass ein erhöhtes Feuerrisiko natürlich auch die Waldplantagen gefährden könnte, mit denen das Land versucht, seine Treibhausgasemissionen zu reduzieren.

Neuseelands Anteil am weltweiten Ausstoß von Treibhausgasemissionen ist mit 0,2 Prozent gering. Pro Kopf gesehen liegt es jedoch unter den Industrienationen neben den USA, Kanada und Australien an der Spitze der Klimasünder. Dabei hatte es 2007, unter der Labour-Regierung von Helen Clark, noch den Anspruch, zum Vorreiter in Sachen Klimaschutz zu werden. Als erster Meilenstein in eine kohlenstoffneutrale Zukunft sollten bis zum Jahr 2020 insgesamt 250 000 Hektar Wald neu angepflanzt werden. Die Elektrizitätsgewinnung aus erneuerbaren Quellen sollte bis 2025 auf mindestens 90 Prozent erhöht werden und als erstes Land der Welt wollte Neuseeland den Emissionshandel für alle Wirtschaftsbereiche und alle Treibhausgase einführen. Aus diesen hochgesteckten Zielen ist nicht viel geworden. Der Ausstoß von Treibhausgasen ist nicht gesunken, sondern von 1990 bis 2013 um über 21 Prozent gestiegen.

Dabei ist wichtig zu wissen, dass in Neuseeland fast die Hälfte aller Treibhausgase in Form von Methan und Lachgas aus der Landwirtschaft kommt. Für ein Industrieland ist das ein sehr ungewöhnliches Emissionsprofil. Rund 30 Millionen Schafe und 10 Millionen Rinder stehen auf Neuseelands Weiden. Sie stoßen bei der Verdauung, insbesondere während des Wiederkäuens, Methan aus. Hinzu kommt der Stickstoff in ihrem Urin, der mikrobiell in das extrem schädliche Distickstoffmonoxid oder Lachgas umgewandelt wird. 1990 war der Agrarsektor noch für 51 Prozent der Treibhausgase verantwortlich, 2013 waren es noch 48 Prozent. »In Neuseeland hat sich die Effizienz der landwirtschaftlichen Produktion über die letzten 20, 30 Jahre stark verbessert, was dazu geführt hat, dass die Emissionen pro Kilogramm Fleisch oder pro Liter Milch deutlich gesunken sind«, sagt Andy Reisinger, der auch stellvertretender Direktor des New Zealand Agricultural Greenhouse Gas Research Centre ist, einem Forschungszentrum, das nach Lösungen zur Reduktion der landwirtschaftlichen Treibhausgase sucht. »Die Gesamtproduktion von Milch ist jedoch so stark gestiegen, dass die absoluten Emissionen der Landwirtschaft auch gestiegen sind und im Moment circa 14 Prozent höher sind, als sie 1990 waren.«

Lässt man die landwirtschaftlichen Emissionen außer Acht und betrachtet nur den Ausstoß von Kohlendioxid aus der Verbrennung fossiler Brennstoffe (Kohle, Gas und Erdöl), liegt Neuseeland im Vergleich mit der EU im mittleren bis unteren Bereich, da 65 bis 70 Prozent seiner Energie aus erneuerbaren Quellen erzeugt wird. Wasserkraft spielt eine große Rolle, aber auch die Erdwärme aus den Thermalgebieten sowie in den letzten Jahren zunehmend auch die Windenergie, die ohne jegliche staatliche Subvention wettbewerbsfähig geworden ist. Der Kohlendioxid-Ausstoß für die Stromerzeugung ist sehr gering. Trotzdem sind die CO_2-Emissionen seit 1990 um mehr als 36 Prozent gestiegen. Das ist einerseits auf einen durch das Bevölkerungswachstum erhöhtes Verkehrsaufkommen zurückzuführen und auf eine Regierung, die den Straßenbau weitaus mehr fördert als den Ausbau des öffentlichen Verkehrsnetzes. Zum anderen ist der erhöhte Energiebedarf für Strom und Wärme bis vor einigen Jahren u. a. durch den Bau neuer Gaskraftwerke gedeckt worden. Die Regierung setzt auch weiterhin auf den Abbau von Kohle und auf die Erschließung neuer Öl- und Gasquellen für den Export.

Da Neuseeland Ambitionen hat, seine Milchexporte weiter zu steigern, kann man davon ausgehen, dass die landwirtschaftlichen Emissionen weiter in die Höhe schießen werden, auch wenn die Emissionen pro Liter Milch weiter sinken. Der fossile CO_2-Ausstoß könnte voraussichtlich durch technische Erneuerungen wie

Elektroautos und den Ausbau der erneuerbaren Energiequellen gebremst werden. Aber einen konkreten Plan, wie die Treibhausgase in Neuseeland langfristig und nachhaltig reduziert werden sollen, gibt es nicht. »Die neuseeländische Regierung hat sich das langfristige Ziel gesetzt, die Emissionen insgesamt bis zum Jahr 2050 um die Hälfte im Verhältnis zu denen von 1990 zu reduzieren. Da die Landwirtschaft allein schon für die Hälfte aller Emissionen verantwortlich war und ist, müssten alle anderen CO_2-Emissionen auf Null gehen. Das heißt, wenn die landwirtschaftlichen Emissionen sich nicht ändern, kann man das Ziel gar nicht erreichen. Der Emissionstrend zeigt nach oben, selbst mit einem Emissionshandelssystem, selbst mit anwachsenden Preisen gibt es keine Indikation, dass wir mit den momentanen Maßnahmen und Technologien auch nur in die Nähe von 50 Prozent bis zum Jahr 2050 kommen würden.«

Als die konservative Regierung unter John Key im Jahr 2008 die Wahlen gewann, machte sie den ehrgeizigen Plänen der Labour-Regierung ein sofortiges Ende. Anstatt die Landwirtschaft in den Emissionshandel mit einzubeziehen, sind die neuseeländischen Bauern davon ausgenommen, und zwar so lange, bis sich auch andere Länder zu solchen Schritten entschließen und Neuseeland keine Nachteile entstehen. Neuseeland will nicht mehr Wegweiser sein, sondern abwarten, was Länder wie die USA oder China tun.

Maori heute

Brückenbauer zwischen zwei Welten

»Ich bin ein Halbblut, ein Maori-Neuseeländer gemischter Herkunft. Über meinen Vater habe ich schottische und englische Vorfahren. Mein Großvater mütterlicherseits war englisch und meine Großmutter Maori.« Auf den ersten Blick sieht Tanemahuta Gray gar nicht so aus, wie man sich einen typischen Maori vorstellen mag. Er hat feine Gesichtszüge, eine schmale Nase, den Körperbau eines Tänzers. Ich treffe Tanemahuta Gray in seinem Haus in Kapiti, einer Küstenregion nördlich von Wellington, wo er mit seiner japanischen Frau und seinen beiden Kindern wohnt. Er ist ein großartiger Erzähler, und ich sitze in seinem Wohnzimmer und höre mir gespannt den Werdegang des Ende-30-Jährigen an.

»Ich habe mein ganzes Leben lang eine Brücke zwischen zwei Lagern geschlagen: Mit dem einem Fuß war ich bei den Pakeha, mit dem anderen bei den Maori. Man muss sich auf beiden Seiten gut auskennen, um in beiden Welten zurechtzukommen. Es ist schwierig. Aber es gibt Leute, die das sehr gut können, und das ermöglicht es immer mehr Menschen, diesen Weg zu gehen und Brücken zu schlagen.« Tanemahuta Gray identifiziert sich heute – wie viele Neuseeländer, die die Wahl haben – mit seiner Maori-Herkunft. Bei der letzten Volkszählung waren es rund 15 Prozent. Sich auf seine Maori-Wurzeln zu besinnen ist populär geworden, nicht zuletzt unter denjenigen, die wie Tanemahuta in beiden Welten fest verankert sind. »Unsere Erziehung war überwiegend Pakeha oder europäisch. Wir gehörten der oberen Mittelschicht an, unser Vater war ein erfolgreicher Jurist.« Der

Vater legte Wert darauf, dass seine Kinder Latein und Französisch lernten. Maori wurde zu Hause nie gesprochen. »Wir haben aber auch an unseren Maori-Wurzeln festgehalten. Wir gingen zu Ngate Poeneke, dem Maori-Club für junge Menschen. Dort lernten wir den traditionellen Tanz und die Lieder.« Im Mittelpunkt standen in Tanemahutas Kindheit jedoch »Ballett und Klavierstunden, Debattieren, Theaterspielen und unsere Schulnoten«.

Eigentlich hatte er Balletttänzer werden wollen, aber eine Knieverletzung beim Rugbyspielen bereitete seiner Traumkarriere am Königlichen Neuseeländischen Ballett ein frühes Ende. Mit 21 begann er, sich für seine Maori-Vergangenheit zu interessieren, arbeitete zunächst als Lehrer, später als Choreograph und Theaterregisseur. Er will als Vermittler zwischen den beiden Kulturen wirken.

Tanemahutas privilegierte Herkunft und Bildung machen es ihm sicherlich leichter, sich erfolgreich in beiden Welten zu bewegen. Aber der Vizekanzler der Massey Universität in Wellington, Mason Durie, versichert mir, dass eine gute Bildung unter Maori heutzutage nicht mehr so selten ist. »Erst vor ein paar Jahren haben wir an unserer Universität die ersten 50 Maori gefeiert, die einen Doktortitel erworben haben. Sie haben alle innerhalb der letzten zehn Jahre promoviert. Davor hatten wir keinen einzigen Maori, der seinen Doktor gemacht hat.«

Mason Durie, der ebenfalls aus einem europäischen und Maori-Elternhaus kommt, setzt sich seit vielen Jahren für die akademische Bildung der Maori und für eine Verbesserung ihrer sozioökonomischen Verhältnisse ein. »Es gibt Maori mit sehr guter Bildung, aber sie sind weiterhin Teil ihres *whanau*, ihres Familienverbands, der nicht unbedingt gebildet und nicht unbedingt wohlhabend ist. Es gibt also Einzelpersonen, die erfolgreich sind, aber sie bleiben Teil einer Gemeinschaft, deren Lebensverhältnisse eine sehr große Bandbreite aufweisen.«

Mason Durie schätzt die Entwicklung der Lebenssituation der Maori in den vergangenen 30 bis 40 Jahren sehr optimistisch ein.

Als Psychiater hat er sich lange Zeit seines Lebens im Gesundheitswesen für Maori engagiert und sieht positive Trends in vielen Bereichen. Aber er geht nicht so weit, von einer wachsenden Mittelschicht unter den Maori zu sprechen. Er verweist auf einen wesentlichen und häufig auch in politischen Belangen unvereinbaren Gegensatz in den Weltanschauungen. Im westlichen Weltbild steht das Individuum im Zentrum. Bei den Maori ist der Einzelne seinem *whanau* verpflichtet und auch seinem *iwi*, dem Stamm oder auch mehreren Stämmen. Das bringt große Verantwortung mit sich. Kura Moeahu, Organisator und kultureller Berater in Maori-Angelegenheiten im neuseeländischen Parlament, bestätigt dies: »Die Anforderungen des Stammes sind hoch, vor allem wenn viele die Gepflogenheiten und Traditionen nicht kennen. Ich bin wahrscheinlich der Einzige in meiner Generation, der sich damit beschäftigt hat. Mir wird deshalb mehr Verantwortung übertragen und ich wünsche mir, ich wüsste nicht so viel, dann könnte ich mein eigenes Leben führen.«

Kura Moeahu ist in einer Maori-Großfamilie aufgewachsen. Viele der Gebräuche sind ihm daher von seiner Kindheit in den 1960er Jahren geläufig. Aber in der Schule lernte er nichts über die Kolonisation Aotearoas durch die Briten im 19. Jahrhundert und die darauffolgende Unterdrückung seines Volkes. Dieses Wissen eignete er sich, ebenso wie die Sprache, erst als Erwachsener an. Der Generation seiner Mutter war es noch unter Androhung von Prügelstrafen verboten, Maori zu sprechen. »In den 1950er Jahren war der Rassismus noch tief verwurzelt in Neuseeland. Das war bis in die 1960er Jahre so«, sagt Peter Adds vom Institut für Maori-Studien an der Victoria Universität. Er bezeichnet das Image vom friedlichen Nebeneinander der Rassen in Neuseeland als einen Publicity Stunt der damaligen Regierung.

In den 1970er Jahren machten Maori ihrem Unmut Luft. »Es ging um die Sprache, die verloren zu gehen drohte, und die negativen sozialen Statistiken der Maori«, sagt Peter Adds. »Die

Aktivisten gaben dem Establishment, insbesondere der neuseeländischen Regierung, die Schuld daran. Sie nahmen kein Blatt vor den Mund. Mit dem Erfolg, dass sich die Ansicht durchsetzte, dass Neuseeland tatsächlich Rassenprobleme hatte.« Tausende gingen damals auf die Straße und kämpften um die politische Durchsetzung ihrer Interessen. Dies hat in den vergangenen Jahrzehnten zur Stärkung ihrer Identität und Kultur, zu einer politischen und kulturellen Wiedergeburt geführt. Ihre Sprache, Te Reo Maori, wurde 1987 eine offizielle Amtssprache und wird heute in Schulen gelehrt.

Finanzielle Wiedergutmachungen, die Rückgabe von Land, aktive Förderungsmaßnahmen für Maori, garantierte Sitze im Parlament – das alles führte schließlich zu einer Gegenreaktion unter manchen Pakeha. Peter Adds führt das auf mangelnde Geschichtskenntnisse zurück. »Neuseeländer lernen im Geschichtsunterricht sehr wenig über Maori und wie sie früher behandelt wurden. Es kann sein, dass wir die ganze Schulzeit nichts über den Vertrag zwischen den Maori und den britischen Siedlern lernen, nichts über unsere eigene Geschichte. Wir lernen die Geschichte Großbritanniens und Europas, aber nicht die von Neuseeland. Deshalb fehlen vielen Neuseeländern die Voraussetzungen zu verstehen, was in ihrem eigenen Land vor sich geht, vor allem bei diesem Thema. Wir sind wahrscheinlich ein ziemlich typisches indigenes Volk, das dem Kolonisierungsprozess ausgesetzt war. Es geht uns vielleicht besser als vielen anderen Völkern, aber wir haben trotzdem unsere Probleme.«

Auch wenn der Trend insgesamt positiv ist, so ist die Lebenserwartung der Maori doch niedriger als die der Pakeha, ihre Wohnsituation ist im Allgemeinen schlechter, ihre Gesundheitsprobleme sind größer und ihr Bildungsgrad ist geringer. Die Arbeitslosigkeit, vor allem unter Jugendlichen, ist sehr hoch, dementsprechend auch die Kriminalitätsrate sowie der Drogen- und Alkoholmissbrauch. Die meisten leben heute in Städten, weitab von den sozialen Netzen, die die Großfamilie garantierte.

An einem Kunstinstitut in Wellington sprach ich darüber mit dem 19-jährigen Studenten Hayden Tamou. Er kennt dieses Milieu nur allzu gut. »Als ich 13 oder 14 Jahre alt war, habe ich mich hauptsächlich auf der Straße aufgehalten und versucht, Geld lockerzumachen.« Drogen dealen heißt das im Klartext. Das Geld gab er anfangs immer seiner Mutter, die sich darüber freute. Der Vater hatte die Familie längst verlassen. »Zu Hause saßen wir oft im Dunkeln, ohne Geld, ohne Essen, ohne alles. Wir haben nicht gewusst, wo das Geld herkommen sollte, das Essen. Mein kleiner Bruder wurde damals geboren. Wir hatten also auch noch ein Baby im Haus.« In die Schule ging er selten. Die Polizei kam öfters zu Hause vorbei, erzählt er. Irgendwann nahmen die Drogen, der Alkohol und die Partys überhand und er kam gar nicht mehr nach Hause. Auf der Straße hatte er seine Kumpel. »Wir waren unsere eigene kleine Crew, aber wir hielten immer Ausschau nach den verdammten Bloods und den Mobsters (neuseeländische Gangs), die neue Mitglieder anheuern wollten. Die brachen immer einen Streit vom Zaun und dann ging die Prügelei los. Ich habe sie gehasst, aber die taten immer so, als würden die Straßen ihnen gehören, und niemand bot ihnen Paroli.« Hayden hat das alles hinter sich gelassen. Ein Onkel hat ihn bei sich aufgenommen, während er die Kunstschule besucht, und er träumt von einer Zukunft als berühmter Karikaturist.

Peter Adds hält es hingegen nicht für ausgeschlossen, dass es zu echten Rassenkonflikten kommen könnte, wenn die Schere zwischen Arm und Reich weiter auseinanderklafft. »Maori wollen Neuseeland nicht ruinieren. Sie wollen Gleichberechtigung in ihrem eigenen Land und ein Mitspracherecht haben. Aber weil das nicht der Fall ist, gibt es eine ziemlich große Gruppe von Leuten am unteren Ende der sozialen Leiter, die sagen: ›Wenn die uns das nicht geben wollen, dann werfen wir sie doch alle raus, fangen neu an und regeln alles selber.‹ Es sind Menschen, die in der Armutsfalle stecken, mit wenig Bildung, die anfangen, Forderungen zu stellen. Und es werden immer mehr.«

Der Anteil der Maori in Neuseeland und der aus den umliegenden pazifischen Inseln eingewanderten Polynesier wird in den nächsten Jahrzehnten weiterhin zunehmen. Im Jahr 2050 könnten sie gemeinsam 30 Prozent der Bevölkerung ausmachen. Ob das auch bedeuten könnte, dass die Weißen irgendwann des Landes verwiesen werden? Droht die Revolte von unten? Im heutigen Neuseeland kann man sich das nicht so recht vorstellen. Zu viele sind, wie Tanemahuta Gray, zu Tänzern zwischen den Welten geworden. »In der Philosophie der Maori ist das *waka* oder Boot, das Kanu, das dich nach Aotearoa gebracht hat, sehr wichtig«, sagt Tanemahuta. »Es verbindet die Familien, deren Vorfahren auf diesem Boot waren. Ich sehe das so: Egal, ob du vor 15 oder 18 Generationen aus Rarotonga kamst, oder vor fünf oder sieben Generationen aus Großbritannien, oder ob du 26 Stunden lang geflogen bist – in jeder Familie gibt es einen, der die Entscheidung gefällt haben muss, auf diese am südlichsten gelegene Insel der Welt zu kommen. Diese Entscheidung ist es, die uns alle miteinander verbindet. Und je mehr Leute Verständnis für die Geschichte dieses Landes aufbringen und für das, was wirklich passiert ist, und offen dafür sind, miteinander zu reden, desto positiver ist das für die Gesellschaft, das Land und die Wirtschaft. Weil wir dann alle am gleichen Strang ziehen.«

Identitätsfindung in der Tradition

»Die Maori-Kultur ist eine sehr starke Kultur. Sie ist nicht scheu. Sie ist selbstsicher und ausdrucksstark.« Damit erklärt Tanemahuta Gray das Phänomen, dass immer mehr Neuseeländer zu ihrer Identität als Maori finden. »Wer seine Maori-Kultur kennt, dem fällt es leicht, zu jedem Publikum aus jeder Schicht zu sprechen und zu allen eine Beziehung herzustellen. In der Philosophie der Maori sind wir alle Teil eines Ganzen.«

Tanemahuta Gray war an einem Tiefpunkt in seinem Leben angekommen, wusste nicht, wie es weitergehen sollte, als er sich auf seine Maori-Seite zurückbesann. »Ich wusste damals, dass mir in meinem Wesen etwas fehlte, das ich wieder zum Leben erwecken musste. Als ich diesen Weg einschlug, erkannte ich, dass da eine große Kraft war, die ich vermisst hatte. Sie sollte mein neues Rückgrat werden und davon habe ich mich seitdem leiten lassen.« Tanemahuta fand den Weg zurück in die Welt der Maori durch das Erlernen der Sprache und das Tanzen des Haka.

Das Rugbyteam All Blacks hat den Haka weltweit bekannt gemacht. Da er auch der Einschüchterung eines Gegners dienen kann, wird er gern als Kriegstanz der Maori interpretiert. In ihm drückt sich die Stärke dieses Volkes aus, das der britischen Kolonialmacht nicht gutmütig das Feld räumte, sondern Widerstand bot. Aber der Begriff Haka steht für »Tanz« im Allgemeinen, *kapa* für »Reihe«. *Kapa haka* ist daher der Gruppentanz bzw. die traditionelle Darstellungskunst der Maori. Die Tänze und dazugehörigen Lieder zu lernen ist der ideale Weg, um sich einen Zugang zur Maori-Kultur zu verschaffen, bestätigt mir Teurikore Biddle, die an der Victoria Universität in Wellington Tanz und Sprache der Maori unterrichtet. »Wir betrachten den *kapa haka* heute als einen Weg für junge Leute, stolz auf ihre Herkunft zu sein. Er bietet einen Zugang zur Maori-Kultur, von der viele lange Zeit entfremdet waren. Der Tanz bringt sie in Kontakt mit der Sprache, und wenn sie dann damit auf die Bühne gehen, sehen wir unsere Kultur, unsere Sprache und unsere Menschen zu neuem Leben erwachen. Ich glaube, es hat viel damit zu tun, dass man endlich seinen Platz gefunden hat und das Gefühl hat, seiner Kultur anzugehören, indem man nicht nur Betrachter ist, sondern wirklich in einem bestimmten Grad daran teilnimmt. Es ist eine große Herausforderung. Wer lange nichts damit zu tun hatte, dem fällt es nicht leicht, sich wieder in die Welt der Maori einzufinden.«

Zu seiner Maori-Identität zu finden bedeutet, sich mit den Gebräuchen und Ritualen des eigenen Stammes vertraut zu machen, seine Mythen und Legenden zu verstehen und um seine Herkunft zu wissen. Maori sagen: »Du musst deine Berge und Flüsse kennen.« Tanemahuta Gray führt das weiter aus: »Wir haben eine sehr starke Anbindung an unsere *tupuna*, unsere Vorfahren, unsere Ahnen. Es gibt eine Kraft, die auf deine Großeltern, Urur-großeltern und auf deinen gesamten Stammbaum zurückgeht. Sie wartet nur darauf, dir zu helfen und dich zu führen. Diese Netz-werke funktionieren nicht nur auf der Ebene, dass jemand sagt: ›Oh, du bist Te Puias Enkel‹, und das gibt dir Status und Prestige, sondern auch auf einer spirituellen Ebene. Deine *tupuna*, deine Ahnen, wirken in deinem Interesse und helfen dir, deine Träume zu verfolgen und zu verwirklichen. Diese Energie zu kanalisie-ren, hat meinem Leben eine unglaubliche Wende zum Besseren gegeben.«

Bis ins 19. Jahrhundert wurden die Stammesgeschichten, My-thologien und Legenden der Maori mündlich und durch Holz-schnitzereien überliefert. Ihre traditionellen Versammlungshäu-ser, die *marae*, sind aus Holz geschnitzte Kunstwerke, die sich wie ein Geschichtsbuch lesen lassen. Meist sind sie einem bestimm-ten Vorfahren gewidmet, einer wichtigen Person des Stammes oder des Familienverbands. Im Nationalmuseum Te Papa Ton-garewa in Wellington steht eines der ältesten und bedeutendsten dieser Häuser aus dem Jahre 1840. Arapata Hakiwai, der wissen-schaftliche Leiter der Kunstschätze der Maori, führte mich hin-ein. »Wenn man in ein Versammlungshaus geht, betritt man in gewissem Sinn einen Vorfahren, denn das ganze Haus gleicht einem Menschen. Der Firstbalken oben steht für das Rückgrat. Die mit einem speziellen Muster bemalten Dachsparren sind die Rippen.« Jede Schnitzerei hat eine Bedeutung. Arapata erklärte mir auch, warum es für Maori so wichtig ist, ihren Stammbaum zu kennen. »Wir behalten unsere Vorfahren in Erinnerung, weil es für uns wichtig ist, zu wissen, wer wir sind und woher wir stammen. Allen Maori ist bekannt, dass wir in Kanus aus Ostpo-lynesien gekommen sind. Wir kennen immer noch die Namen all derer, die in diesen Kanus waren. Und obwohl es 22 Generatio-nen her ist, stehen sie noch wie heute vor uns. Es ist nicht ferne

Vergangenheit, sondern tatsächlich eine ewige Gegenwart, und das macht uns zu dem, was wir sind.«

Zeitgenössische Künstler haben im Te Papa Museum auch einen modernen *marae* gebaut, ein Versammlungshaus mit dem typischen Vorplatz, wo Maori ihre Willkommensrituale abhalten. Dieser *marae*, der nach intensiven Konsultationen mit Stammesvertretern entstanden ist, soll den bikulturellen Anspruch des Museums verkörpern. Er soll ein Ort sein, an dem alle Neuseeländer, egal welcher Abstammung, willkommen sind. Bei feierlichen Anlässen, wie etwa zu den Maori-Neujahrsfeiern, werden die entsprechenden Rituale durchgeführt. Die Gäste werden mit einem zeremoniellen Ruf, dem *karanga*, begrüßt. Daraufhin treten sie durch eine Glastüre, die sich nach oben hin öffnet. Sie erleben damit symbolisch die Schöpfungsgeschichte, in der die Kinder den Himmelsvater, Ranginui, aus seiner engen Umarmung mit Papatuanuku, der Erdmutter, trennen. »Die vielen Kinder wurden alle zu Göttern, die jedem Aspekt im Leben der Maori zugrunde liegen. Einer ist Tangaroa, der Gott des Meeres. Wenn wir etwas mit Wasser zu tun haben, ehren wir Tangaroa und stimmen ihn versöhnlich. Genauso bitten wir Tane Mahuta, den Gott des Waldes, um seine Erlaubnis, seine Unterstützung, wenn wir Bäume fällen. Das tun wir auch heute noch. Wenn ein Kanu gebaut wird, dann müssen wir eine Reihe von Ritualen vollziehen, denn sonst könnte etwas schiefgehen.« Das Bestehen auf die Einhaltung von Ritualen kann gelegentlich zu Konflikten führen. Manchmal werden Straßenbau-, Tourismus- oder Filmprojekte verzögert oder auch verhindert, wenn Maori Einsprüche geltend machen, weil ihre heiligen Stätten dadurch entehrt würden. Oft fehlt es ganz einfach am Verständnis füreinander.

In der Mythologie der Maori ist auch erklärt, wie es zu Zwistigkeiten und Missverständnissen zwischen den Menschen kam. Mauis Brüder versäumten es, die Götter zu beschwichtigen, nachdem sie die Nordinsel aus dem Meer gefischt hatten. »Sie haben den Fisch aufgeschnitten, und er hat sich vor Schmerz gekrümmt«, erzählte Tanemahuta. »Deshalb ist Neuseeland kein flaches Land, sondern vulkanisch, hügelig und gebirgig und das zeigt auch die Kluft zwischen den Communities. Die eine ist auf der einen Seite des Berges, die andere auf der anderen. Man weiß nicht, was die anderen machen. Man sieht nicht, ob sie einen Angriff planen und dir dein Land und seine Ressourcen wegnehmen wollen, oder ob sie ein friedliches Fest feiern. Wer weiß? Misstrauen kommt auf, das führt zu Zwiespalt und Spannungen. Das ist das Wesentliche bei dieser Geschichte. Und deshalb sind Maori sehr stammesgebunden. Bis heute verharren sie in ihren verschiedenen Stämmen.«

Es ist aus diesem Grund nicht einfach für Maori, als ein Volk mit einer Stimme zu sprechen. Ihre Mythen und Legenden variieren von Stamm zu Stamm, von Gegend zu Gegend. Gemeinsam ist ihnen jedoch der Glaube an eine belebte und beseelte Natur. *Mauri* nennen sie die Lebenskraft, das Lebensprinzip, das allen Dingen, Menschen, Tieren und Pflanzen innewohnt. Es geht auf Ranginui und Papatuanuku zurück, die es durch ihre Kinder in die Welt gebracht haben bzw. deren Kinder die Welt und die Natur geschaffen haben.

In der Natur findet auch das Team um Teurikore Biddle Kraft für die *kapa haka*-Wettbewerbe. Die spirituelle Seite ist für eine gute Vorführung genauso wichtig wie die physische, mentale und emotionale Komponente, sagt die Dozentin. Ihre Heimat ist der Te-Urewera-Nationalpark im Nordosten der Nordinsel. »Unsere spirituellen Bedürfnisse erfüllen wir, indem wir zu unserem heiligen Berg gehen. Für uns ist das der Leuchtturm, der uns nach Hause ruft. Er umfasst das Land, die Bäume, die Vögel, die Flüsse. Alles in dieser Gegend und darum herum begreifen wir als unseres. Dabei geht es nicht um Besitztum, sondern um eine Verbundenheit, die man fühlt – in der Art, wie man sich mit einem Seelenverwandten verbunden und sich ihm verpflichtet fühlt. Dieser Seelenverwandte kann niemals ersetzt werden. Das ist das Gefühl, das ich Te Urewera gegenüber habe. Es gibt dir Kraft, weil dich der Ort und die Leute daran erinnern, wer du bist, was du repräsentierst und was du mitnimmst.«

Das Naturverständnis der Maori unterscheidet sich, wie das anderer indigener Völker auch, grundlegend von dem der westlichen Welt. Der Mensch gilt nicht als Krönung, sondern als Teil der Schöpfung und trägt Mitverantwortung für das Wohl des Ganzen. »In der Weltanschauung der Maori ist alles mit allem verbunden. Maori leben in der Bewusstheit des Ganzen«, sagt Tanemahuta. »Der Philosophie der Maori zufolge sind wir *taina*, die jüngeren Brüder der Vögel, die vor uns kamen, und der Fische, die vor uns kamen. Wir stehen auf der untersten Stufe, unter den Tieren. Uns wurden die geistigen Fähigkeiten gegeben, damit wir ihre Beschützer sein können, sie versorgen können. Es ist unsere Pflicht, für unsere älteren, hochgeschätzten Vorfahren zu sorgen, egal, ob es Tiere oder Pflanzen sind. Wir sind alle als Ganzes miteinander verbunden, ohne das eine kann das andere nicht richtig funktionieren.«

Tanemahuta Gray hat seine eigene Philosophie über die Beziehung der Menschen zu den Vögeln entwickelt, den Bewohnern Neuseelands vor der Ankunft der Menschen. »Für mich ist es so, als hätte Aoteaora, das Land selbst, ein *karanga* ausgesandt, einen Willkommensgruß. Es hat nach uns gerufen, und mehrere haben darauf geantwortet. Der Ruf kam von den *manu*, den Vögeln. Sie sind es, für die wir hier sind, für die wir sorgen müssen. Sie haben das Sagen hier. Für mich liegt der Schlüssel darin, dass sie nach uns als die *kaitiaki*, die Beschützer, gerufen haben, damit wir das Land schützen, es betreuen, seine Geschichten erzählen und sie mit aller Welt teilen. Dass wir es nicht plündern oder überbeanspruchen, so wie es leider manche getan haben.« Den Vögeln wieder mehr Lebensraum zu verschaffen und ihnen das Überleben zu sichern bedeutet, auch das Land und die Natur zu schützen. Darin sieht Tanemahuta heute ebenso seine Aufgabe, wie anderen Neuseeländern gemischter Herkunft zu helfen, ihre Identität zu finden. »Diesen Ort zu finden, wo man sich in sich selber wohlfühlt, das ist für viele Leute schwer, aber es ist lebenswichtig. Denn wenn man dieses Stadium erreicht hat, erkennt man, dass man von beiden Seiten sehr viel Stärke bekommen und sehr viel Positives daraus ziehen kann. Das bedeutet wiederum, dass man eine starke Kraft in seiner Community werden kann.«

Die lebendige Kunst und Kultur der Maori

»*Whare tapere* sind Orte, an denen man sich in der Zeit, bevor die Europäer kamen, Geschichten erzählt, getanzt und gespielt hat. Es waren Plätze, wie sie in Dörfern auf der ganzen Welt zu finden sind, Orte der Unterhaltung und des Vergnügens«, erzählt Charles Royal, der sich in erster Linie als Musiker und Komponist versteht, aber auch Professor für indigene Entwicklung an der Universität von Auckland ist. »Leider ist diese Tradition im 19. Jahrhundert untergegangen. Wir haben insofern keine intakte *whare-tapere*-Tradition, die sich über die Jahre erhalten hat. Wir sind aber dabei, aus den bruchstückhaften Kenntnissen aus der Vergangenheit etwas Neues aufzubauen.«

Ich traf Charles Royal auf einer 150 Hektar großen Farm am Hauraki-Golf, einem Stück Land, das seinem Stamm gehört. Seit 2010 hat er dort die *whare tapere* zu neuem Leben erweckt. Es war sehr heiß an diesem Tag im Februar, als ich einer Einladung gefolgt war, von der ich ganz zufällig erfahren hatte. Ich war mir unsicher, ob ich als Pakeha mit meinem Partner bei diesem Maori-Ereignis wirklich willkommen sein würde. Aber die Bedenken waren unnötig. Wir wurden von den Gastgebern sehr herzlich begrüßt und aufgenommen. Rund 200 Gäste, viele davon wahrscheinlich Freunde und Bekannte der Familie, hatten sich mit großen Picknickkörben und Sonnenschirmen eingefunden. Kinder und Erwachsene spielten Spiele, wie sie ihre Vorfahren auch vor Hunderten von Jahren hier gespielt haben könnten. Für die Vorführungen ließen wir uns auf einer terrassenförmig angelegten Wiese im Halbkreis nieder. Die Bühne darunter war eine Art großer Sandspielplatz. Wir lauschten hypnotischer Musik der Gruppe Reo, die auf traditionellen Musikinstrumenten der Maori, Holzflöten, Trompeten und Schneckenhörnern, spielten und sie mit menschlichen Stimmen und computermanipulierten Tönen aus der Natur untermalten. Historiker und Holzschnitzkünstler führten ein Maori-Marionettentheater vor, eine Tradition, die vor vielen Jahren ausgestorben ist. In den Pausen lernten wir die anderen Zuschauer kennen, teilten mit ihnen Speisen und Getränke und fühlten uns wie in einen großen Familienverband aufgenommen.

Der Höhepunkt am Abend war eine Tanzaufführung mit dem Titel »Das Licht tanzt«. Sie sollte den mythologischen Ursprung des *kapa haka* darstellen. »Dabei geht es um die Entstehung der beiden Figuren Tanerore und Hineruhi, dem männlichen und dem weiblichen Tanz, aus der ursprünglichen Finsternis. Es ist die Ankunft dieser beiden Qualitäten in der Welt«, erklärte mir Charles Royal später. »Der Tanz von Tanerore ist das Zittern der Luft an einem sehr heißen Tag. Der Tanz von Hineruhi ist das Glitzern des gebrochenen Lichts im Morgentau. Das sind die beiden Paradigmen des männlichen und weiblichen Tanzes.« Blaue Lichteffekte in der Dunkelheit, weiß bemalte Körper, die eindringliche Musik und ausdrucksvollen Tänze erinnerten mich mehr an modernes Tanztheater als an *kapa haka*. Charles Royal nannte das japanische Tanztheater Butoh und Antonin Artauds »Theater der Grausamkeit« als mögliche Einflüsse. Er hatte das Stück gemeinsam mit der Choreographin Louise Potiki-Bryant entwickelt. Tänzer und Musiker sind Mitwirkende am Ganzen, fühlen sich durch Meditationen in der Natur in das innere Wesen, die Qualität dessen ein, was sie durch ihren Tanz, ihre Musik ausdrücken wollen, erklärte er mir. »Es liegt in unserer Tradition, auf diese Weise an eine Vorführung heranzugehen. Es ist das Konzept des *whakaahua*. Bei unseren Schnitzarbeiten und Tätowierungen ist es ähnlich. Unsere Tätowierer tragen etwas auf die Haut auf, aber letztendlich enthüllen sie etwas, das bereits im Körper ist. Bei den Holzschnitzereien, die unsere Häuser schmücken, geht es ebenfalls darum, etwas offenzulegen, das im Inneren des Holzes ist. Dieses Konzept des *whakaahua*, das Aufzeigen aus dem Inneren und nach außen projizieren, findet sich in vielen kreativen Werken unserer Vorfahren.«

Traditionelle Varianten des Haka werden bei einem viertägigen *kapa-haka*-Wettbewerb, der alle zwei Jahre stattfindet, aufgeführt. Bis zu 50 000 Zuschauer reisen für die Landesmeisterschaft aus ganz Neuseeland und Australien, wo sich viele Maori niedergelassen haben, an. Die Auswahlkriterien sind streng, und die Tanzgruppen müssen sich in regionalen Wettkämpfen qualifizieren, bevor sie um den Titel in verschiedenen Disziplinen antreten dürfen. Männer und Frauen tragen bei diesen Vorführungen traditionelle Flachsröcke. Maori kommen ins Schwärmen, wenn sie von dem Festival sprechen. Bei den restlichen Neuseeländern ist das Interesse dafür eher gering, wobei sich auch das zu ändern scheint, seitdem mehr internationale Medien über das Turnier berichten.

Auch Kanzlerin Merkel wurde 2014 bei einem Staatsbesuch mit einem Haka begrüßt. Er war eingebunden in ein *powhiri*, die traditionelle Willkommenszeremonie der Maori, die heute bei allen Feierlichkeiten mit dazu gehört. Es beginnt gewöhnlich mit einem *karanga*, einem Gruß der Gastgeber, der von einer Frau mit durchdringender Stimmgewalt ausgeführt wird, darauf folgen Reden und Gesänge und am Ende gibt es ein gemeinsames Essen. Gemäß Protokoll durfte Merkel die Speerspitze, die ihr ein Maori im Rahmen des *powhiri* vor die Füße warf, nicht aufheben, weil sie eine Frau ist. Althergebrachte Rollenverteilungen in Maori-Ritualen führen gelegentlich zu Debatten und Auseinandersetzungen, vor allem wenn es um Sitzordnungen oder Rederechte für Frauen geht. Bislang wird an den Gepflogenheiten noch festgehalten, auch wenn manche Maori- und Pakeha-Feministinnen versuchen, das zu ändern.

Der Tänzer und Theatermacher Tanemahuta Gray hat schon vor Jahren nach Wegen gesucht, die kulturell so verschiedenen Welten miteinander zu verbinden. »Ich wollte eine große Maori-Show mit unseren Geschichten auf die Bühne bringen, aber ich wusste nicht wie. Meine *tupuna*, meine Vorfahren, rieten mir, ins Ausland zu gehen und meinen Horizont zu erweitern.«

In London arbeitete er fünf Jahre lang bei der argentinischen Gruppe De La Guarda mit. »Sie machten Trapezkunst, und ich lernte fliegen. Dann kam mir in den Sinn, dass ich mit diesen Fähigkeiten unsere Geschichten auf eine dreidimensionale Art erzählen konnte, so wie ich mir das immer vorgestellt hatte. Ich wollte immer schon die Geschichten unseres großartigen Vorfahren, der diese gottesähnlichen Heldentaten vollbrachte, auf die Bühne bringen.« Der charismatische Halbgott Maui ist es, den Tanemahuta Gray in der Show »Maui – One Man against the Gods« (Maui – ein Mann gegen die Götter) schließlich inszenierte. Es ist die Figur des Tricksters, des Schelms oder Schlitzohrs, die mit List und Tücke alle Probleme löst. Für seine abenteuerlichen Heldentaten ist Maui in ganz Polynesien berühmt. In Hawaii wurde die Insel Maui nach ihm benannt. Tanemahuta Gray ist mit seinen Geschichten aufgewachsen. »Es gibt Superman, und es gibt Maui, unseren Maori-Superhelden. Er ist wahrscheinlich der bekannteste Vorfahre, bekannter noch als Herkules, der Held aus der griechischen und römischen Mythologie. Maui ist im ganzen pazifischen Becken und darüber hinaus bekannt. Er ist etwas ganz Besonderes. Ich hatte sehr viel Glück, dass mir die Gaben und das Handwerkszeug übertragen wurden, ihn auf die Bühne zu bringen und seine Geschichten zu erzählen. Das war wirklich eine unglaubliche Ehre.«

Tanemahuta Gray vereint Mythos, Kultur und Sprache der Maori mit westlichen Trapezkünsten, modernem Tanz und einer spektakulären Lightshow. Mauis Vater spricht zum Zuschauer auf Englisch und erklärt hin und wieder das Geschehen, das sonst ganz auf Maori stattfindet. Es zeigt Maui in der Auseinandersetzung mit seinen Brüdern, Maui, der die Sonne überwältigt und das Feuer auf die Erde bringt. Es ist eine Show, die Neuseeland begeistert hat. »Die Aufführung hat etwas stammesmäßiges an sich, eine Verbundenheit, die zurück zu unseren barbarischen Wurzeln geht, zurück zum Ursprünglichen.«

Auch Lisa Reihana, eine international renommierte Video-, Installations- und Foto-Künstlerin, greift in ihren Werken auf die Mythologie und auf Maui zurück. Ein zwei Meter großes Foto zeigt Maui, eine kraftvolle überlebensgroße Figur, auf einem Surfbrett im Wasser. Für das Porträt der Feuergöttin Mahuika hat sie eine ihrer älteren Tanten majestätisch mit wallendem rotem Rock und roten Fingernägeln auf einen Stuhl platziert. Die Figuren gehören zu der Serie »Digital Marae«, in der sie das Konzept des Versammlungshauses neu interpretiert. Die Ahnengalerie im Versammlungshaus, die traditionsgemäß aus Holz geschnitzt wird, füllt sie mit Fotos von ihren Familienmitgliedern, transsexuellen Bekannten und Freunden. Sie bricht dadurch mit der Tradition und geht neue Wege, erklärte mir Megan Tamati-Quennell, Kuratorin für zeitgenössische Maori- und indigene Kunst am Nationalmuseum Te Papa Tongarewa. »Obwohl es sich um Fotos handelt, sind es für sie auch Schnitzereien. Und damit geht sie an die Grenzen des Erlaubten, denn das Schnitzen ist die Domäne der Männer. Als junge Maori-Frau ist sie nicht als Meisterschnitzerin ausgebildet worden. Bei uns wird man für dieses Leben als Meisterschnitzer herangezogen. Sie hat dazu keinen Zugang, aber sie hat die moderne Technologie und deshalb benutzt sie für ihre eigenen Schnitzereien den Computer und die Digitalfotografie.«

Lisa Reihana ist eine von vielen zeitgenössischen Maori-Künstlern, die sich international einen Namen gemacht haben. Schon in den 1950er und 1960er Jahren gab es Maori, die sich als Maler und Künstler sahen und nicht mehr als Holzschnitzer und Weber, so wie es üblich war. Die Maori-Sprache hat kein Wort für Kunst, denn Kunst war für sie immer zweckgebunden. Sie kann von daher nur in ihrem Kontext interpretiert werden. Maori-Künstler erlebten einen Durchbruch, als in den 1980er Jahren ihre Kunstwerke das erste Mal auf Tour gingen und in den USA gezeigt wurden. »Ab den späten 1980er Jahren wurde Maori-Kunst ernsthaft gesammelt. Es gab dieses ideologische Umdenken, was alles auch mit bikulturellen Werten zu tun hatte«, erläuterte Megan Tamati-Quennell. »In den 1990er Jahren gab es eine neue Gruppe von Maori-Künstlern, die Kunsthochschulen besucht und Universitätsabschlüsse hatten. Es gab eine Reihe von sogenannten jungen Wilden, die sowohl nationale als auch internationale Anerkennung fanden. Diese Künstler der 1990er Jahre verstanden etwas von Kunst, von Kunstgeschichte. Es war die Postmoderne, die all den abweichenden Stimmen ein Forum gab, und dazu gehörten eben auch Maori-Künstler.«

Die neue Generation von Künstlern macht nicht mehr von sich reden, weil sie Maori sind und indigene Kunst gefragt ist, sondern einfach weil sie gut sind. Sie sind weltweit auf Biennalen vertreten, in Museen und Galerien ausgestellt. Es gibt erfolgreiche Schriftsteller, Musiker, Schauspieler und Filmemacher. Dazu gehören die Autoren Keri Hulme, die mit ihrem Roman »Unter dem Tagmond« 1985 den Man-Booker-Preis für englischsprachige Literatur gewann, und Witi Ihiamaera, dessen Roman »Whale Rider« 2002 verfilmt wurde. Joe Dukie ist Frontman der Band Fat Freddy's Drop, und Filmemacher Taika Waititi ist auf vielen Filmfestivals mit Preisen ausgezeichnet worden.

Maori geben der heutigen Schnitzkunst, der Weberei, den Tätowierungen und dem Haka eine neue Ausrichtung. In ihren Werken drückt sich ihre Herkunft aus, sie stehen aber gleichzeitig auch in einem globalen Kontext. Für viele ist, wie auch bei Charles Royal, die Tradition mit der Moderne gekoppelt. Royal hat die Vision von einer besseren Welt, die er mit Hilfe der Orte des Vergnügens erzeugen will. »Der Grund für ein *whare tapere* sollte nicht sein, dass wir Maori sind. Wir sollten das *whare tapere* vielmehr deshalb annehmen, weil es uns hilft, eine harmonischere, bessere Gesellschaft zu werden und unsere Geschichten zu erzählen. Die Leute sollten nicht dazu verpflichtet werden. Aber ich könnte mir vorstellen, dass sie zu einem *whare tapere* kommen und dann ihre eigenen *whare tapere* veranstalten, um sich weiterzuentwickeln, weil es neues Leben in ihre Communities bringt, den Schulunterricht und das Geschichtenerzählen bereichert, weil es die Identität fördert und den sozialen Zusammenhalt.«

Te Kura Kaupapa: Schulen von Maori für Maori

Am Ende unserer Straße, dort wo sie zum Strand führt, befindet sich eine Maori-Immersionsschule. Auf dem Schulhof und im Klassenzimmer wird ausschließlich Maori gesprochen.

Von der Schule aus hat man einen Blick auf die Hafeneinfahrt von Wellington und auf mehrere kleine Inseln. Die Schule heißt »Te Kura Kaupapa Maori o Nga Mokopuna«. Te Kura Kaupapa Maori steht für Maori Schule und beinhaltet, dass der Unterricht nach Maori-Prinzipien und auf Maori erfolgt. Über 70 solcher staatlicher Maori-Immersionsschulen gibt es in Neuseeland. Geschaffen wurden sie, um die Chancengleichheit zu fördern, erklärte mir die Schulleiterin Moarikura Johnson: »Unsere Maori-Kinder haben im normalen westlichen Bildungssystem versagt. An den Kura, den Immersionsschulen, geht es nicht nur um die Wiederbelebung der Sprache, sondern auch unserer Gebräuche, Traditionen und Kultur. Es geht darum sicherzustellen, dass sie der Grundstock sind für das Lernen und die Ausbildung unserer Kinder, dass alles, was unsere Kinder in ihrem Leben betrifft, aus der Sichtweise der Maori betrachtet wird.«

Jeder Schultag beginnt und endet mit einem *karakia*, einer Art Gebet, das sowohl christliche Elemente als auch Aspekte der Kultur und ihrer Mythen enthalten kann. Die Schüler tragen die an neuseeländischen Schulen üblichen Uniformen und unterscheiden sich auch sonst nicht von Kindern an anderen staatlichen Schulen. Auch der Lehrplan ist der gleiche. Als mich die Direktorin in eines der Klassenzimmer führte, stand eine Gruppe von Zehnjährigen um einen Computer. Ihre Lehrerin erklärte ihnen gerade die Mathe-Hausaufgabe. Ich wurde vorgestellt, verstand aber kaum ein Wort. Ich war überrascht über die lockere und entspannte Atmosphäre im Klassenzimmer. Es gab Tische mit Stühlen, aber auch Sitzkissen auf dem Boden, auf denen Gruppen von Schülern und Schülerinnen Karten spielten. Sie lachten sehr viel. Kartenspielen ist Teil des Mathe-Unterrichts, erklärte mir ihre Lehrerin, Awaroa Rapana, später auf Englisch im Lehrerzimmer. »Dabei lernen sie addieren, subtrahieren und multiplizieren.«

Die meisten der insgesamt 82 Schüler haben vor ihrer Einschulung schon sogenannte *kohanga reo*, Sprachnester, besucht. Sie wurden in den frühen 1980er Jahren eingerichtet, als erster Versuch, die Kultur und Sprache der Maori wiederzubeleben. Heute kann an vielen Schulen, an denen nur Maori gesprochen wird, nicht nur die Grundschulausbildung gemacht, sondern auch die Hochschulreife erworben werden.

Zu den Grundprinzipien dieser Schulen gehört ein ganzheitlicher Ansatz. Gefördert wird nicht nur der akademische Erfolg der Schüler. Ihre physischen, emotionalen und spirituellen Bedürfnisse werden ebenso berücksichtigt wie ihre Beziehungen untereinander, zu ihren Familien und ihren Stämmen. »Der Einsatz einer ganzen Community ist gefordert, damit Kinder ihr volles Potenzial entwickeln können.« Davon ist Moarikura Johnson überzeugt und an den Maori-Schulen sei dies gewährleistet, meint sie. »Die Kinder sind in einen *whanau* eingebunden, einen Familienverband, in dem sie gefördert und unterstützt werden und wo ihnen geholfen wird. Wir glauben, dass alle unsere Kinder erfolgreich sind. Wir glauben nicht, dass unsere Kinder versagen können. Dieses Konzept ist uns fremd. Wir betreiben die Schule gemeinsam, wir unterrichten die Kinder gemeinsam. Jeder hat etwas beizutragen. Das ist unsere Denkweise hier, und wir schaffen eine entsprechende Umgebung für unsere Kinder.«

Voraussetzung für die Aufnahme an der Schule ist es, dass sich Eltern, Großeltern oder andere Verwandte dazu verpflichten, tatkräftig mitzuhelfen, bei den Hausaufgaben ebenso wie bei Schulveranstaltungen, Spendenaktionen und sogar im Unterricht. »Wir alle teilen unser Wissen mit anderen. Wir haben Eltern mit besonderen Fähigkeiten, und es kann sein, dass wir sie einen Blockkurs unterrichten lassen. Wir haben zum Beispiel Eltern, die Filmemacher sind oder Computerfachleute oder Wissenschaftler. Es gibt auch eine Expertin für Maori-Spiele unter ihnen. Wir nutzen dieses Wissen und die Ressourcen innerhalb der Community, der Familie, der Schule. Jeder nimmt aktiv am Schulleben teil.«

Die Großeltern dieser Kinder wurden mit dem Rohrstock gezüchtigt, wenn sie in der Schule Maori sprachen. In den Schulbüchern war von den dreckigen Wilden die Rede, die an falsche Götter glaubten. Doch der Versuch, die indigene Bevölkerung zu unterdrücken und zu assimilieren, ist fehlgeschlagen. Heute lernen Maori-Kinder vom Pioniergeist ihrer Vorfahren, die ausgezeichnete Seefahrer waren und lange vor Kolumbus die Meere überquert haben. Sie lernen es, stolz auf ihre Herkunft zu sein. Das gibt ihnen das nötige Selbstvertrauen für den Erfolg in beiden Welten, meint Moarikura Johnson: »Wenn man sich die Statistiken ansieht, dann schneiden unsere Kinder in den Immersionsschulen oder den anderen für sie geschaffenen Einrichtungen besser ab. Das kommt daher, weil sie ihre Kultur als Basis haben. Aber sie lernen auch, wie es in der heutigen Welt aussieht. Es geht darum, das richtige Gleichgewicht zu finden, sicherzustellen, dass sie neben ihrer Maori-Kultur auch die heutige Welt begreifen und wie sie sie in Beziehung setzen können.«

Der Erhalt ihrer Sprache ist jedoch trotz Förderungsmaßnahmen weiterhin gefährdet. Nur rund drei Prozent der Neuseeländer insgesamt und 20 Prozent der Maori können sich fließend auf Maori unterhalten. Aber die Anzahl der Kinder, die Maori lernen, steigt. Die zweite Amtssprache als Pflichtfach in den Schulen einzuführen, ist politisch schwer durchzusetzen und auch praktisch kaum durchführbar, weil es an fachlich kompetenten Lehrern fehlt. Ob es gelingen wird, den Kulturschatz Sprache langfristig zu erhalten, lässt sich im Moment schwer sagen. Maori hat auf jeden Fall das neuseeländische Englisch entscheidend beeinflusst und verändert und ein Ende dieses Trends ist nicht abzusehen.

Kreatives Leben in den Städten

Die Kulturhauptstadt Wellington

»Ich liebe diese Stadt, die Hügel, den Hafen und den Wind, der durch die Straßen hindurchfegt. Ich liebe ihr pulsierendes Leben und sogar die Wärme des Verfalls ... Hier gibt es immer einen Abgrund, den man entlangbalancieren muss, der scharf ist und gefährlich, der die volle Aufmerksamkeit erfordert.« Dieses Zitat der preisgekrönten Maori-Schriftstellerin Patricia Grace entdecken wir auf einem Spazierweg entlang des Wellingtoner Hafens. Der Text ist wie ein Stempel aus Metall in eine Holztafel geschnitzt. Unter Brücken versteckt, auf Holzbalken am Ufer- und Wegesrand finden sich diese Platten mit Zitaten und Sprüchen über Wellington von bekannten neuseeländischen Dichtern und Autoren. Der »Water Whirler«, eine kinetische Wasser-Skulptur des Künstlers Len Lye, »Nga Kina«, mehrere Tonnen schwere grüne Seeigel von Michel Tuffery und von Max Patte »Solace of the Wind«, eine nackte Männerfigur aus Gusseisen, die sich am Wasserrand bedenklich weit nach vorne in den Wind legt – das sind nur einige wenige der vielen Skulpturen rund um den Hafen.

Wellingtons inneres Hafenbecken erstreckt sich von Oriental Bay mit seinem goldenen Sandstrand und seiner Promenade, dem Ankerplatz für Segelboote mit den exklusiven Restaurants und Appartements, über das Nationalmuseum Te Papa nach Queens Wharf bis hin zum Containerhafen und der Anlegestelle für Fähren und Kreuzfahrtschiffe. Dazwischen gibt es Restaurants und Straßencafés, Kunstgalerien, Konzerthallen, einen Kajakverleih und ein Seefahrtsmuseum, Parkanlagen und Fahrradwege.

Dahinter liegt die Innenstadt – kompakt und überschaubar. Alles lässt sich hier zu Fuß erledigen. Das macht die Stadt so sympathisch. Wellington hat ein gut ausgebautes Bus- und Bahnnetz und ist mit dem Auto auch von den Vororten in meist weniger als zwanzig Minuten schnell zu erreichen. Wellington City hat nur 200000 Einwohner und selbst, wenn man das gesamte Einzugsgebiet dazurechnet, sind es weniger als eine halbe Million.

Wellington rühmt sich gern damit, mehr gastronomische Einrichtungen pro Einwohner zu haben als New York. Die Gegend um Courtney Place ist das Ausgehviertel für Jung und Alt. Neben Theatern, Kinos und dem Opernhaus reihen sich hier Bars, Clubs, Restaurants und Cafés aneinander. Am Civic Square stoßen Bibliothek, Kunsthalle, Rathaus, Stadt- und Konzerthalle aufeinander. Auf dem Platz selbst finden Veranstaltungen und Märkte statt. Gleich beim Bahnhof ist das Verwaltungs- und Regierungsviertel mit dem Parlamentsgebäude Beehive (Bienenstock), das zum architektonischen Wahrzeichen Wellingtons geworden ist. Bürogebäude, exklusivere Ladenketten und Designerläden säumen die Straßen der sogenannten Golden Mile von Lambton Quay bis zur Willis Street.

Wellington sieht sich gern als Kulturhauptstadt Neuseelands, ein Titel, den ihm Auckland streitig zu machen versucht. Aber da es auch das politische Zentrum ist, machen internationale Stars auch gern einen Stopover in Wellington. Zum alljährlichen Filmfestival kommen die Besucher in Scharen. Das Kunst- und Kulturfestival bringt alle zwei Jahre Theatermacher, Musiker, Tanz- und Performancekünstler aus aller Welt in die Stadt. Es gibt Literatur-, Fringe- und Jazzfestivals, eine kostenlose Sommerkonzertreihe »Garden Magic« im botanischen Garten und vieles mehr. Aber es sind die heimischen Filmemacher, die Musiker, Künstler, Poeten und Schriftsteller, die Spezialeffekte-Spezialisten von Weta Workshop, die aus Wellington die »Kreativhauptstadt« des Landes gemacht haben.

»Cuba Street ist da, wo vieles anfing«, erzählt Thomasin Bolinger, die Besitzerin eines Kuriositätenladens auf der Cuba Street: »Viele, die jetzt als Beispiele für die Bedeutung der neuseeländischen Kunstszene dienen, hatten ihren Start hier. Peter Jackson gehört dazu, seine Stammkneipe war gleich da oben. Viele seiner ersten Filme spielten hier. Ebenso die Filmemacherin Gaylene Preston. Die Gruppe Fat Freddy's Drop hatte ihr Aufnahmestudio um die Ecke und trat in den Clubs in der Cuba Street auf. Auch Taika Waititi hat hier gelebt, gearbeitet und sich amüsiert.«

Cuba Street liegt zwischen Courtnay Place und Lambton Quay. Das Straßenbild ist eine bunte Mischung aus Secondhandläden und Designerboutiquen, darunter ein alteingesessenes Geschäft für Rasenmäher, ein Laden mit Nüssen aus aller Welt, ein Sexshop, ein Tätowierstudio. Im Cosmic Corner werden Legal Highs verkauft. Laundry nennt sich ein aktuelles In-Restaurant mit giftgrüner Häuserwand, das sich zu später Stunde in einen Club mit DJs und Live-Bands verwandelt. Pastellblau leuchtet das Gebäude eines kleinen Fischmarktes. Freitagabends drängt sich alles in die Seitenstraße Left Bank für den Night Market mit seinen Imbiss-Ständen, an denen es Essen aus aller Welt gibt, Kunsthandwerk, Trödel und Livemusik. Neben Szene-Cafés und Imbissbuden haben sich feinste Speiselokale etabliert. Ob Sushi, Thai, malaysische, italienische, indische, mexikanische oder neuseeländische Cuisine, Fish and Chips oder Chinesisch – hier gibt's für jeden Geschmack und für jeden Geldbeutel etwas. Viele Gebäude sehen immer noch etwas schäbig, vernachlässigt und heruntergekommen aus. Alkoholiker und Obdachlose haben ihr Domizil in einem kleinen Park in einer Seitenstraße aufgeschlagen.

Vor 10 oder 15 Jahren gab es noch Leute, die freiwillig keinen Fuß in die Gegend gesetzt hätten. »Früher war es vielleicht eher etwas trostlos. Jetzt wird es aufgewertet, bürgerlicher«, erzählte mir Peter McLeavy, der über 40 Jahre lang eine kleine Kunstgalerie auf der Cuba Street betrieb, bevor seine Tochter das Geschäft übernahm. »Cuba Street hat eine dunkle, abgründige Seite. Unter der Oberfläche brodelt es. Früher war es noch unmittelbarer. Es gibt viele alternative Leute hier, und es hat eine wilde Seite. Ich hoffe, dass das noch lange so bleibt.«

Ein schmaler, graffitiverschmierter Eingang führt die Treppe hoch zu der Galerie im ersten Stock eines alten, viktorianischen Häuschens. Der Kunsthändler mit silbergrauem Haar und im Nadelstreifenanzug ist im Herzen immer Punk geblieben. McLeavy war einer der Ersten, der mit neuseeländischer Kunst gehandelt hat. Sein Ruf ist legendär. Vielen neuseeländischen Malern hat er zu ihrem internationalen Erfolg verholfen. »Dies ist eine Inselkultur. Der einzige Weg, um hier rauszukommen, ist mit dem Schiff oder dem Flugzeug. Durch tiefes Meer, Stürme, hohen Wellengang. Das hat die Kultur geprägt. Die Kunst, die dies zeigt, ist mir am liebsten – etwas, das die Rauheit dieser isolierten Kultur vermittelt. Durch die neuseeländische Kunst zieht sich eine starke, rohe Ader, die eine ganz elementare Kraft in sich hat.«

Die Gegend ist im ständigen Wandel. Seit Ende der 1960er Jahre ist ein Teil der Cuba Street Fußgängerzone. Die Cuba Mall war die erste autofreie Straße Neuseelands. Mittendrin steht eine damals heftig umstrittene, inzwischen sehr beliebte Skulptur aus gelben, roten und blauen Kübeln, der »Bucket Fountain«. Wasser, das in die obersten Eimer fließt, ergießt sich nach und nach in die weiter unten angeordneten Behälter, bis alles schließlich in einem großen Pool zusammenkommt. Der Hobbit-Darsteller Elijah Wood soll während der Dreharbeiten zu einem der »Der Herr der Ringe«-Filme in angetrunkenem Zustand in einen der Wasserkübel gepinkelt haben. Die Einheimischen waren entsetzt, und der Vorfall machte landesweit Schlagzeilen.

In einer Seitenstraße, in einer Kneipe mit großem, überdachtem Garten, treffen sich zu jeder Vollmondnacht die Trommler. Vor 25 Jahren startete ein professioneller Taiko-Trommler, Murray McDonald, die Runde im Hinterhof einer kleinen Bar. »Wir hatten damals eine einfache Musikkneipe. Wir hatten den Parkplatz in einen Garten umgestaltet und in der Mitte machten wir ein

Feuer. Es gab einige afrikanische Trommler, afrokaribische und afrobrasilianische Trommeln, pazifische Baumstamm-Trommler. Alles ergab sich von selbst. Die Leute sind zufällig vorbeigekommen, haben das nächste Mal Trommeln mitgebracht und so ist es immer größer geworden.«

Seitdem wurden die bis zu 100 Vollmondtrommler wegen Ruhestörung von mehreren Plätzen vertrieben, aber aufgeben kam nie in Frage. Selbst der Stadtrat war ihnen in der Vergangenheit bei der Suche nach einem neuen Domizil behilflich. Seit 2014 dürfen sie wieder in ihrer ehemaligen Lieblingskneipe trommeln.

Mit der fortschreitenden Gentrifizerung der Cuba Street hat es die Künstler in andere Stadtteile gezogen. Das multikulturelle Newtown hat sich zu einem neuen Zuhause der Szene entwickelt. Jeder Stadtteil hat sein eigenes kleines Zentrum und ganz spezielles Flair.

Seatoun hat für mich die Atmosphäre eines Ferienortes, einschließlich Bootsanlegestelle und kleinem Strand. Von dort aus paddeln wir in unseren Kajaks zur nächsten Bucht ins Strandcafé. Oder wir paddeln noch ein paar Buchten weiter und sonnen uns auf einem Felsen, schauen aufs Meer, auf die im Hafen einlaufenden Schiffe, die Kormorane, Austernfischer und weißen Seemöwen mit ihren leuchtend roten Beinen und Schnäbeln. Manchmal begleitet uns ein Schwarm von Delfinen auf unserem Ausflug. Es kommt immer wieder vor, dass Delfine oder Schwertwale einen Abstecher in den Hafen von Wellington machen.

Wellington ist auf Hügeln gebaut und von Hügeln und Bergen umgeben. Der sogenannte Town Belt ist ein grüner Gürtel aus Wald- und Naturgebieten, der die Stadt umgibt und nicht bebaut werden darf. In einer guten Stunde ist man in den Tararua Ranges, einem Gebirgszug in echter Wildnis, oder in Wairarapa, einem Weinanbau-, Farm- und Erholungsgebiet. Die Mischung von kulturellem Angebot, guter Infrastruktur und Natur macht das Leben in Wellington so attraktiv. Ich liebe diese Stadt.

Auckland: die größte polynesische Stadt der Welt

»Ich wollte sehen, was hinter dem Ozean ist. Wenn du auf einer kleinen Insel lebst, ist er die alles beherrschende Kraft. Vielleicht wird man selbst zum Ozean. Dein Lebensgefühl dreht sich nicht mehr um dich, sondern um etwas, das mit der Zeit ständig verfällt. Die Welle kommt, sie hat keine feste Form. Ihre Form besteht immer nur für eine kurze Zeit.« Im Alter von 15 Jahren entschied sich Lemi Ponifasio, Samoa zu verlassen. Der Sohn aus einer Familie mächtiger Häuptlinge nahm ohne das Wissen seiner Eltern an einer Prüfung teil, die es ihm ermöglichte, in Neuseeland weiter zur Schule zu gehen.

Er lebte sieben Jahre lang bei einem Priester in Auckland, spielte Rugby, studierte Philosophie und entdeckte die Avantgarde. Er nennt den Musiker John Cage und die Autorin Susan Sontag als Vorbilder, von denen er lernte, selbständig zu denken. Lemi Ponifasio zog nach Kanada, ging in die USA, nach Europa und Japan. Mitte der 1990er Jahre kehrte er nach Auckland zurück und gründete sein Theater- und Tanzensemble MAU. Seitdem ist er zum gefragten und weit gereisten Choreographen und Regisseur, zur Kultfigur der internationalen zeitgenössischen Tanzszene geworden. Seine Stücke sind auf Theaterfestivals und auf den großen Bühnen in aller Welt zu sehen.

Auckland ist für ihn frustrierend. »Es passiert nicht viel. Es gibt keine Spannung«, sagt er. In strategischer Hinsicht passt ihm die Stadt jedoch gut. »Ich kann von hier aus überall hingehen und gewisse Aspekte von diesem Teil der Welt mitbringen. Es gibt nicht viele wie mich in Neuseeland.« In Auckland hat Lemi Ponifasio seine Community, seine Familie und seine Tanzcompagnie. Die meisten der Mitglieder sind Pacific Islanders (PIs), d. h., sie stammen von den südpazifischen Inseln, oder Maori.

Auckland ist mit seinen 1,5 Millionen Einwohnern nicht nur die bei Weitem größte Stadt Neuseelands, sondern auch die größte polynesische Stadt der Welt. 195 000 Pazifikinsulaner lebten 2013 in Auckland, das sind rund 14 Prozent der Einwohner. In ganz Neuseeland liegt ihr Anteil nur bei sieben Prozent. Die PIs kommen von den Cook-Inseln, aus Niue, Tonga, Fidschi und Tokelau, vor allem aber aus Samoa. Für Künstler ist Auckland ein guter Standort. Der in Samoa geborene Oscar Kightley hat hier Karriere als Komiker, Schauspieler und Drehbuchautor (»Sione's Wedding«) gemacht. John Puhiatau Pule stammt aus Niue und wurde als Schriftsteller und als Maler berühmt. Fatu Feu'u gehört mit zu den berühmtesten pazifischen Malern.

Ich hatte mich mit Lemi in einem Café in Titirangi verabredet. Titirangi ist ein relativ wohlhabender Stadtteil am westlichen Ende von Auckland. Lange Zeit galt der Ort mit seinen Regenwäldern und den nahen Hügeln des Waitakere-Gebirges als eine Enklave der Bohème. Bekannte neuseeländische Maler, Musiker und Schriftsteller haben hier gelebt und auch heute noch ist es eine Künstlergegend. Der kleine Ortskern besteht aus einer einzigen Straße mit netten Restaurants, Cafés, kleinen Galerien und viel Grün. Zur Westküste mit ihren schwarzen Sandstränden ist es nicht weit.

Es machte mir nicht viel aus, dass ich 40 Minuten warten musste, da Lemi Ponifasio nach einem Arztbesuch auf der Stadtautobahn im Stau steckte. Das ist typisch für Auckland. Die Stadt erstreckt sich wie ein riesiges Dorf über 5000 Quadratkilometer und hat eine schlechte Verkehrsinfrastruktur. Der öffentliche Nahverkehr wird vor allem durch Busse bestritten, die unzuverlässig und häufig unpünktlich sind. U- oder S-Bahnen gibt es nicht, Zugverbindungen nur wenige. Das Straßennetz ist dagegen großflächig ausgebaut und da die Unterhaltskosten für Kraftfahrzeuge relativ niedrig sind, fährt jeder im eigenen Auto – und steht tagtäglich oft kilometerlang im Stau. Die Stoßzeiten beginnen am Nachmittag bereits um 15 Uhr, wenn die Kinder aus den Schulen abgeholt werden.

Lemi begrüßte mich mit einer Herzlichkeit, die das Warten vergessen ließ. Er ist hochgewachsen, hat seine Haare im Nacken zusammengebunden und lacht viel. Wir sprechen über seine

Stücke, die von einer durchdringenden Intensität sind, dunkel, archaisch, gewaltig. Die Bühnenbilder sind kahl, die Tänzer und Sänger meist in Schwarz oder Weiß gekleidet. Seine Aufführungen werden auch als Rituale beschrieben, in denen Minimalismus auf mythische Größe trifft. Die Themen behandeln Machtstrukturen und Umweltprobleme, den Überwachungsstaat und den Klimawandel. Lemi lässt sich ungern festlegen. »Ich mache eine Performance mit dem Titel ›Birds with Skymirrors‹, und die Leute nennen mich einen Umweltaktivisten. Und ich sage, ja, vielleicht ist es so, aber darum ging es mir nicht. Leute aus meinem Ensemble kommen aus Kiribati und Tuvalu, und sie werden ihre Häuser verlieren. Es geht um die Welt, in der ich lebe.«

Die Menschen, mit denen er zusammenarbeitet, findet er oft in Gefängnissen, vor Gericht oder auf der Einwanderungsbehörde. Es sind Unterdrückte und Außenseiter, die er auf die Bühne bringt. Als politisches Theater möchte er seine Werke jedoch nicht definieren. Vielmehr soll der Zuschauer zu seiner eigenen Wahrheit finden.

Lemi Ponifasio geht mit seinem Werk über kulturelle Aspekte hinaus, macht seine samoanische Herkunft nicht zum Thema, sondern Kunst, die grenzüberschreitend ist und aufzeigt, was uns gemeinsam ist. »Es geht nicht darum, eine Kultur zu repräsentieren. Meine Herkunft, meine Kultur ist wichtig für meine Familie, meine Community. Aber wenn ich nach New York oder nach Deutschland gehe, dann spreche ich nicht einmal darüber, denn das baut eine Barriere auf.« Theater als Unterhaltung oder Theater, das auf die Bedürfnisse des Marktes zugeschnitten ist, kommt für ihn nicht in Frage. Er hat den Anspruch, den Zuschauer zum aktiven Beobachter zu machen, ihn zu transformieren. Bei seinen Vorstellungen ist es normal, dass Leute das Theater verlassen. Für ihn ist das völlig in Ordnung. »Wir machen Theater für diejenigen, die es lieben, und für diejenigen, die es nicht lieben.«

Die Kila Kokonut Krew, eine pazifische Theatertruppe aus South Auckland, macht dagegen ganz bewusst politisches Theater, um zu informieren und aufzuklären. Spaß und Unterhaltung gehören dazu. »Wir müssen unsere Geschichten erzählen«, erklärte mir Anapela Polataivao, die die Gruppe 2002 mit ihrem Partner Vela Manusaute gründete. Ich traf die preisgekrönte Schauspielerin und Regisseurin im »Pacific Institute of Performing Arts« in Avondale, wo sie als Schauspiellehrerin arbeitet. Avondale ist von Titirangi nur zehn Autominuten in Richtung Innenstadt entfernt. Der Gegensatz im Straßenbild ist groß. Das üppige Grün ist verschwunden. In der Hauptstraße verkaufen Obst- und Gemüsehändler Koskosnüsse und Ananas sowie das typisch pazifische Wurzelgemüse Taro und Cassava. Corned Beef und andere Konservendosen stapeln sich in den Regalen kleiner Lebensmittelgeschäfte, daneben gibt es Ein-Dollar-Läden, altmodische Barbershops und Händler, die Schecks einlösen und Geld verschicken, billige Kredite und Geldwechsel anbieten.

»Vom Pazifik kommend steigen wir auf«, lautet das Motto der Kila Kokonut Krew. Die Einwanderer von den pazifischen Inseln stehen in Neuseeland auf der untersten Stufe der sozialen Leiter. Die Kila Kokonut Krew möchte ihnen eine Stimme geben. »Wir müssen uns aufschwingen und immer weiter ins Licht gehen«, sagt Anapela. »Mit unserer Arbeit wollen wir aufmuntern, ermutigen, bestärken.«

Anapela Polataivao wurde in Samoa geboren und kam im Alter von fünf Jahren mit ihren Eltern und ihrem Bruder nach Neuseeland. Das war Ende der 1970er Jahre, als Neuseeland Arbeitskräfte brauchte und es für viele Menschen von den pazifischen Inseln als Schlaraffenland galt. Für Anapelas Eltern hat sich der Traum nicht verwirklicht. Eine Krankheit des Vaters machte dem Berufsleben beider ein frühes Ende, und die staatliche Unterstützung reichte kaum für das Nötigste. Noch heute spricht ihr Vater kaum ein Wort Englisch. Anapela beschreibt ihre Kindheit als sehr glücklich. Anfängliche Sprach- und Anpassungsschwierigkeiten hatte sie bald überwunden. In South Auckland war sie von ihresgleichen umgeben.

Als South Auckland wird im allgemeinen Sprachgebrauch eine Gegend im Süden von Auckland mit etwa 350 000 Einwohnern bezeichnet. Über 150 ethnische Gruppen leben hier. Manche der Bezirke gehören zu den ärmsten Neuseelands. Die PIs stehen im Ruf, gern unter sich zu bleiben, und von daher ist es nicht verwunderlich, dass in Anapelas Schule fast nur Einwanderer von den pazifischen Inseln und Maori waren. »Ich ging sehr gern zur Schule«, sagt sie. »Es fiel mir leicht, Freunde zu finden, und ich hatte das Gefühl, dass wir alle im gleichen Boot saßen. Ich wusste damals nicht, was Rassismus war oder Ungleichheit.« Persönlich hat sie sich auch später nie diskriminiert gefühlt, aber inzwischen ist sie feinfühliger, hellhöriger geworden. »Es fällt mir zum Beispiel immer mehr auf, dass im Fernsehen auch heute noch weiße Gesichter Werbung für Banken machen. Dunkelhaarige und braune Menschen stehen bestenfalls hinter dem Schalter, aber man sieht sie nicht in den Managementpositionen oder in Stellen mit hohem Status.«

Mit 22 Jahren ging Anapela Polataivao nach Wellington, um eine Schauspielausbildung zu machen. Sie war es gewohnt, nur zu sprechen, wenn das Wort an sie gerichtet wurde. Jetzt musste sie ihre eigene Stimme, ihre eigene Wahrheit finden. Das war der schwierigste Teil der Ausbildung, erzählt sie. Am Ende wollte sie nicht mehr weg aus Wellington, aber Vela holte sie zurück nach Auckland. »Er hatte recht. Ich bin eine braune Frau und hatte in den etablierten Theatern keine Chance. Ich gehörte nach Auckland, wo wir unter unseresgleichen sind. Wir mussten uns selbst unsere Arbeit schaffen.«

Unter dem Namen Kila Kokonut Krew mit dem provozierenden Kürzel KKK schuf sie mit Vela Stücke, die die Erfahrungen und Schwierigkeiten der pazifischen Einwanderer behandeln. 2012 brachten sie ein erstes Musical auf die Bühne. »The Factory« wurde als pazifisches »Les Misérables« beschrieben und ging 2014 mit einer 24-köpfigen Besetzung auf Tournee in Australien und anschließend auf das Edinburgh Fringe Festival. »The Factory«

beruht auf der Geschichte von Velas Vater, der Mitte der 1970er Jahre in einer Matratzenfabrik im Stadtteil Ponsonby arbeitete. »Ich war entsetzt, als ich hörte, wie unsere Leute damals behandelt wurden. Sie hatten keine richtigen Arbeitsschuhe, verloren Zehen und Finger.«

In den 1970er Jahren war Ponsonby, das am Rande von Aucklands Innenstadt liegt, eine Arbeitergegend mit überwiegend pazifischen Einwanderern und Maori. In den letzten zwanzig Jahren ist es zu einer der begehrtesten Adressen geworden. Wohnhäuser kosten weit über eine Million Dollar. Ponsonby Road ist ein beliebtes Ausgeh- und Partyviertel. Hier findet man Restaurants mit den besten Küchen aus aller Welt, trendige Bars, Cafés, Kunstgalerien und Designerboutiquen. Mir fällt auf, dass das Publikum besser gekleidet ist als in Wellington, mehr Wert aufs Aussehen legt. Auckland ist das Business- und Finanzzentrum Neuseelands. Es ist die »City of Sails«, die Stadt der Segler und Yachtbesitzer. Hier wird Fernsehen gemacht. Mit seinem internationalen Flughafen und großem Frachthafen ist es das Tor zur Welt. »Auckland hat kein Herz«, heißt es oft. Gemeint ist damit, dass es keine richtige Innenstadt hat, sondern sich aus vielen Dörfern mit ihren eigenen Zentren zusammensetzt.

»Ich liebe South Auckland«, sagt Anapela. Sie beklagt sich bitter darüber, dass die Medien South Auckland als *rough* beschreiben und die Bewohner häufig als Kriminelle und Verbrecher aburteilen. Ich fuhr mit dem Bus nach Otara, wo samstags der größte pazifische Freiluftmarkt der Welt stattfinden soll. Die Fahrt von Aucklands Innenstadt bis ins Zentrum von South Auckland dauert eine Stunde und führt durch endlose Wohngegenden, die zunehmend ärmlicher werden. Von der Tourismusbehörde wird der Markt als lebendige und dynamische Illustration pazifischen Lebens beschrieben. Seitdem der Stadtrat jedoch Gelder für den Unterhalt des Gemeindezentrums gestrichen hat, ist die Atmosphäre nicht mehr die gleiche, höre ich vielfach. Es fehlten die Livemusik und die polynesischen Kunsthandwerker, die früher webten, nähten und schnitzten. Aber der Markt ist noch immer voll mit Menschen, die ihr Obst und Gemüse hier kaufen, Freunde und Bekannte treffen und vor den Buden mit frittierten Muscheln und Schweinefleischtäschchen, den samoanischen Pfannkuchen und den Donuts aus Rarotonga Schlange stehen. Essen spielt eine große Rolle im Leben der PIs und viel zu viele sind übergewichtig oder fettleibig.

Pazifikinsulaner führen, gemeinsam mit den Maori, in vielen Bereichen die negativen Statistiken an. In den Gefängnissen sind sie überproportional vertreten, die Selbstmordraten sind hoch, die Lebenserwartung niedriger als die der Pakeha. Der Trend ist jedoch positiv. Aus der ersten und zweiten Einwanderergeneration ist eine wachsende »braune Mittelschicht« mit einem gestärkten Selbstbewusstsein hervorgegangen. Anapela Polataivao sieht es an ihrer zehnjährigen Tochter, die sich durchzusetzen weiß und kein Blatt vor den Mund nimmt. Auch sie bezeichnet sich jedoch noch immer als Samoanerin und nicht als Neuseeländerin oder Kiwi. Der traditionelle Familienverband ist stark. »Vielleicht wird sich die nächste Generation als Neuseeländer fühlen. Wer weiß«, sagt Anapela. »Wir sind auf dem richtigen Weg. In der Erziehung unserer Kinder geht es nicht mehr in erster Linie darum, was man tun und lassen sollte, sondern vielmehr darum, den Verstand einzusetzen.«

Christchurch: Zwischen den Trümmern sprießen die Ideen

Christchurch, die zweitgrößte Stadt Neuseelands, wurde 2011 von einem schweren Erdbeben erschüttert. 185 Menschen verloren ihr Leben, weite Bereiche der Stadt wurden stark beschädigt, fast das ganze Zentrum zerstört. Ruinen und Abrissflächen prägen auch Jahre danach das Stadtbild, große Teile der Innenstadt sind noch abgesperrt. Der Wiederaufbau verzögerte sich durch wiederholte, heftige Nachbeben und wird noch Jahre dauern.

Höchst umstritten ist die Frage, was mit der eingestürzten ang-
likanischen ChristChurch Cathedral geschehen soll, dem beliebtesten Wahrzeichen der Stadt. Eine als Übergangslösung gedachte Papp-Kathedrale des preisgekrönten japanischen Architekten
Shigeru Ban ist unterdessen zur Touristenattraktion geworden.

Zwischenlösungen zeichnen Christchurch nach dem Erdbeben
aus. Während Stadtverwalter, Politiker und Versicherungen sich
um die Details eines Wiederaufbauplans stritten, säten engagierte
Bürger bereits die Saat für Neues. Mit kreativen Aktionen ließen
sie auf Schutthalden Sonnenblumen und Erdbeerbeete sprießen.
Auf leeren Plätzen erblühten neue Ideen, innovative Lichtblicke,
Hoffnungsschimmer.

»Seid ihr so weit?«, ruft Coralie Winn zehn Radfahrern zu, die
in einem improvisierten Freiluftkino erwartungsvoll auf ihren
Sätteln sitzen. Die Räder, mit denen sie gekommen waren, wurden auf Ständer installiert. Jetzt sollen die Radler fest in die Peda-
le treten und so den Filmprojektor zum Laufen bringen. Vor dem
Erdbeben stand hier ein Fahrradladen, von dem nur noch der
Betonboden übrig ist. Die Zuschauer haben darauf ihre Decken
ausgebreitet oder Campingstühle aufgestellt. Es ist ein Sommer-
abend im Februar 2012, ein Jahr nach dem schlimmsten Beben.
»Willkommen zu dem mit Pedalkraft betriebenen Kino«, ruft die
30-jährige Coralie und das Publikum klatscht und johlt, als die
Radler erfolgreich Strom für den Projektor erzeugen.

Zwei Wochen lang wurden hier Filme rund um das Thema
Fahrrad gezeigt. Dann wurde der Platz wieder geräumt. Es war
ein Projekt der Initiative »Gap Filler«, Lückenfüller. Die meisten
dieser Aktionen sind zeitlich begrenzt. »Es geht darum, eine dynamische und kreative Stadtkultur auf leeren Plätzen zu schaffen«, erklärte mir der Architekt und »Gap-Filler«-Mitbegründer
Andrew Just. »Wir wollen Freiräume beleben und Leute animie-
ren, etwas Positives zu tun.« Der 27-Jährige denkt langfristig. Er
wünscht sich, dass in 20 Jahren noch immer coole Sachen auf
leeren Flächen stattfinden und sie nicht nur als Parkplätze ge-

nutzt werden. Die drei jungen Leute, die das »Lückenfüller«-Projekt ins Leben gerufen haben – Coralie Winn, Andrew Just und Ryan Reynolds –, verstehen sich in erster Linie als Organisatoren. Sie wollen anderen kreativen Leuten helfen, »Dinge in Gang zu bringen«.

An einer Straßenecke steht auf einem leeren Platz ein mit Büchern vollgestopfter Kühlschank und daneben eine Bank – die neue Freiluftbibliothek. Das ehemalige Musikinstitut hat Klaviere gestiftet, die von Studenten bunt bemalt wurden und jetzt auf Schutthaufen zum Spielen einladen. Manchmal geben Jazzmusiker spontane Konzerte. Oft klimpern Vorübergehende einfach ein bisschen darauf herum. Ein Tanzstudio unter freiem Himmel ist so erfolgreich, dass es bereits an verschiedenen Orten wieder aufgebaut wurde. Ein Holzboden, eine mit Münzen betriebene Waschmaschine mit einem USB-Anschluss und eine Discokugel gehören zur Ausstattung. Für zwei Dollar kann man hier seinen MP3-Player oder sein Smartphone anschließen und 30 Minuten lang zur mitgebrachten Musik tanzen.

In dem Hafenvorort und Szeneviertel Lyttelton, dort, wo das Epizentrum des Erdbebens lag, war der Ortskern völlig zerstört worden. »Ich bin eine begeisterte Petanquespielerin«, erzählte Coralie Winn. »Irgendwann kam mir die Idee, auf einer Freifläche einen Spielplatz einzurichten.« Die Bewohner von Lyttelton waren begeistert, und der Lyttelton Petanque Club war geboren. Bunt zusammengewürfelte Tische und Stühle sowie eine Grillstelle kamen hinzu, Topfpflanzen wurden gespendet, Sonnenblumen- und Erdbeerbeete angelegt. Die Überreste einer etwas erhöhten Betonfläche wurden als natürliche Bühne für Musikkonzerte und Dichterlesungen genutzt. An Wochenenden wurde selbst angebautes Gemüse ausgetauscht. Aus dem provisorischen Gemeindezentrum im Freien ist ein öffentlicher Platz geworden. Ende 2014 wurde Albion Square eröffnet, ein betoniertes Freiluft-Amphitheater mit Mosaiktafeln, Kinderspielplatz und Kriegerdenkmal. Die Stadt hat das Privatgrundstück erworben und das ursprünglich chaotische Design durch ein konventionelles und gepflegteres ersetzt.

Auch die Container-Mall am Rande der zerstörten Innenstadt war als Übergangslösung geplant gewesen. Aus Schiffscontainern war hier nach dem Erdbeben ein farbenfrohes, mobiles Einkaufszentrum entstanden, mit Designer-Boutiquen, Delikatessen- und Hightech-Läden und kostenlosem WLAN. Auf einer Freiluftbühne sorgten Künstler, Musiker und Theatermacher für Unterhaltung. »Damit die Menschen wieder lachen können, denn Lachen ist gut für die Seele«, erklärte mir der damalige Leiter des Wirtschaftsverbands der Innenstadt, Paul Lonsdale. Als an der Stelle der Pop-up-Mall ein neues Einkaufszentrum gebaut wurde, stellte die Stadt auf der gegenüberliegenden Seite Grund und Boden zur Verfügung, damit auch die beliebte Container-Mall erhalten bleiben konnte.

Auch in anderen Stadtteilen, die früher als fad und öde galten, stehen heute witzige, improvisierte Container-Bars und -Restaurants. Wie lange sie bleiben werden, weiß niemand. Die Stadt legte einen Wiederaufbauplan vor, der die Vorschläge der Bürger berücksichtigt. Eine Öko-City soll entstehen mit Parkanlagen, Dachgärten, verkehrsberuhigten Zonen und Fahrradwegen. Mike Theelen, der Leiter des Planungsreferats der Stadt, sieht die Situation als »einmalige Chance, die ganze Stadtentwicklung neu zu überdenken. Wir können uns überlegen, was wir jetzt anders machen wollen, um eine nachhaltige Zukunft für die Stadt im 21. und 22. Jahrhundert sicherzustellen.«

10 bis 20 Jahre soll es dauern, manche sprechen auch von 30 Jahren, bis ein neues Christchurch Wirklichkeit werden könnte. In der Zwischenzeit kann viel geschehen. Noch immer stehen Zahlungen der Versicherungen aus, noch immer bebt die Erde ab und zu. Das zerrt an den Nerven. Andrew Just standen die Tränen in den Augen, als er von seinem vom Abriss bedrohten Elternhaus erzählte. »Die allgemeine Stimmung in der Stadt ist zermürbend. Man weiß einfach nicht, was passieren wird.« Erst

am Tag zuvor hatte es wieder ein Beben gegeben, das die Menschen Schutz unter Tischen und in Türrahmen suchen ließ. Manche verfallen in Depressionen, andere stürzen sich wie Andrew in Aktivitäten. Und wenn diese auch nur dazu führen, dass sie einem Mitmenschen ein Lächeln auf die Lippen zaubern, dann ist das schon genug, sagte er. »Damit haben wir unser Ziel schon erreicht.«

Vieles spielt sich jetzt in den Vororten ab. Was früher als tot galt, ist heute cool and angesagt. Coralie Winn, die sich auf Einladung des Goethe Instituts in Berlin inspirieren ließ, hofft, dass dies so bleiben wird und Christchurch so wie Berlin zu einem Zentrum für kreative Ideen wird. Gap-Filler- bzw. Lückenfüller-Projekte sollen den Boden dafür bereiten. »Wenn Christchurch diese zeitlich befristeten, kreativen Projekte wirklich annimmt, dann ist es auch in der Lage, die Wahrnehmung nach außen zu verändern«, sagte Coralie. »Dann heißt es nicht mehr ›Das arme Christchurch‹, sondern ›Wow, schau dir Christchurch an. Da passieren richtig tolle Sachen.‹«

WOW: die Welt der anziehbaren Kunst aus Nelson

Ein polynesischer Mann und eine weiße Frau tragen Kleidung aus Leder- und Pappkoffern. Zwischen sich führen sie ein *waka*, ein Maori-Kanu, das ebenfalls aus Koffern gebaut wurde, auf einem Rad spazieren. »Poly-Nation« heißt das Kostüm, das bei der »World of WearableArt«-Show, kurz WOW genannt, 2014 den Hauptpreis gewann. »Dieses Kleidungsstück symbolisiert die Lasten, die sie (die Einwanderer und Touristen) mit sich bringen, ihre Kultur, ihre Überzeugungen und Ideen«, sagt Suzie Moncrieff, die Erfinderin der »Welt der anziehbaren Kunst«. Der Fantasie sind keine Grenzen gesetzt bei dieser Bühnenshow, die inzwischen als größtes Kulturevent Neuseelands gefeiert wird. Es geht um Kunstwerke, die am Körper getragen und von Models zur Schau gestellt werden – in einem Spektakel aus Kunst gepaart mit Tanz und Musik, Theater und Akrobatik, Licht- und Feuereffekten. Unablässig strömen Fabelwesen über den Laufsteg, Konstruktionen aus bunten Ringen und Kreisen, dicke Seepferdchen und urtümliche Drachen, Küchenschürzen, Tattoos, tanzendes gelbes und rotes Gekritzel und BHs aus Klorollen, Bienenstöcken und Giftspritzen oder sogar aus einem Skateboard, einem Gewinner in der Kategorie »Bizarre BHs«.

Angefangen hatte alles in dem verschlafenen Hippie- und Künstlerstädtchen Nelson im Jahre 1987. »Ich kam auf die Idee, Kunstwerke von der Wand zu nehmen und auf den menschlichen Körper zu platzieren«, erzählt Suzie Moncrieff. Im Garten eines alten Cottage, in dem sie ihre eigene Galerie hatte, veranstaltete die mittellose Bildhauerin mit ein paar Freunden die erste Show. Als es in Strömen regnete, baute sie auf die Schnelle ein Festzelt auf und 200 Zuschauer stapften über die matschige Wiese. Musik plärrte aus einer Stereoanlage, als die Models über den Laufsteg aus Holzpaletten liefen und ihre bunten, selbst gestrickten Jacken und wallenden Batik-Seidengewänder vorführten.

Bereits im nächsten Jahr wurde die Performance an zwei Tagen in einem öffentlichen Park angeboten. Jedes Jahr kamen mehr Zuschauer und die Veranstaltungsorte wurden immer größer. Als sich die Stadt weigerte, ihre Sponsorengelder zu erhöhen, entschloss sich Suzie Moncrieff, WOW 2004 nach Wellington zu verlegen, »um zu überleben und zu wachsen«. Mittlerweile reichen Künstler aus aller Welt in sieben Kategorien ihre Vorschläge ein. »Was am Ende gezeigt wird, kann eine Skulptur sein, ein Gemälde oder einfach eine schöne Konstruktion«, sagt Suzie Moncrieff, die auch heute noch der kreative Kopf hinter der Veranstaltung ist. Am Premierenabend werden die besten Kreationen mit Geldpreisen ausgezeichnet.

WOW ist zum städtisch subventionierten Kulturereignis geworden, das von Großunternehmen gesponsert wird und sich eines wachsenden internationalen Interesses erfreut. Die Show bringt der Stadt über 20 Millionen Dollar ein, ein Großteil der über 50 000 Besucher kommt extra deswegen nach Wellington. Von den knapp 200 ausgewählten tragbaren Kunstwerken stammen inzwischen mehr als die Hälfte von Künstlern aus aller Welt. Auch Deutschland ist seit vielen Jahren vertreten.

2014 gewann eine Regensburgerin in der Kategorie Kreative Höchstleistung, die unter dem Titel »Airborne« (von der Luft getragen) stand. Annkathrin Selthofer hatte ein Kostüm aus 70 Metern Fallschirmseide kreiert, das von einer Windmaschine angeblasen wurde. Model und Stoff wurden zu Tanzpartnern, die über die Bühne wirbelten.

Aus Gummihandschuhen, Kleiderbügeln, Knochen, Müllsäcken und Klaviertasten wurden Kunstwerke gemacht. »Blow me« hieß ein früheres Werk, in dem ein unsichtbarer Sturm zwei Figuren in leuchtenden blauen und orangefarbenen Gewändern mit hoch stehenden Haaren, verbogenem Regenschirm und zerfetzter Zeitung über die Bühne zu peitschen schien. Kein Wunder, dass dies in Windy Wellington zum Publikumsliebling wurde.

Neben den Models, die die Kunstwerke vorführen, findet auf der Bühne zu jeder Kategorie eine Extrashow statt. »Manchmal beziehen wir Opern und Opernsänger mit ein. Wir lieben die Überraschung. Wir möchten, dass die Zuschauer inspiriert werden und die Emotionen, die wir darzustellen versuchen, wirklich fühlen.«

Suzie Moncrieff sieht es als persönliche Herausforderung, immer wieder die Grenzen des Möglichen zu überschreiten. Zum großen Finale brachte sie 2014 eine »Shaolin Kung Fu«-Performance mit Mönchen aus China auf die Bühne. Ihr Traum ist es, eine Art Olympiade der World-of-WearableArt-Show zu organisieren. Der erste Schritt ist bereits getan: 2015 ging eine WOW-Ausstellung mit Gewinnern aus den vergangenen Jahren zum ersten Mal auf eine Tournee, die sie nach Australien und in die USA führte. In Nelson trauert man zwar immer noch der entgangenen Chance einer Weltattraktion nach, aber ein Trost blieb doch. Gleich in der Nähe vom Flughafen steht das WOW-Museum, wo die besten Schöpfungen aus den vergangenen Jahren in einer ständigen Ausstellung wie auf einem Laufsteg präsentiert werden.

Wellywood und die unabhängige Filmindustrie

»Wir sind ein koloniales, intellektuellenfeindliches Land. Wir sind sehr materialistisch.« Der Dokumentarfilmemacher Costa Botes ist der Meinung, dass Kunst in Neuseeland nicht geschätzt wird, dass eine Mehrheit die Subventionierung von Kunst und Künstlern als Zeit- und Geldverschwendung betrachtet. »Es geht immer nur darum, wie viel etwas wert ist und wie viel es den Steuerzahler gekostet hat. Man muss sehr hart kämpfen und erhält wenig Anerkennung und Unterstützung. Wenn man dann aber Erfolg hat, dann sind alle sehr schnell da und wollen es auch als ihren Verdienst angerechnet sehen.«

Das Thema des unverstandenen Künstlergenies behandelte Costa gemeinsam mit Peter Jackson 1995 in dem Fernsehfilm »Forgotten Silver« (Kein Oscar für Mr. McKenzie). Mit Hilfe angeblichen Archivmaterials wird die Lebensgeschichte eines neuseeländischen Filmemachers dargestellt, der den Farbfilm erfand, den ersten Tonfilm und den ersten Spielfilm drehte. Er traf jedoch nur auf Ablehnung, landete kurzzeitig sogar im Gefängnis und verließ schließlich hoch verschuldet und frustriert das Land. Es war ein Mockumentary, eine Parodie, die von vielen Fernsehzuschauern ernst genommen wurde. »Viele Neuseeländer sahen den Film und nahmen ihn für bare Münze. Am nächsten Tag schrien sie alle, wie wunderbar doch Neuseeland und die Neuseeländer wären, weil wir dies alles erfunden hätten. Als sie dann erfuhren, dass es als Witz zu verstehen war, fielen sie richtig brutal über uns her.« Die Kontroverse war so heftig, dass eine geplante zweite Ausstrahlung abgeblasen wurde. Der Film erhielt jedoch große Anerkennung auf Filmfestivals und wurde mit mehreren Preisen ausgezeichnet. Costa Botes hatte Peter Jackson, mit dem er befreundet ist, dafür gewinnen können, am Drehbuch und bei der Regie mitzuwirken. »Gott sei Dank«, sagt er, »denn PJ ist ein Genie. Er hat es unheimlich gut gemacht, diese alten Filme täuschend echt aussehen zu lassen.«

Zwei Jahre später erwarb Peter Jackson die Rechte für die Verfilmung der »Herr der Ringe«-Romane, die ihn zu einem der erfolgreichsten und am besten bezahlten Filmemacher Hollywoods machten. Die Trilogie wurde mit 17 Oscars ausgezeichnet, von denen drei an Peter Jackson gingen. Trotz Erfolg in Hollywood ist Peter Jackson in seiner Heimat fest verankert geblieben. In Wellington baute er, gemeinsam mit dem Special-Effects-Guru Richard Taylor, Workshop-Managerin Tania Rodger und Film-Editor Jamie Selkirk ein weltweit renommiertes Filmzentrum auf. Im Stadtteil Miramar entstand in ehemaligen Lagerhallen, alten Wohnheimen und -häusern die Spezialeffekte-Schmiede Weta Workshop, wo Kulissen und die Ausstattung für Sets gebaut werden, Skulpturen, Modelle, Masken und Kostüme gefertigt werden. Weta Digital ist zu einem führenden Unternehmen für computergenerierte Spezialeffekte geworden, Park Road Post Production heißt der Bereich, in dem die Nachbearbeitung für nationale und internationale Filmproduktionen gemacht wird, und in den Stone Street Studios finden sich bestausgestattete Ateliers für Innen- und Außenaufnahmen. In diesem Komplex entstanden die »Herr der Ringe«- und »Hobbit«-Trilogien, aber auch Blockbuster wie »King Kong«, »Planet der Affen«, »Prometheus – dunkle Zeiten« und »District 9«. Starregisseur James Cameron produzierte »Avatar – Aufbruch nach Pandora« in den Studios und verbringt seitdem mehrere Monate des Jahres mit seiner Familie in Neuseeland, wo er nördlich von Wellington eine Biofarm betreibt.

Peter Jackson brachte sich, gemäß dem in Neuseeland üblichen Learning by doing, das Filmemachen selbst bei. Er begann mit Splatter Movies, in denen das Blut triefte, und machte sich 1994 mit »Heavenly Creatures«, für das er eine Oscar-Nominierung und den Silbernen Löwen von Venedig erhielt, international einen Namen. Für ein Monumentalwerk wie »Der Herr der Ringe« waren jedoch weder seine Crew noch seine Studios vorbereitet bzw. ausgestattet. Aber mit Hilfe der »can do attitude« der Kiwis, der Einstellung, dass nichts unmöglich ist, entwickelten Kameramänner, Cutter, Tonmischer und Spezialeffekte-Künstler eine Professionalität, die sie über viele Jahre hinweg perfektionieren konnten. Weta Workshop und Weta Digital gehören heute zu den weltweit besten Einrichtungen auf dem Gebiet der visuellen und digitalen Spezialeffekte. Peter Jackson und Richard Taylor sind längst zum Ritter geschlagen worden und dürfen sich seitdem »Sir« nennen – ein Brauch, den die Labour-Regierung unter Helen Clark als anachronistisch abgeschafft hatte, der von der konservativen Regierung unter John Key aber wieder eingeführt wurde.

Wellingtons Filmindustrie beschäftigt in den hochproduktiven Phasen Tausende von Arbeitern. Davon profitieren natürlich auch Gastronomie- und Hotelbetriebe sowie Bewohner von Miramar, die ihre Häuser oder Zimmer vermieten. Die junge Bedienung in meinem Stammcafé, eine Italienerin, erzählte mir, dass sie nach Wellington gekommen ist, um bei Weta zu arbeiten. Sie hofft, irgendwie einen Fuß in die Tür zu kriegen. Das ist nicht einfach, denn viele kommen mit diesen Träumen in die Stadt. Es erinnert an Los Angeles, wo auch viele davon träumen, in Hollywood Karriere zu machen. »Wellywood« wird Wellington auch gern genannt. Als im Jahr 2011 die Betreiber des Flughafens jedoch das Schriftbild HOLLYWOOD imitieren und in großen weißen Buchstaben WELLYWOOD auf einen grünen Berg in der Anflugschneise schreiben wollten, hagelte es Proteste. Als »fantasielos« und eine »Beleidigung der kreativen Kräfte der Stadt« bezeichneten Kritiker das Vorhaben. Sie drohten damit, die Lettern zu zerstören, und sorgten für Verkehrsbehinderungen am Flughafen. Letztendlich beugte sich die Flughafengesellschaft dem Druck.

Eine Präsenz Hollywoods macht sich jedoch immer wieder in verschiedenen Bereichen in Wellington bemerkbar. So auch für mich persönlich, als ich gerade erst eingewandert war. Ende 2003 sollte ich im Auftrag des *Spiegel* und des Radiosenders SWR über die Weltpremiere von »Der Herr der Ringe – Die Rückkehr des Königs« in Wellington berichten. Obwohl ich alle Hebel in Bewegung setzte, gelang es mir nicht, für eine einzige Presseveranstaltung akkreditiert zu werden. Das sonst so offene und zugängliche Neuseeland verschloss sich mir, und ich wurde von einer Stelle an die nächste verwiesen. Das Filmstudio New Line Cinema in Los Angeles hatte in allem das letzte Wort. Ich erkannte schließlich, dass nur ausgewählte Journalisten eingeladen waren und extra aus Deutschland eingeflogen wurden. So kannte ich das aus Hollywood. Zur Premiere des ersten Hobbit-Films neun Jahre später erlebte ich, trotz inzwischen bester Beziehungen zu Insidern, einen ähnlichen Spießrutenlauf.

Vor der Verfilmung der Hobbit-Trilogie kam, machte das Filmstudio Warner Brothers seinen Einfluss massiv geltend. Es drohte damit, die Dreharbeiten aus Neuseeland abzuziehen und nach Osteuropa oder Irland zu verlegen. Studiobosse flogen ein und führten Gespräche in Anwesenheit von Premierminister John Key, der daraufhin freudig vor den Kameras verkündete, die Produktion in Neuseeland sei gesichert. Der Deal ist auch Jahre später noch umstritten: Steuererleichterungen und Zuschüsse, die insgesamt auf über 100 Millionen Dollar hinausliefen, und das in einem Land, in dem wirtschaftliche Subventionen eigentlich tabu sind. Außerdem wurden auf Druck der Studios die Arbeitsgesetze geändert. Mitarbeiter der Filmindustrie gelten seitdem als selbständige Unternehmer, ohne Rechte auf Urlaub- oder Krankheitsgelder oder eine Verhandlungsbasis für bessere Arbeitsbedingungen. Mit der Sicherung Tausender von Arbeitsplätzen und einem Bonus für den Tourismus wurde das Paket angepriesen. Kritiker sprachen von einem Ausverkauf, einer Prostitution Neuseelands an Großunternehmen aus Hollywood.

Unter den Mitarbeitern der Filmindustrie findet sich niemand, der sich öffentlich negativ zum Beispiel über die bekanntermaßen extrem stressigen Arbeitsbedingungen äußern würde. Zu viel steht auf dem Spiel. Auch unabhängige Filmemacher profitieren von den Topeinrichtungen in Miramar, die Peter Jackson & Co. geschaffen haben und oft zu günstigen Konditionen zur Verfügung stellen. »Wir nutzen Park Road Post, ein erstklassiges Produktionsstudio. Wir schneiden alle unsere Filme hier. Die Einrichtungen sind absolut fantastisch und die Ausstattung natürlich auch«, erzählt mir die Schauspielerin und Filmemacherin Loren Taylor. »Weta ist toll für Schauspieler in Neuseeland. Man hat Zugang zu richtig außergewöhnlichen Persönlichkeiten. Man kann ganz einfach ins Auto steigen und ist in wenigen Minuten im Studio, wo man dann via Skype eine großartige Unterhaltung mit Spielberg führen kann.«

Loren Taylor wurde unter dem Namen Loren Horsely mit dem Film »Eagle vs Shark – Liebe auf Neuseeländisch« (2007) bekannt, in dem sie eine der Hauptrollen spielte und mit Taika Waititi das Drehbuch schrieb. Zu ihren Vorbildern gehört die Neuseeländerin Jane Campion, die neben Peter Jackson eine treibende Kraft bei der Förderung neuseeländischer Filmemacher ist und die sich besonders für Frauen im Filmgeschäft einsetzt. Jane Campion gewann 1994 einen Oscar für das Drehbuch zum Film »Das Piano« und war für ihre Regiearbeit nominiert, was für Frauen auch heute noch äußerst selten ist. »Sie macht eher Independent- und Experimentalfilme und wird in der Film- und Fernsehwelt sehr ernst genommen. Sie hat, kommerziell gesehen, keinen großen Erfolg, aber sie lässt sich künstlerisch von niemandem etwas hineinreden. Sie ist eine von uns.«

Loren macht mich darauf aufmerksam, dass neuseeländische Filme oft eine bedrückende Grundstimmung haben, etwas trostlos, düster oder beklemmend sind. Filme wie »Das Piano«, »Die letzte Kriegerin«, »Heavenly Creatures« oder »Als das Meer verschwand« sind typische Beispiele dafür. »Unsere Filme sind genau so wie unsere Umwelt, unsere Landschaft ist. Da ist das Vulkanische in der Landschaft. Unser Wald ist finster, dicht verwachsen und düster. Das spiegelt sich in der Kunst wider.«

Loren möchte mehr auf Humor setzen, so, wie auch Taika Waititi, der Indie-Star in der neuseeländischen Filmszene, mit dem sie gut befreundet ist. Waititis Kurzfilm »Two Cars, One Night« (2004) wurde für einen Oscar nominiert, und er hat auch für »Tame tu« und »Boy« Preise und Auszeichnungen erhalten. In der Vampirfilmparodie »5 Zimmer Küche Sarg« setzte er ganz auf Humor und Komödie. »Es ist wirklich erstaunlich, wie viel Humor in der Kultur der Maori steckt«, sagt Loren Taylor. »Sie sind ein sehr subversives, witziges Volk und haben einen trockenen Humor. Taika stammt aus diesem Milieu und das bringt er in die Filme ein.« Taika Waititi schaffte den Durchbruch auf dem Sundance Filmfestival. Er wird sowohl von der unabhängigen Filmszene in Hollywood als auch von der neuseeländischen Filmkommission unterstützt, versucht aber, sich seine Unabhängigkeit zu bewahren. Er setzte auf Crowdfunding, um »5 Zimmer Küche Sarg« in den USA zu promoten. Seine Fans belohnten ihn mit einer Spende von knapp 450 000 Dollar.

Costa Botes dokumentierte viereinhalb Jahre lang Peter Jacksons Dreharbeiten zu »Der Herr der Ringe«. Er arbeitete für das Studio New Line Cinema und fand die Erfahrung sehr nervenaufreibend. »Am Ende war ich ziemlich erschöpft und ausgepowert und hatte die Nase voll. « Costa war nahe daran, das Filmemachen ganz aufzugeben. Er erkannte jedoch, dass Hollywood ihm sozusagen »die Schlüssel zu einem Sportwagen« gegeben hatten: das Startkapital für seine eigene Produktionsfirma, eine Kamera und ein Schnittstudio. Daraufhin entschied er sich, nur noch das zu machen, was ihm selbst am besten gefällt. In seinem nächsten Film porträtierte er eine Musikgruppe aus Wellington. »Der Film ›Struggle No More‹ über die Windy City Strugglers hat mich damals wieder richtig aufgebaut. Das waren Leute, deren Motivation nichts mit Geld zu tun hatte. Bei ihnen stand im

Vordergrund, Gutes zu tun, gute Menschen zu sein. Das hat mir neue Kraft gegeben und davon zehre ich heute noch. Jeder Film, den ich seitdem gemacht habe, dreht sich irgendwie um das gleiche Thema.« Costa Botes macht Dokumentarfilme, deren Helden Außenseiter sind, die trotz widriger Umstände an ihrer Leidenschaft festhalten. In »The Last Dogs of Winter« (2011) geht es um einen Mann, der vom Aussterben bedrohte kanadische Schlittenhunde züchtet. Auf dem Filmfestival in Toronto erhielt er dafür stehende Ovationen, aber der kommerzielle Erfolg ist Costa Botes bisher versagt geblieben.

Die Musikszene: von Eileens Kitchen zum Dunedin Sound

Eileens Kitchen in Christchurch ist in den Jahren nach dem Erdbeben zum Insidertipp für Musikfreunde geworden. In Eileens großer Wohnküche finden Hauskonzerte statt. Bis zu 50 Leute bringt sie bequem auf Stühlen und Sesseln unter. Im Sommer öffnet sie die Fenstertüren zum Garten für zusätzliche Sitzgelegenheiten im Freien. Eine Matte markiert die Bühne für zwei oder drei Gitarristen, Violin-, Banjo- oder Mandolinspieler. Manche spielen unplugged, die meisten elektronisch verstärkte Folk-, Blues- und Countrymusik. »Es sind hochkarätige, professionelle Musiker aus Christchurch, die mit dem Erdbeben ihre Veranstaltungsorte verloren haben, oder Musiker, die auf Tournee sind«, sagt Eileen, die selbst Gitarre spielt und eigene Songs schreibt. Sie organisiert die Konzerte, schickt die Einladungen raus und bereitet für die Pause ein kleines Abendessen vor. Das alles für 20 Dollar Eintritt.

Das Erdbeben hatte 2011 viele Kneipen und Bars mit Livemusik zerstört, und neue Räume mussten gefunden werden. Die Band The Eastern aus dem Stadtteil Lyttelton spielte in den Tagen und Wochen nach dem Erdbeben vor einem offenen Feuer in Gärten von Freunden, in Parkanlagen und Gemeindezentren. Ihre dynamische Folk- und Bluegrass-Musik bringt die Zuhörer zum Tanzen. »Sie waren plötzlich überall«, erzählt Eileen. »Sie hatten ein Projekt, das ›Bring Leben zurück in die Stadt‹ hieß. Sie wollten den Leuten Mut machen, sie aufmuntern.« Nick Bollinger, Musikkritiker und Autor aus Wellington, spricht von einem neuen Sound, der in Christchurch bzw. in Lyttelton geboren wurde. »Es gibt eine richtige Community von Leuten dort, die zeitgenössische Folkmusik machen. Sie spielen hauptsächlich akustische Instrumente ohne technische Verstärker. Die Gruppe The Eastern und der Solokünstler Delaney Davidson, der mit verschiedenen Musikern zusammenarbeitet, sind fast so etwas wie die Grundlage des Sounds geworden, den man im Moment mit Christchurch verbindet. Vielleicht übertreibe ich, aber für mich ist es eine Art Überlebens-Musik, Musik, die sich infolge des Erdbebens entwickelt hat.«

Nick Bollinger spielt selbst seit Mitte der 1970er Jahre Bass in einer Band mit dem treffenden Namen The Windy City Strugglers. Im windigen Wellington sind die »Überlebenskünstler« eine Institution. Die Gruppe begann als Jugband, eine Stilrichtung, die in den 1920er Jahren aus dem amerikanischen Süden kam und bei der Tonkrüge und Waschbretter herkömmliche Musikinstrumente ergänzten. Inzwischen machen die Windy City Strugglers ihre eigene, unkonventionelle Folk- und Country-Bluesmusik. Sie haben sechs Alben herausgebracht, aber wirtschaftlichen Erfolg hatten sie nie. »In den USA oder auch in Australien könnten sie von ihrer Musik leben«, meint Costa Botes, der den erwähnten Dokumentarfilm über sie gemacht hat. »Neuseeland ist dafür zu klein, und ihre Art von Musik einfach nicht populär genug.« Die Strugglers haben nie aufgegeben, ihre eigene Art von Musik zu machen und ihre eigenen Interessen zu verfolgen.

»In Wellington hecken Künstler ohne kommerziellen Druck oder Hintergedanken Ideen aus«, sagt Nick und betont den Unterschied zu Auckland. In Auckland wird Business gemacht. Dorthin gehen diejenigen, die den Erfolg suchen, dort sind die großen Studios und dort sind die Musiker viel eher auf eine ganz bestimmte Richtung festgelegt, an der geschliffen wird, bis es für den Mainstream passt.

Aber dann gibt es natürlich auch Hitwunder wie die Popmusikband OMC aus South Auckland, kurz für Otara Millionaires Club, eine ironische Anspielung auf Otara, einen der ärmsten Stadtteile Aucklands. Mit »How Bizarre« war OMC 1996 weltweit unter den Top Ten in den Charts vertreten. Ihre Mischung aus Hip-Hop mit typisch pazifischen Elementen wurde als Urban Pacific Sound bekannt. Neil Finn musste dagegen in den 1980er Jahren noch aus Neuseeland weggehen, um mit Crowded House von Australien aus Karriere zu machen. »Don't Dream It's Over« landete auf Platz 2 der US-Charts und Neil Finn entwickelte sich zu einem der erfolgreichsten Rockmusiker Neuseelands und zu einem seiner besten Songwriter. Er lebt schon lange wieder in seiner Heimatstadt, arbeitet mit anderen Musikern zusammen, geht auf Tournee und produziert neue Alben. Dank Internet und YouTube konnte sich Lorde dem Druck ihrer Geldgeber und Produzenten entziehen und ihren eigenen Stil durchsetzen. Auch sie wurde jedoch bereits mit 13 Jahren »entdeckt« und von der Plattenindustrie gefördert. »Es überrascht mich auch nicht, dass Lorde aus Auckland kommt«, meint Nick.

Nick Bollinger, der fast zehn Jahre lang in Auckland gelebt hat, spricht aus eigener Erfahrung, wenn er sagt, dass Künstler in Wellington viel mehr sich selbst überlassen sind. Sie gehen ihren eigenen Weg, bevor sie das Ergebnis einem Publikum vorstellen. Sie inspirieren sich aber auch gegenseitig. Im weiträumigen Auckland bleibt jeder dagegen viel eher in seinem eigenen Stadtteil.

Innerhalb der Musikszene findet in Wellington jedoch ein reger Austausch statt. Gruppen bestehen häufig aus zehn oder noch mehr Mitgliedern, und oft ist es, wie bei Fat Freddy's Drop, eine bunte Mischung aus Maori, Polynesiern und Pakeha. Trinity Roots, The Black Seeds, Little Bushmen und The Phoenix Foundation sind nur einige der bekannteren Namen aus Wellington.

Ganz anders ist der Dunedin Sound, eine Stilrichtung, die in den 1980er Jahren Neuseeland unter Musikliebhabern weltweit bekannt gemacht hat. The Clean, The Chills und The Verlaines gehören zu den berühmtesten Bands dieser Post-Punk-Zeit. »Damals musste jeder, der eine Schallplatte aufnehmen wollte, entweder nach Wellington oder nach Auckland gehen. Dort waren die professionellen Studios, und sie waren extrem teuer«, erzählt Nick Bollinger. Dunedin liegt am südlichen Ende der Südinsel. Es ist eine kleine Studentenstadt, weit weg von Wellington oder gar Auckland. Die dortigen Musiker zeichneten ihre Songs mit Tonbandgeräten im Wohnzimmer oder auf dem Flur auf. »Diese Platten kamen richtig gut an. Der Sound war roh, aber die Stücke waren ehrlich und voller Leben. Leute zogen daraufhin sogar aus Auckland extra nach Dunedin, um Musik zu machen.«

Bands schossen zu der Zeit in Dunedin wie Pilze aus dem Boden. »Wir fragten uns damals, was die nur ins Wasser von Dunedin tun«, erzählt Nick. Professionelle Studios hätten diese Gruppen nie unter Vertrag genommen, aber in Christchurch gab es ein neues Plattenlabel, »Flying Nun Records«, das den Dunedin Sound schließlich international bekannt machte. Größen im Musikgeschäft wie REM, Sonic Youth und Yo La Tengo haben sich davon inspirieren und beeinflussen lassen. Cat Power und andere haben ihre Songs gecovered.

The Learning Connexion und der Tanz von Core Connexion

»Unterwandere deine Welt! Sprenge die konventionellen Denkmuster der Gesellschaft.« So hieß ein Kurs mit dem Titel »Guerilla Sculpture« an dem Kreativitäts- und Kunstinstitut »The Learning Connexion« in der Nähe von Wellington. Der Aufruf weckte eine rebellische Ader in mir. »In diesem Kurs werdet ihr vergängliche Kunstwerke schaffen, die heimlich an öffentlichen Plätzen aufgestellt werden«, hieß es weiter. »Es wird etwas gewagt sein und vielleicht auch riskant – vom politischen Kommentar bis hin zum Verrückten. Eure Werke sollen den Leuten den Atem verschlagen, sie zum Lachen bringen oder sie verwundert den Kopf schütteln lassen.« Es war eine einwöchige Blockveranstaltung am Anfang des Trimesters. Ich meldete mich an.

The Learning Connexion ist mit 700 Studenten Neuseelands größte Einrichtung für bildende Künste. Eines ihrer Prinzipien lautet: »Wenn du keinen Spaß hast, dann machst du es falsch.« Das sprach mich ebenso an wie die Prämisse: »Mach dein Leben zu einem Kunstwerk!« Ich wollte nach unserer Einwanderung in Neuseeland Neues ausprobieren, was dazu führte, dass ich mich als Teilzeitstudentin an der Learning Connexion einschrieb.

»Im Grunde genommen machen wir eine Graffiti-Installation. Aber wir werden versuchen, es so legal wie möglich zu tun«, erklärte Kursleiter Roger Key. Am Ende der Woche hingen in der Nähe eines Fruchtsaftladens in Wellingtons Cuba Street Schaumstoff-Früchte in Bäumen und an Häuserfronten. »Befreit die Orangen«, »Rettet die Bananen«, »Nieder mit den Fruchtpressen«, war auf Stoffbannern zu lesen. Auf einem Stück Rasen vor dem Architektur-Fachbereich der Victoria-Universität waren Ziegelsteine in grüner, gelber und oranger Leuchtfarbe zu einer Pyramide aufgetürmt. Im Aufzug eines Bankgebäudes erschreckte eine Stoff-Figur im grauen Anzug in Begleitung einer riesengroßen Ratte die Liftbenutzer. Vor den Stufen eines Fast-Food-Restaurants lag die Attrappe eines in Decken gehüllten Obdachlosen.

Wir machten Videoaufnahmen von den Reaktionen der Vorübergehenden und besprachen sie dann im Klassenzimmer.

»Konventionen zu hinterfragen ist ein wesentlicher Bestandteil von Kreativität«, sagt Jonathan Milne, der die Learning Connexion im Jahre 1988 gegründet hat. »Wenn man die Gegebenheiten nicht in Frage stellt, kann man nicht herausfinden, was möglich sein könnte, weil man mit dem zufrieden ist, was schon ist. Kreativität existiert in einer Welt der Ungewissheiten.« An der Learning Connexion wird Kreativität durch Kunst erfahrbar gemacht und durch Workshops über Erkenntnisse aus der Gehirnforschung, der Chaos- und String-Theorie ergänzt. Im Vordergrund steht jedoch das Learning by doing. Die Relevanz von Kreativität in allen Lebensbereichen wird aufgezeigt.

Meine einzigen persönlichen Kunst-Vorkenntnisse bestanden darin, dass ich, als ich mit dem Rauchen aufhörte, mit Fimo gespielt hatte und, ohne es irgendwie zu planen, kleine Figuren schuf, die meine Freunde damals entzückt hatten. Statt wie geplant Skulpturen aus Ton oder Installationen aus Strandgut und Alteisen zu machen, begann ich an der Learning Connexion jedoch, eine Vorliebe fürs Malen zu entwickeln. Es gefiel mir, mit Farben zu spielen und zu sehen, was sich daraus auf der Leinwand entwickelte. Allmählich verlor ich auch die Angst und Hemmungen, meine Kreationen anderen zu zeigen.

Jonathan Milne und die Lehrer an der Learning Connexion unterstützten mich aber auch darin, eine andere Leidenschaft weiterzuentwickeln – das bewusste, improvisierte, kreative Tanzen. In meinen letzten Jahren in San Francisco hatte ich Core Connexion entdeckt, ein Tanzen, das von meditativer Körperwahrnehmung ausgehend über ein sich langsam steigerndes Tempo zu einem ausgelassenen, wilden Crescendo anschwillt und in friedlicher Stille endet. Man lernt, auf den Körper zu hören, zu seinem ureigenen Tanz zu finden und in der Begegnung mit anderen seine Lebendigkeit zu erfahren. Eine spielerische Grundeinstellung gehörte zu den Prinzipien sowohl des Tanzes als auch des Kunstunterrichts.

Die Learning Connexion stellte mir einen Raum zur Verfügung, in dem ich diese Art zu tanzen anbieten konnte. Eva Vigran, die Gründerin von Core Connexion, unterstützte mich telefonisch. Am Ende besaß ich ein Diplom als Tanzpädagogin und ein Diplom für Kunst und Kreativität.

Mein letztes Trimester an der Learning Connexion verbrachte ich allerdings im Computerraum, saß dort fasziniert und selbst an den Wochenenden vor dem Bildschirm und produzierte ein

Video über »The Dance of Core Connexion in New Zealand«. Beinahe hätte ich mich daraufhin auch noch zur Videojournalistin ausbilden lassen. Ich bin froh, dass ich diese Idee nicht weiterverfolgt habe und stattdessen meinen drei Lieblingsbeschäftigungen nachgehen kann: Schreiben, Tanzen und Malen. Am liebsten würde ich sie alle drei verbinden. An diesem Konzept arbeite ich noch. Oder sollte ich vielmehr sagen: Mit dieser Vorstellung spiele ich noch.

Ein Land mit vielen Gesichtern

Neuseelands Gesellschaft befindet sich im Wandel. In dem ursprünglich überwiegend angelsächsischen Einwanderungsland leben mittlerweile mehr als 200 ethnische Gruppen, wobei sich ein Großteil der Migranten in Auckland niedergelassen hat. In Neuseelands einziger Millionenstadt sind bereits 40 Prozent der Bewohner im Ausland geboren, landesweit sind es ein Viertel.

Die Asiaten verzeichneten, laut der Volkszählung von 2013, mit einem Bevölkerungsanteil von zwölf Prozent den größten Zuwachs. In Auckland machen sie ein knappes Viertel der Einwohner aus und bis 2030 dürfte es ein Drittel sein. Dabei wird der Begriff »Asiate« keineswegs der Realität gerecht, denn er umfasst die verschiedensten Länder, von der Mongolei über Bangladesh bis nach Sri Lanka. Die meisten kommen jedoch aus China und Indien. Die verschiedenen Einwanderer haben ihre Sprachen, Religionen und Kulturen mitgebracht, die sich in der Gastronomie, aber auch in den zahlreichen Festivitäten wie den chinesischen Neujahrsfeiern, dem hinduistischen Lichterfest oder dem griechischen Spezialitäten-Wochenende widerspiegeln. Mit der Anzahl der Einwanderer ist auch die Anzahl der verschiedenen Religionen gestiegen, mit Zuwachsraten vor allem bei den Hindus, Moslems und Buddhisten. Trotzdem ist Neuseeland ein weitgehend säkulares Land, in dem fast die Hälfte keiner Religion angehört.

In vielen Bereichen gleichen die Trends denen anderer Industrienationen: Eine abnehmende Geburtenrate und steigende Lebenserwartung haben zu einer Überalterung der Bevölkerung und den damit zusammenhängenden Gesundheitsproblemen geführt. Übergewicht und Fettleibigkeit, vor allem von Kindern, Maori und Pazifikinsulanern, stellen eine besondere Herausforderung dar. Wie auch anderswo nimmt die Zahl der Single-Haushalte zu, ebenso die Verstädterung.

Prognosen des Statistischen Amtes gehen davon aus, dass bereits Anfang 2030 zwei Millionen Menschen beziehungsweise 40 Prozent der Bevölkerung in Auckland wohnen werden. Um eine weitere flächenmäßige Ausdehnung zu verhindern, wird verstärkt in die Höhe gebaut. Das Leben im Appartement ist seit einigen Jahren stark propagiert worden. Das »angeborene Anrecht« der Neuseeländer, im eigenen Haus zu wohnen, ist für viele junge Menschen zum unerreichbaren Traum geworden. Vor allem in Auckland sind die Hauspreise so hoch wie noch nie und gehören, relativ zum Einkommen, zu den höchsten der Welt. Auch zeigt sich eine Tendenz, dass die ärmeren Schichten an den Rand der Städte gedrängt werden und die Zentren zu Enklaven der Wohlhabenden werden.

Den meisten dürfte inzwischen klar sein, dass das Konzept einer egalitären Gesellschaft auch in Neuseeland längst gescheitert ist. 27 Prozent der Kinder leben, trotz hervorragender Wirtschaftszahlen, in Armut. Maori und Pazifikinsulaner sind häufiger in den unteren Gesellschaftsschichten zu finden und ihr Anteil unter den Arbeitslosen und Gefängnisinsassen ist überproportional hoch. Sie haben ein geringeres durchschnittliches Einkommen, eine geringere Lebenserwartung und ein erhöhtes Krankheitsrisiko. Im Hinblick darauf, dass ihre Anzahl aufgrund einer höheren Geburtenrate und weiterer Zuwanderung wachsen, die der Pakeha jedoch schrumpfen wird, könnte das künftig für sozialen Zündstoff sorgen.

Davon abgesehen befindet sich Neuseeland schon aufgrund seiner geografischen Abgeschiedenheit in einer sehr prekären Lage. Ein Vulkanausbruch oder ein weiteres Erdbeben könnten ebenso schnell zum wirtschaftlichen Kollaps führen wie ein Ausbruch der Maul- und Klauenseuche, die ein Ende des Exports von Milchprodukten bewirken könnte. Politische Spannungen zwischen China und den USA könnten dem Land gefährlich werden, eine Klimakatastrophe auf den pazifischen Inseln oder ein Anstieg der Ölpreise, der Flugverbindungen unerschwinglich machen könnte und das Land vom Rest der Welt abschneiden würde. Schon jetzt setzt ein Mangel an qualifizierten Fachkräften in vielen Bereichen das Land unter Druck.

Unterdessen haben sich russische und amerikanische Milliardäre in Neuseeland eingekauft, Hollywoodstars und andere Celebrities betrachten das Land als sicheren Zufluchtsort, sollte anderswo die Katastrophe, welcher Art auch immer, hereinbrechen. Bedenken, dass Ausländer das Land »aufkaufen«, werden allerdings vor allem dann laut, wenn Chinesen Ländereien erwerben. Das ist die Bevölkerungsgruppe, die am meisten diskriminiert wird. In der Vergangenheit, vor allem zu Beginn des 20. Jahrhunderts, wurden chinesische Einwanderer sehr stark ausgegrenzt. Die Vorurteile kochten Ende des 20. Jahrhunderts noch einmal hoch. Inzwischen ist der allgemeine Tenor sehr viel positiver, toleranter geworden, die chinesische Arbeitskraft wird gebraucht und ist angesehen. In Zeiten der Vollbeschäftigung ist es einfacher, großmütig zu sein. In Krisenzeiten wird sich zeigen, wie es tatsächlich um das viel gepriesene harmonische Miteinander steht, ob Neuseeland wirklich »eine einzige große Familie« sein kann.

Neuseeland ist auf jeden Fall wie ein großes Dorf, in dem jeder jeden kennt. Viele seiner Bewohner haben vielfältige ethnische Wurzeln. Es ist ein sehr gemischtes Volk, und das Land ist großzügig, wenn es um die Anerkennung dieser Identitäten geht. Viele Neuseeländer haben nicht nur doppelte, sondern gleich mehrfache Staatsangehörigkeiten.

Schon in den 2020er Jahren wird es voraussichtlich genauso viele Asiaten wie Maori in Neuseeland geben. Die nationale Identität wird sich verändern. Aber so wie die indigene und die koloniale Kultur seit nunmehr vielen Jahren in einem engagierten Austausch begriffen sind, liegt darin eine Chance, dass dies künftig auch für mehr als nur zwei Kulturen möglich sein wird. Wie ein altes Maori-Sprichwort so schön sagt: »Ka pu te ruha, ka hao te rangatahi.« – »Wenn das alte Netz ausgedient hat, geht das neue Netz fischen.«

Anhang

Dankesworte

Zuallererst danke ich meinem Partner Laurence, mit dem ich Neuseeland entdeckt, kennengelernt und lieben gelernt habe. Ich danke ihm für seine Unterstützung in allen Lebenslagen, die geduldige Anteilnahme an meinen Erlebnissen und für das aufmerksame und unermüdliche Gegenlesen aller Geschichten.

Ich danke auch allen Interviewpartnern, Freunden und Fremden, die mir bereitwillig Auskunft gaben, mir ihre Geschichten erzählten und es mir erlaubten, sie zu zitieren. Meine Freunde Anna und Rod gaben mir großen Auftrieb mit ihrer Begeisterung, als ich ihnen bei einer Dinnereinladung erste Teile des Buches vorlas. Auch fürs Gegenlesen ausgewählter Abschnitte bin ich ihnen dankbar, ebenso meiner Kollegin Barbara Jentzsch in Virginia, sowie Eileen, Pia, Dagmar …, meinen Eltern, die mir freudig beim Vorlesen zuhörten und mich immer fürsorglich unterstützten. Und Gary, der mir am Strand wertvolle Ratschläge erteilte.

Last but not least danke ich all den RedakteurInnen beim ARD-Hörfunk, in deren Auftrag ich einige der in diesem Buch verwendeten Geschichten geschrieben habe. Ich habe sie allesamt überarbeitet, aktualisiert und meine eigenen Erfahrungen mit einfließen lassen. Ich danke meinem Lektor, Günther Wessel, der mich auf Umwegen ausfindig gemacht hat, sowie den Schießls für ihre langjährige Freundschaft.

Einige Begriffe aus Te Reo Maori

Aotearoa: Neuseeland (»Das Land der langen weißen Wolke«). Heute oft auch in Zusammensetzung gebräuchlich: »Aotearoa New Zealand«

aroha: Alles Liebe (am Ende eines Briefes)

haere mai: Willkommen

haka: Tanz

hangi: Zubereitung des Essens unter der Erde mit erhitzten Steinen

hongi: Nasenkuss, Zusammenpressen der Stirn- und Nasenpartien zur Begrüßung

iwi: Stamm

kai: Essen

ka pai: gut gemacht, o.k.

karakia: Gebet, Segen, Beschwörung

kia ora: Hallo, Guten Tag

koha: Spende

kumara: Süßkartoffel

mana: Macht, Autorität, Einfluss

marae: Versammlungshaus, Gemeindehaus, Vorplatz

Pakeha: europäische Neuseeländer, Nicht-Maori

powhiri: Begrüßungszeremonie

ta moko: Tattoo

tangata whenua: die Menschen des Landes (Maori)

tapu: tabu, heilig, verboten

te Ika-a-Maui: die Nordinsel (Mauis Fisch)

te reo: die Sprache

te Waipounamu: die Südinsel (der Ort des Grünsteins – eine neuseeländische Jadeart)

tena koutou: ich grüße euch/Sie (mehr als eine Person)

waka: Kanu

whakapapa: Stammbaum, Genealogie, Vorfahren

whanau: Großfamilie, Verwandte

Einige Begriffe aus dem neuseeländischen Englisch

all hui and no doey: viel reden und nichts tun

bach: Wochenend-, Sommerhäuschen, oft am Strand

back up the truck: denk noch mal darüber nach

bludger: Schmarotzer, Schnorrer

bring a plate: bring etwas zu essen mit (bei einer Essenseinladung)

bro: (kurz für brother) Kumpel

bubbles: Sekt

bush: Wald, Wildnis

cheers: tschüs, bis dann

choice: super, sehr gut

choice, chur, no worries: danke

chook: Huhn

eh: (am Ende des Satzes) nicht wahr

enzed: NZ – steht für New Zealand

give it some jandal: tritt mal aufs Gas

gutted: schwer enttäuscht

I'm crook: ich bin krank

jafa: (just another fucking Aucklander) Bezeichnung für die Bewohner Aucklands

jandals: Flipflops, Gummisandalen

joker: Typ

munted: kaputt

northerly, southerly: nördliche, südliche Winde

out in the wop-wops: jwd (ganz weit draußen)

paddock: Feld, Weide

paying by EFTPOS: Zahlen mit Kredit- oder Debitkarte

pokie: Spielautomat

pom: abwertend für Brite

she'll be right: alles wird gut, das geht schon in Ordnung

smoko: Kaffee-, Teepause während der Arbeit

stoked: begeistert

sweet as: cool, super, in Ordnung

the ditch: der Graben zwischen Australien und Neuseeland (die Tasmansee)

tiki tour: Besichtigungstour

togs: Badebekleidung

tramping: wandern

tuck in: lang zu (beim Essen)

WOF: Warrant of Fitness, eine Art TÜV für Kraftfahrzeuge

Literatur/Sachbücher/Webseiten

Eine kleine, subjektive Auswahl an lesenswerter Literatur, Sachbüchern und Webseiten:

Belletristik

Elizabeth Catton: The Luminaries, Wellington 2013.
Alan Duff: Once were Warriors, Auckland 1990, verfilmt als »Die letzte Kriegerin« von Regisseur Lee Tamahori im Jahr 1994.
Janet Frame: Ein Engel an meiner Tafel, München 2001, unter demselben Titel 1990 von der Regisseurin Jane Campion verfilmt.
Keri Hulme: Unter dem Tagmond, Frankfurt am Main 1991.
Witi Ihimaera: Whalerider: Die magische Geschichte vom Mädchen, das den Wal ritt, Reinbek 2003.
Katherine Mansfield: Glück und andere Erzählungen, Frankfurt am Main 2012.
Hone Tuwhare: Was wirklicher ist als Sterben: Ausgewählte neuseeländische Gedichte. Englisch/Deutsch, Straelen 1985.
Alison Wong: As the Earth Turns Silver, Sydney 2009.

Sachbücher

James Belich: Paradise Reforged. A History of the New Zealanders. From the 1880s to the Year 2000, Honolulu 2001.
Brigitte Bönisch-Brednich: Auswandern Destination Neuseeland. Eine ethnographische Migrationsstudie, Berlin 2003.
Paul Callaghan: Wool to Weta. Transforming New Zealand's Culture and Economy, Auckland 2009.
Shaun Hendy, Paul Callaghan: Get off the Grass, Auckland 2013.
Noel Kelly: Dictionary of Slang in New Zealand, Auckland 2015.
Michael King: The Penguin History of New Zealand, Auckland 2003.
Rod Oram: Reinventing Paradise. How New Zealand is Starting to Earn a Bigger, Sustainable Living in the World Economy, Auckland 2007

Webseiten:
Department of Conservation: www.doc.govt.nz/
Human Rights Commission: www.hrc.co.nz/
Lifeswap: www.lifeswap.net/
New Zealand History: www.nzhistory.net.nz/
New Zealand News: www.scoop.co.nz/
Pacific Media Centre: www.pmc.aut.ac.nz/
Royal Forest and Bird Protection Society: www.forestandbird.org.nz/
Science Media Centre: www.sciencemediacentre.co.nz/
Statistics New Zealand: www.stats.govt.nz/
Te Ara – The Encyclopedia of New Zealand: www.teara.govt.nz/en

Basisdaten

Fläche: 268 107 km² (Deutschland: 357 121 km²)

Einwohner: 4,5 Millionen (Deutschland: 80,9 Millionen)

Bevölkerungsdichte: 16,4 Einwohner pro km² (Deutschland: 226)

Ethnische Diversität: Europäisch/Neuseeländer: 74,6 %, Durchschnittsalter: 41,0 Jahre; Maori: 15,6 %, Durchschnittsalter: 23,9 Jahre; Asiatisch: 12,2 %, Durchschnittsalter: 30,6 Jahre; Pazifikinsulaner: 7,8 %, Durchschnittsalter: 22,1 Jahre; MELAA (Naher Osten, Lateinamerikanisch, Afrikanisch): 1,2 %, Durchschnittsalter: 28,6 Jahre *(Stand 2013, Mehrfachnennungen sind möglich und werden in jeder Statistik berücksichtigt);* 25 % der Bevölkerung wurden im Ausland geboren, die meisten in England, gefolgt von China und Indien.

Geburtenrate: 1,92 pro Frau (2014; Deutschland: 1,41), 12,88 pro 1000 Einwohner

Lebenserwartung (2014, geschätzt): Männer: 80, Frauen: 83 (Deutschland: Männer 74,5, Frauen 81,4); Maori: Männer: 73, Frauen: 76 (Trend: der Unterschied zwischen Maori und Pakeha verringert sich)

Regierungssystem: parlamentarische Demokratie

Staatsoberhaupt: Königin Elizabeth II.

Nationalfeiertag: Waitangi-Day, 6. Februar

Hauptstadt: Wellington: 200 100 Einwohner (2011), Großraum: 470 000

Größte Stadt: Auckland (1,42 Millionen Einwohner, 33,4 % der Gesamtbevölkerung leben in Auckland; die am schnellsten wachsende Region)

Amtssprachen: Englisch, Maori, neuseeländische Gebärdensprache

Währung: Neuseeland-Dollar (NZD)

Bruttoinlandsprodukt: 196,2 Milliarden US-$ (Deutschland: 3635,9 Mrd. US-$, 2013), 43 429 US-$ pro Kopf (2014; Deutschland: 46 268 US-$)

Inflationsrate: 2,7 % im langjährigen Durchschnitt seit 2000

Arbeitslosenrate: 5,7 % (Dez. 2014); Maori: 12,1 %, Pazifikinsulaner 11,8 % (Deutschland: 6,8 %)

Quellen: Statistics New Zealand, Reserve Bank New Zealand, Statistisches Bundesamt, WSI der Hans-Böckler-Stiftung)

Three Kings
Islands
Cape Reinga

Kaitaia○ ○Kerikeri — Bay of Islands
Paihia○○Russel

Dargaville○ ○Whangarei

Tasmanische
See   Great Barrier Islands
                          Coromandel
                          Peninsula
               Auckland◉ ○Whitianga
                    Manukau

NEUSEELAND   Hamilton○   ○Tauranga   East
                                               Cape
                              Rotorua○ Whakatane
                    New Plymouth Lake Taupo ○Taupo   Gisborne
Mount Taranaki/Mt Egmont▲   ▲Mount Tongariro
                              ▲Mount Ruapehu
                         Taihape○   Napier
                    Wanganui○

                              ○Palmerston North

            Collingwood○   Masterton
         Motueka○   ○Porirua ○
                  Picton
              Nelson○ ○
         Westport○ Blenheim ◉Wellington

              ○Greymouth   ○Kaikoura
          Hokitika○
                 Southern
         Franz Josef Alps
        Fox Glacier○○ ○Christchurch
    Haast○ Aoraki/ Lyttleton○ ○Akaroa
             Mount Cook ○Ashburton
   Milford Lake   ○Timaru
   Sound○ Wanaka
         Queenstown○   *Südpazifischer*
   Te Anau○ ○Alexandra ○Oamaru   *Ozean*

              ○Dunedin
         ○Gore
       ○Invercargill
  Foveaux Strait

    Stewart Island
    (Rakiura)

   Snares   Bounty
   Islands   Islands

                              0   150 km